學習評量

周新富　著

五南圖書出版公司　印行

目　錄

第一章

學習評量基本概念

　　學習評量即是針對學生的學習結果施以測量並給予評估，是教育測量的一部分，其源頭與心理測驗的發展有密切的關聯。1890 年美國心理學者卡特爾（J. M. Cattell）於德國接受實驗心理學的訓練，發表〈心理測驗與測量〉（mental tests and measurements）一文，並積極倡導設立心理實驗室及推展心理測驗運動。1905 年法國學者比奈（A. Binet）和西蒙（T. Simon）發展出第一份智力測驗「比西量表量」（Binet-Simon Intelligence Scale），1916 年修訂成「斯比智力量表」（Stanford-Binet Intelligence Scale）。而在第一次世界大戰期間，美國陸軍大規模使用團體智力測驗，其成果相當良好，加強人們對團體測驗的信心。於是學校教育工作所需的各種標準化測驗紛紛編製完成，並廣泛加以應用，促成「心理計量學」（Psychometrics）的盛行。但是由於大量編製及普遍應用測驗工具，在疏於批判和檢討的情形之下，以致造成誤用、濫用的流弊，導致新式評量的觀念日益受到重視，例如：實作評量（performance assessment）、檔案評量（portfolio assessment）等（簡茂發，1993；余民寧，2017）。本章主要針對學習評量的基本概念加以探討，首先釐清與評量有關的概念，其次探討學習評量的目的、功能、類型、與課程及教學的關係，最後探討評量的新趨勢。

第一節　評量及其相關概念分析

　　在教育領域中，評量學生在學習方面的進步情形是相當重要的教學活動，但是與評量（assessment）相關的概念如測驗（test）、測量（measurement）、評鑑（evaluation）、考試（examination）等，我們皆有互用的情形，某些方面認為這些概念的意義有相通之處，以下將探討這些概念的意義（余民寧，2017；簡茂發，1993；郭生玉，2016；Earl, 2003）：

壹　評量

　　評量是一個比較廣義的名詞，包括測驗和測量，評量是指對人或事獲取訊息的過程，以便依其價值進行分類。在教育上，通常是指教師採用多種方法或工具，以獲得學生學習表現的訊息，並據以安排教學計畫或補救教學計畫的決定。評量所要蒐集的資料可以是量化資料（quantitative data），也可以是質性資料（qualitative data），前者如傳統的紙筆測驗，後者如觀察學生的上課表現等。這種採用測驗、觀察，甚至實作等多種方法的蒐集學生學習成果的歷程，即可稱為學習評量（learning assessment），評量除瞭解學生的學習狀況之外，還需要對學生的學習狀況提出價值判斷，進一步改善或提升學生的學習狀況。這樣的評量是與教學緊密結合，目的在支援學生的學習。

貳　測量

　　所謂測量是指依據一套人為規則或工具，例如：尺、秤，將數量分派（assignment of numbers）到某一人、事、物的屬性、特徵或表現多寡的過程，主要在獲得量化的資料。教育的測量是使用科學的方式以獲得學生特徵的資料，例如：知識、能力、興趣等。教師可以使用測驗（tests）、評定量表（rating scale）、問卷等工具，獲得想要的資訊，再以統計方法進行分析與解釋。在本質上，測量是使用數量來描述特質，既不包含品質的描述，也不對所獲得的結果做價值判斷。例如：使用比西量表來測量學生的智力商數（IQ），用 IQ 140 來描述學生的智力特質，而不依據智商將學生分為聰明的或反應慢的，因為對學生的分類即屬品質的描述。

參　測驗

　　教育與心理學界定測驗，通常是指一種特定的評量形式，包含一系列問題或作業的設計，來測量人的知識或能力。當作名詞使用時，指的是一

套的測量工具，用來測量受測者的某些行為樣本，進而推論其某種心理特質或能力的多寡。當作動詞使用時即成為 testing，被譯做「施測」或「測驗」，指的是經由一組問題，以便有系統的測量行為樣本的過程。在教育方面通常使用紙筆測驗的方式來蒐集學生知識、技能、情意表現的資訊，學生在測驗中回答一系列問題，教師用數字來描述學生的表現水準，但是有時候也會使用系統性地觀察程序來將學生分類。測驗的概念比評量來的狹隘，是評量學習表現的一種形式，因為測驗的實施、計分與解釋程序都要符合「標準化」（standardization）的過程，例如：依照測驗指導手冊的規定來施測、所使用的測驗應滿足信效度的基本要求、要依照常模參照來解釋分數等。

 ### 肆　評鑑

　　評鑑的動詞 evaluate 形成對某事的想法或對某事作出判斷，因此評鑑是對某一事物賦予價值的行動。在教育方面是對教育的狀態或學生的成就給予價值判斷的過程，首先有系統地蒐集量化或質性資料，然後與依理想設定的標準相比較，再對現實與理想之間的差距賦予價值判斷。若以數學公式表示，評鑑＝學生成就的量化描述＋學生能力的質性描述＋對成就或能力的價值判斷。評鑑的對象可以是個人表現，例如：學生的學習、教師的教學；也可以是機構的運作效率，例如：學校、大學系所等。近年來評鑑一詞逐漸傾向於有關計畫的評鑑（program evaluation），例如：教育行政當局可以針對閱讀教學的方法加以評鑑，以確定哪一種方法對學生最有益；同樣地，也可應用在課程、教科書、教育政策等方面。評鑑比評量複雜得多，通常有多位專家的參與，且比較不重視量化資料，因此近年來學者已將 evaluation 與 assessment 加以區隔，以免造成混淆。

 ### 伍　考試

　　考試與評量及測驗的概念有密切關係，但定義更為狹隘，許多教師的

評量方式只有考試一種，這種評量以紙筆測驗、教師自編測驗為主。教室內的考試可以區分成小考（quiz）和正式考試兩種，小考或稱為隨堂考，通常是教師為瞭解學生的學習狀況而隨時進行的簡短考試；而正式考試是指有安排時間、規則比較嚴謹，例如：月考、段考、期中考、畢業考等。一位學生從國小、國中、高中至大學，會經歷過無數次的隨堂小考、段考、模擬考，以及影響人生的重大升學考試。每一場考試，不論考試的類型，都可能讓學生經歷緊張、焦慮等狀況。為了避免考試成為評量的唯一方式，近年來教育行政當局積極倡導多元評量，以兼顧學生多項能力的發展。

　　由以上的說明可知評量的涵義是比較廣的，包含對學生各種教育活動的測量，其中考試是最常用來取得學生學習成就量化資料的方式，但是考試一般只能測量學生的知識和技能，對於情意部分如動機、態度等方面的測量，還是要使用標準化的心理測驗。量化資料之外，評量也包含對學生的觀察（正式、非正式）、訪談、口頭提問、行為表現等方面的評估及記錄。依據上述資料教師可瞭解學生的能力狀況，並規劃後續的適性教學處遇。至於評鑑一詞的意義，其施測對象已由學習者轉換到機構或計畫，例如：「教學評鑑」一詞，社會大眾的認知是對教師的教學進行評鑑，而不是針對學生的學習狀況。

第二節　學習評量的目的和功能

　　學習評量是教學歷程中重要的一環，傳統教室裡的評量絕大多數使用考試，這種方式將評量窄化成千篇一律的紙筆測驗，對學生學習的提升助益不大。新的評量趨勢的發展，促使有些教師們開始思索：「實施這些評量方法，到底我的目的為何？」、「花這麼多的時間與氣力在實施評量，究竟我要學生學些什麼？」有些教師開始反思各種評量方法的目的與成效。的確，不同形式的評量，各自有其不同的哲學基礎，因此評量目的也

會有所差異（江文慈，2007）。以下歸納學者的意見，將學習評量的目的及功能整理如下：

 ## 壹 學習評量的目的

學習評量是學習過程中不可或缺的一環，隨著時代的變遷，教師對評量的概念也應隨之改變，除原先的評量方式外，更應納入教學和考試的調整策略，以幫助學生能適性地學習與發展（林沛穎、林昱成，2014）。學習評量可依其目的區分為：學習成果的評量（assessment of learning, AOL）、促進學習的評量（assessment for learning, AFL）、評量即學習（assessment as learning, AAL）。過去在教育現場中，多將評量的焦點放在「學習成果的評量」，而今轉為關注「促進學習的評量」，目前更強調寓評量於學習之中，提出「評量即學習」的觀點，這三種評量取向在教學中各有其地位與功能，教師如何平衡地使用，便成為一個關鍵議題（江文慈，2007）。以下分別說明學習評量的三項目的（甄曉蘭，2008；李偉俊，2023；林沛穎、林昱成，2014；高郁婷，2022b；Earl, 2003）：

一、學習成果的評量

「學習成果的評量」是針對學生過去一段時間的學習給予評估，通常用於評量學生的某項知識、能力和技能。其評量結果可提供教師、學校、相關教育單位及政策決策者來參考使用，也被當成是學生分班、升學或畢業門檻是否達到課程期望或標準的依據。學習成果的評量可謂是「學習的過去式」。此類評量通常是評估學生既有、已習得的知識能力，常被視為總結性評量，在測驗考試過後對於學生的學習，不太具有改變性。常見的評量有會考、學測、指考、定期考查、畢業考、能力檢測等。美國和加拿大各州則是採用標準化測驗，測量學生的能力是否符合畢業門檻，例如：加拿大安大略省（Ontario）的十年級學生必須通過讀寫能力測驗，以達到畢業的要求，若未通過，可選擇參加第二次測驗或選修讀寫課程。

二、促進學習的評量

　　「促進學習的評量」是藉由評量活動，幫助教師、學生、同儕來思考決定教學及學習的下一步，希望能對學生下一個階段的學習有所幫助。而為了要瞭解學生各個方面的學習成長、進步及學習需求，教師會選用多元評量的方法或策略，來蒐集並記錄學生在學習過程中的成長或遇到的困難。而所蒐集到的評量結果，一來可提供教師作為教學設計的參考，學生也可從中得知個人學習狀況，進而對學習有更完善的未來規劃，例如：自我評價、訂立目標、改變學習策略、調整學習環境等。「促進學習的評量」常被視為形成性評量，常見的評量方式如：課堂上的隨堂測驗、定期段考、實作、簡報、作業、觀察、教師問答等多元評量的方式。

三、評量即學習

　　「評量即學習」就是將評量視為學習的一部分，是「促進學習的評量」理念的延展，也是學習評量的最高目標，讓學生成為自己學習的最好評鑑者。學生不僅是評量和學習過程的參與者，更是兩者間的「批判性連結者」（critical connector）。當學生成為主動投入的批判評量者，便能將評量的內容連結到先備知識及所需精熟的相關知能。「評量即學習」的評量活動呈現方式多元，很多時候也與課堂中的教學活動相結合，其設計要點在於教師先行思考「怎麼樣的任務目標能夠引導學生學習」，因為評量任務本身就是學習活動。此時的自我評量便是這個評量取向的核心，教師透過評量活動的設計，讓學生主動參與評量，由學生檢視自己所學，以發揮後設認知能力，來調整、適應甚至改變自己的學習。教師在教學實施時應主動鼓勵學生培養和應用自省及反思的能力，鼓勵學生覺察及監控自己在學習前後的改變情形，並能進行自我調整學習（self-regulated learning）。

學習評量的功能

評量最基本的目的與功能有二：一是瞭解教師教學及學生學習的現況，描述目前學生的程度；二是診斷教師教學及學生學習缺失（彭森明，2006）。所以，學習評量的功能主要呈現在學生的學習成就及教師的教學效率兩大部分，至於輔導及行政上的功能則是比較其次。以下分別從這三方面來說明學習評量的功能（余民寧，2017；郭生玉，2016；涂金堂，2009；歐滄和，2007；甄曉蘭，2008；Salvia, Ysseldyke, & Bolt, 2007）：

一、幫助學生學習的功能

評量對學習的影響包括三大層面：學習動機、學習成效、學習如何學習，以下分別說明：

㈠評量提供學習動機

如何引起學生的學習動機，是教學歷程中相當重要的一項工作。透過評量給予學科學習上的成就感，並給予學習上的自信，若是學習失敗則可能削弱學習動機，教師及家長要產生一股督促的力量，促進學生的學習動機。

㈡評量幫助學生瞭解自己的學習成效

透過評量可讓學生明瞭哪些學習內容是重要的，學生可以檢視自己哪些學習內容學得比較好、哪些要再加強，藉此幫助學生學習評斷個人的學習成效。同時藉由評量可以讓家長及學生瞭解在班級或同年級裡的進步情形，教師可由多次的考試成績推論學生的學業成就是進步或退步，以便為學生擬定個別學習計畫。

㈢評量幫助學生學習如何學習

透過評量可讓學生瞭解自己的學習風格、學習策略的選擇及自我監測的技能，進一步評估及調整自己的學習策略及努力程度，幫助學生做成最佳的學習決策。

二、教師教學決定的功能

透過學習評量可讓教師瞭解自己的教學成效，並作為改善教學缺失的參考。因此在協助教師作教學決定時，評量可發揮下列四項功能：

㈠瞭解學生的起點行為

在教學前，教師可以先針對學生實施成就測驗，用來評估學生在學習前已具有的背景知識，以作為決定教學的起點。

㈡確定教學目標達到的程度

教學之後，教師需確定教學目標是否切實可行？教學目標實現的程度如何？需借助於評量所得到的結果，以做正確的判斷。

㈢作為改進教學的參考

評量可以提供教師明瞭自己在教學上的缺失，作為是否需要改進或調整教學策略的參考，經由評量後的教學省思，有助於提升教師的教學效能。

㈣評定學生的學習成果

評量的另一功能是針對學生的學習成果進行評定等第，以作為其學習成就的代表；同時針對學習困難的學生，施以學習扶助及個別輔導。

三、學校行政決定的功能

學校行政決定主要與編班、升學及輔導有關，經由學習評量在行政決定方面可發揮以下的功能：

㈠選澤決定的功能

這是指學生在升學考試方面是否被錄取或被拒絕，例如：高中會考、大學學測或指考、資優班的甄選，常以測驗作為甄選的工具。

㈡安置決定的功能

評量資料可以決定如何安置（placement），使學生得到最適當的服

務。例如：新生入學後，學校會依據評量或心理測驗的結果，作為常態編班的依據；教師也會依據評量資料，轉介學生到資源班或特教班就讀，接受不同層次的教學計畫。

㈢落實輔導與諮商效能

學生在學期間，輔導室會蒐集學生學業性向、成就、興趣及人格特質等量化資料，除可使學生增進對自我的瞭解之外，教師也可從測驗資料瞭解學生是否具有心理困擾或不適應行為，以便結合輔導人員進行輔導與諮商。在生涯輔導方面，學生也可依據測驗結果的剖析，瞭解自己的職業性向及升學傾向。

㈣課程與教學計畫的評鑑

對於特定的課程與教學計畫要蒐集評量資料，並評估是否符合學校的目標，以決定課程或教學計畫是否持續辦理。例如：評鑑一項閱讀教學計畫，需要蒐集參與學生的閱讀能力表現資料，並與未參與此計畫之前的表現加以比較，以瞭解閱讀教學計畫是否能有效提升閱讀能力。

第三節　學習評量的種類

學習評量有多種不同的分類，本節依據四項指標來探討學習評量的種類。第一種是依據評量的本質來分；第二種是依照教學前、教學中、教學後不同實施的時間點；第三種是依據評量結果的解釋方式來分；第四種是依據評量編製的方式來分。以下分別說明之（余民寧，2017；郭生玉，2016；王振世等譯，2009；Arends & Kilcher, 2010; Kubiszyn & Borich, 2007）：

 ### 壹　依據評量的本質來分

依據評量的本質可以分為最佳表現評量（assessment of maximum performance）和典型表現評量（assessment of typical performance）兩類。前者用來測量個人的最佳反應或最大成就，主要關心在全力以赴以獲取高分的動機，個人可以表現多好，智力、性向與成就測驗屬之。後者指的是在正常情境之下，個人所表現的典型行為（typical behavior）如何，人格、興趣、態度等測驗屬之。在測量典型行為時，個人通常有飾偽做答的現象，因此測量比較困難。在最佳表現評量中，分數愈高表示能力愈佳，但在典型表現的測量中，不重視個人是否得高分，只是在描述個人於正常情況下的行為表現而已。檔案評量可以用來測量典型或最佳表現，視目的不同，而選擇不同的作品放入檔案中，選出的最佳作品就是學生的最佳表現，檔案評量亦可呈現學生一年來的典型工作表現，讓自己及家長瞭解學習的進步情形。

　依據教學實施歷程來分

依照教學前、教學中、教學後不同實施的時間點，可分為：安置性評量（placement assessment）、診斷性評量（diagnostic assessment）、形成性評量（formative assessment）、總結性評量（summative assessment），這四種評量方式的目的各不相同，所以使用的時機也不盡相同。目前臺灣的教育還是偏重在形成性評量及總結性評量，安置性評量與診斷性評量比較少見。

一、安置性評量

安置性評量或稱為預備性評量（readiness assessment），為教學前對學生所具有的起點行為之評量，它關心的是學生在教學開始前所具有的一些知識、技能，依據評量結果教師要做以下的決定：決定是否先行複習舊教材內容、決定選擇何種適當的教材和教法、決定如何將學生分組或安排在特殊班級中學習。安置性評量也可用來測量學生已達到預期教學目標之程度，以作為調整教學計畫或允許學生跳過某些單元之依據。當然教學之前不一定都需要實施安置性評量，只有在教師對新接任班級學生的能力不

熟悉時才實施。

二、診斷性評量

指在教學活動過程中對於學生持續性、反覆呈現的學習困難的原因的診斷，通常在教學中或教學後進行評量。目的在診斷學生的困難所在，並針對其困難，予以必要的補救教學。因此，診斷性評量是一種更綜合性和精密性的評量，通常需要學科專家或特殊教育專家協助。為了獲得更詳細的學習困難資料，此評量除了採用標準化成就測驗外，通常需要使用非正式的教師自編測驗和直接的觀察紀錄等方式，瞭解學生的先備知識、興趣、錯誤概念等。

三、形成性評量

近年來評量學者對於形成性評量愈來愈重視，其功能主要在協助與改善學生的學習。透過形成性評量可以蒐集到學生學習狀況的證據，教師可以據此調整後續的教學程序，學生可以調整自己的學習策略。其作法是在教學活動進行過程中，隨時採用簡短的測驗、發問、觀察、家庭作業等方式，評量學生學習的進步情形。形成性評量的範圍通常較小，內容僅限於教學的特定內容，故評量結果不必給等級，只告知學生的學習是否達到精熟。

四、總結性評量

總結性評量是指在教學進行若干單元或課程結束後，對學生學習結果的評量，其目的是為了決定預期的教學目標被達到的程度，以及教學目標的適切性如何，也被用於證明學生對於預期學習成果的熟練程度。總結性評量較偏重對學生的學習成果進行總檢查，例如：畢業考、段考，甚至是校外的升學考試。因為其評量的內容較廣、題數較多，通常是抽取能代表學習內容的樣本作為試題，評量後需要給學生成績或等第，所以其重點是評定學生學習成就，而不是如同形成性評量是在發現困難和改進教學。若教師只重視總結性評量，則容易導致學生的學習困難無法及時發現。

參　依據評量結果的解釋來分

學習評量如果依據評量結果的解釋來分，可以分為常模參照評量（norm-referenced assessment）和標準參照評量（criterion-referenced assessment）兩種，以下分別說明之：

一、常模參照評量

當評量的得分出來之後，對於分數的高低要加以解釋，以明瞭分數所代表的意義。常模參照評量是把學生的學習表現與同年級或其他條件相同的某一參照團體相比較，依其在團體中所占的相對位置來解釋評量結果，通常以百分等級或標準分數來表示，以比較個人得分和他人得分的高低，其目的在作為分班晉級、擇優錄取和判定等級之用。基本能力測驗、標準化成就測驗、性向測驗等，都是採用常模參照評量來解釋的評量。

二、標準參照評量

如果評量結果的解釋是以事前決定的標準作為依據，達到標準即為精熟，未達標準即未精熟，這種評量即稱為標準參照評量。其中標準（criterion）的選擇可以由教師的教學經驗、學校政策、政府法令來決定，例如：教師設定某份測驗的精熟標準為 80% 以上的答對率、60 分為及格等。這種評量的目的不在和別人比較，旨在找出學生已經學會和尚未學會的原因或困難所在，以作為改進教學及學習的參考。一般而言，大多數的形成性評量多屬於標準參照評量。

有關常模參照評量和標準參照評量的差異比較，請參閱表 1-1。

表 1-1

常模參照評量與標準參照評量的比較

層面	常模參照評量	標準參照評量
題目答對的平均學生人數（難度）	50%	80%
學生表現的比較	與其他學生表現相比較	與精熟標準相比較
題目取樣內容	廣泛，包含多項目標	狹窄，包含少數目標
題目取樣內容的完整性	較少，通常每個目標僅包含一兩題	較完整，通常每個目標包含三題以上的試題
變異性	學生分數的變異性愈大愈好	因不與別人的分數比較，分數的變異性很小
試題編製	選擇的試題是用來增加分數的變異性，太難或太簡單的題目可刪除不用	選擇的試題能反應效標行為，特別強調相關反應領域的辨認
成績報告與解釋	使用百分等級與標準分數	成功或失敗的數字或可以接受的表現範圍（例如：達到90% 的精熟）

資料來源：Kubiszyn & Borich (2007, p. 71)

 肆 依據評量編製的方式來分

　　學習評量的編製有多種方式，例如：教師自編測驗（teacher-made test）、坊間購買的試卷、標準化成就測驗、學期報告、自我檢核表等。第一種分法是依評量工具可以分為紙筆測驗（paper-and-pencil test）和實作評量（performance assessment）兩類，前者指以書面方式所進行的評量，例如：傳統的考試；後者偏重情意及技能領域的評量，例如：口試、肢體表演、駕駛、職業技能表現等。

　　第二種分法是依據評量工具是否經由標準化的程序，區分為教師自編測驗（非標準化）及標準化測驗兩類，教師依據教學的需要所自編的考卷，其編製過程、實施、計分與解釋，較缺乏標準化，比較主觀。而「標

準化測驗」（standardized test）是由測驗專家依測驗的編製程序所編成的一種測驗，施測、計分與解釋都有特定和標準的程序，也都建有常模、信度和效度的資料，目的是為了能將一個學生的表現與其他同年級和同年齡的學生進行比較，大多數的成就測驗、性向測驗、興趣量表皆屬之。

　　第三種分類方式是依據試題的評分，分為客觀評量及主觀評量兩類，客觀評量的題目主要為選擇、是非或配合題，不論由誰評分所得結果都一樣，甚至可以用電腦來計分。主觀評量評分較主觀，兩位評分者所評的分數可能不一樣，其題目主要為論文題、口頭報告、專題研究、作品的展示等。客觀評量所能測得的認知能力偏向事實性知識及低層次的技能，主觀評量可以測得學生的複雜表現，例如：解決問題能力。

第四節　課程、教學與評量的關係

　　課程、教學與評量是教育實施的基本要素，三者必須緊密結合。課程設計與教學實施之於教師，就如同治療、處方之於醫師；評量之於教師，就如同診斷之於醫師。教師若無能力診斷，就無能力治療及開處方（黃淑苓，2002）。本節首先以泰勒的課程發展模式說明評量所扮演的角色，其次從教學歷程說明評量的重要性。

壹　泰勒的課程發展模式

　　泰勒（Tyler, 1949）出版《課程與教學的基本原理》（*Basic Principles of Curriculum and Instruction*），在書中提出課程發展與教學計畫的四個基本問題：1. 學校應達成哪些教育目標？2. 提供怎樣的教育經驗才能實現這些目標？3. 如何有效地組織這些教育經驗？4. 我們要如何確定這些目標是否達成？這個模式稱為泰勒模式（the Tyler model），亦稱為目標模式，此模式構成課程理論的「泰勒法則」（Tyler rationale），對課程的發展與設計產生極大的影響。

泰勒所謂的「目標」（objectives），是課程發展的第一要務，在目標決定之後要轉化成特定目標和行為目標，以利於教學和評鑑；而目標決定後，就成為選擇教學內容、學習活動、資源和評鑑的依據。「選擇」則是課程內容（教材）或教學活動的選擇，主要是依據學習心理學、哲學和知識結構等；「組織」則是將所選的學習內容及活動有順序地加以統整，方便教師教學、學生學習。最後的「評鑑」就是設計評量工具進行評鑑，瞭解預定的目標是否已經達成（周新富，2017）。泰勒的課程發展模式，如圖 1-1 所示。

圖 1-1

泰勒課程發展模式

儘管泰勒所強調的目標導向和科技理性架構常受到課程學者的批評與修正，但所建構的四個課程分析範疇：目標、學習經驗或內容、組織、評鑑，為課程的發展與研究提供了基礎架構，至今在課程領域仍享有相當程度的主導地位。然而泰勒的模式，被批評為太重視線性模式、太強調因果關係（周新富，2017）。

貳 評量在課程發展的角色

泰勒模式課程、教學與評量的關係如圖 1-2 所示，目標即是教育目標，可以是課程目標、教學目標或學習目標，由目標的敘述決定教學內容是知識、技能或情意，亦為教師對特定主題進行教學的框架，所代表的即為課程，指引教學的過程及如何組織學習活動。學習經驗是教師為了達成特定的目標所使用的教學方法和技術，經由學習活動將導致學生的行為朝預期方向改變。依據目標和學習活動特性，教師可選擇使用何種評量工具、何種試題來進行評量，由評量結果可以提供學習經驗成效的回饋，以及研判目標的達成程度。目標、學習經驗和評量三者是互相影響，依據評

量結果，教師可進一步設計出更佳的教學活動來幫助學生學習（Kolluri,
2021）。

圖 1-2

教育目標、學習經驗與學習評量三者的關係

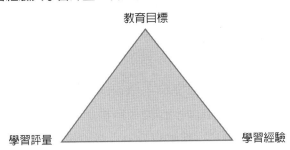

資料來源：Kolluri (2021, p. 16)

　　以下舉一實例說明課程、教學及評量的關係。教師依據課程內容撰寫
以下的教學目標：學生能區別學習活動與學習成果。為達成這項目標，教
師所構思的教學活動如下：對學習活動與學習成果下定義，並分別提供範
例，再指出兩者相同與相異的地方。為瞭解學生是否學會這項教學目標，
教師設計以下的試題進行評量：

　　在下列的例子中，如果認為該例子是學習活動，則在左邊的線上寫上
A；如果認為是學習成果，則在左邊的線上寫上 B（黃德祥等譯，2011）：

　__A__ 1. 練習九九乘法表。　　　　__B__ 2. 列出碳化器的零件。

　__B__ 3. 說出歷史中的主要事件。　__A__ 4. 專心聽外語錄音檔的播放。

　__A__ 5. 能背出美國前五位總統的名字。

　　依據泰勒模式，在教室層級課程即為教學，評鑑的目的大多在評量
學生的學習結果，即「學習成果的評量」，其目的是總結性的，意圖能證
明學習結果，並向家長和學生告知學生在學校的進展（江文慈，2007）。
受到泰勒模式的影響，傳統的評量往往是在教學以後才進行，且偏重紙筆

測驗（考試），以及側重成績的評定，甚至將考試爭取高成績視為教與學的唯一目標，將教學手段（考試）混淆成教學目的。甚至嚴重到教師依賴出版商印製的考卷，很少自己規劃測驗內容與方式。教師的專業能力不只是「課程設計」、「教學創新」，「評量能力」亦是重要的專業能力之一（黃淑苓，2002）。

 ## 參 教學歷程與評量

　　本小節在探討評量於教學歷程中所扮演的角色，提及教學歷程，一般人最熟悉的是葛拉塞（Glaser, 1962）所提出的一般教學模式（General Model of Instruction, GMI），其歷程分為：教學目標、起點行為、教學活動、教學評量，以及各部分的回饋線。然而這個模式有點簡略，後續教學設計的學者發展出系統取向的模式，詳細列出規劃教學歷程所要思考的重點。以下首先敘述系統取向的教學模式，接著探討評量在教學過程的重要性。

一、系統取向的教學模式

　　美國學者迪克和凱利（W. Dick & L. Carey）的系統取向模式（systems approach model）於 1978 年提出，中間經過多次修改。狄克和凱利認為，傳統教學過程涉及教師、學生和教科書，學習內容即是教科書，教師的責任是教給學習者「內容」，教學就是把教科書的內容傳送到學習者腦中，以便於考試時提取資料，要改進教學就是要提高教師的水準，例如：要求教師擁有更多的知識和更多的教學方法，來傳送知識給學生。整個流程包括教師設計、執行、評鑑和修改教學，如圖 1-3，共分成九個項目（不含總結性評量）來說明教學整個歷程。以下簡要敘述各步驟內容（Dick, Carey & Carey, 2005）：

㈠確定教學目標

　　教學設計的第一步驟是教學目標的確定（identify instructional

圖 1-3

迪克和凱利的系統取向教學模式

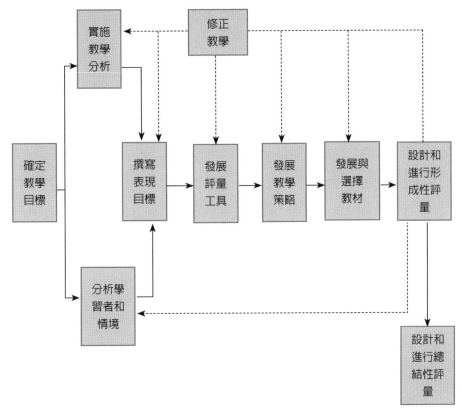

資料分源：Dick, Carey, & Carey (2005, p. 1)

goals），是根據課程需要、學生能力、個別差異及教師的經驗，例如：課程目標、特殊課程需求的評估、學習困難學生的需求等。

(二)實施教學分析

根據教學目標而實施教學分析（conduct instructional analysis），也就是學習任務分析或教材的分析。教師將教學目標分析成次級知識和技能，其主要用意在於界定教學中所必需包含的知識與技能。

㈢分析學習者和情境

分析學習者和情境（analyze learners and contexts）在於確定學習者目前的能力、喜好、態度，以及分析學習者會在什麼樣的情境中學習及使用這些知識技能。

㈣撰寫表現目標

依據教學分析和起點行為的敘述，教師要撰寫表現目標（write performance objectives），描述學生在完成教學後能夠達成的行為表現標準，表現目標是可觀察、可測量的行為描述，一般稱之為行為目標。

㈤發展評量工具

根據所撰寫的表現目標，接著要發展評量工具（develop assessment instruments），這個評量是要與所撰寫的表現目標相結合，以測量學生的學習成果是否與目標相符合。

㈥發展教學策略

發展教學策略（develop instructional strategy）即構思教學中所要使用的教學策略和教學媒體，包含教學前的活動、呈現教學內容方式、練習和回饋、考試、追蹤活動（follow-through）等五項元素。

㈦發展與選擇教材

確定教學策略後，接著要發展與選擇教材（develop and select instructional materials）。教材包括教科書、習作、視聽媒體、學習單及評量。

㈧設計和進行形成性評量

設計和進行形成性評量（design and conduct formative evaluation of instruction）是用來蒐集學習資料的過程，經由形成性評量教師針對教學目標的達成、學習的成效、學習者的情況等問題進行瞭解，以作為修正後續教學的參考。

㈨修正教學

教學模式的最後步驟是修正教學（revise instruction），即圖 1-3 中的

虛線所示。由形成性評量資料的解釋，認定學生學習有哪些困難之後，教師要全盤思考教學步驟，包括修改教學法、重新檢視教學分析、重新確定學生起點行為、檢視目標及評量的題目，以使得教學更具成效。

(十)設計和進行總結性評量

設計和進行總結性評量（design and conduct summative evaluation）主要目的是對教學作整體性的診斷，並作為教學設計或未來教學的參考。因為總結性評量並不是由任課教師直接命題，故不納入教學歷程之中。

二、教學目標與形成性評量

由上述教學歷程的分析，可以得知評量的歷程包含三個階段：建構教學目標、實施教學活動、評量教學目標的達成程度，三者若能彼此配合，則評量結果更能有效正確（王振世等譯，2009）。也就是說評量如要具有內容效度（content validity），評量的題目就要配合教學目標。系統取向教學模式對於形成性評量特別重視，以下將探討教學目標的性質及形成性評量的特性加以說明：

(一)教學目標是評量的依據

教學目標是課程目標的具體化，可引導教學活動更具組織性與明確性，促使教與學上增加效率與效果。教學目標的功能包括指引教學與學習的方向、向他人傳達教學理念，以及指引教師如何評量學生的學習成就。教學目標的敘述是在教學結束後，預期學生能夠學會哪些知識、技能及情意，因而可視為學生的學習結果（王振世等譯，2009）。關於教學目標的分類及寫法已於「教學原理」這門課程中有詳細說明，本書不再贅述。當教師建構好單元的教學目標之後，評量的試題即依據目標而來，以下列出評量試題配合教學目標的實例來說明：

1.教學目標

表 1-2 為國小自然科「天氣」這個單元的教學目標，在敘寫上分為一般性目標與特定性目標兩類。特定性目標又稱為具體目標或行為目標，由此可具體觀察學生對學習結果的表現。

表 1-2

自然科一般性目標與特定性目標對照

一般性目標	特定性目標（具體目標）
1. 知道基本名詞。	1-1 寫出每個基本名詞的定義。 1-2 說出基本名詞所代表的天氣因素。 1-3 能從所給予的天氣描述中，指出最恰當的基本名詞。 1-4 能以基本名詞做出概念圖。 1-5 能區別基本名詞是否使用正確。
2. 知道天氣的符號。	2-1 能將符號與天氣的因素相配對。 2-2 畫出每個天氣因素的符號。 2-3 說出每個符號的意義。
3. 知道特定事實。	3-1 說出影響天氣的因素。 3-2 說出測量天氣用具的名稱。 3-3 能將雲的名稱和雲的特徵做配對。 3-4 說出鋒面形狀會形成的天氣狀況。
4. 瞭解影響天氣形成的因素。	4-1 能從給予的天氣情況說出其特性。 4-2 能說出雲如何形成。 4-3 能區別天氣預告的可能性與否。 4-4 說出導致天氣變化的影響因素。 4-5 從變化的情境預測未來的天氣。 4-6 解釋雲如何影響天氣和氣候。 4-7 以口語預報別州的天氣。
5. 測量與天氣有關的特性。	5-1 測量和記錄空氣壓力的變化。 5-2 測量和記錄風向和速度。 5-3 測量相對溼度。

取自Linn & Gronlund (2000, p. 134-144)

2. 評量方式

在教學過程中，教師每講授一個主題或概念，即可以口頭問答方式，指名學生回答問題，通常是針對記憶、理解層級的知識，比較容易以提問的方式進行評量。前四項的教學目標，在小考、學習單等評量試題的編製上，是非題、選擇題、配合題或簡答題是比較適合的題型。第五項教學目標偏向於實作，教學上要讓學生進行測量、觀察與記錄，因此在評量上適合採用實作評量。對於命題的技巧，本書將在第五章中探討。

(二)形成性評量的特性

前文提到傳統的學習評量大部分是總結性評量,即「學習成果的評量」,這類的評量仍然主導著大部分的學校評量活動,特別在中學階段,教師的工作多在命題與評分。近幾年來,一些評量學者大力倡導「促進學習的評量」,亦即運用評量來促進學習,這類評量即屬於形成性評量(江文慈,2007)。晚近形成性評量已成為教室評量的熱門議題,其發展趨勢更加強調教學、學習與評量之間的融合,此一走向也符合形成性評量中對於「促進學習」與「評量即學習」的重視。形成性評量是一個具備回應性(responsiveness)、訊息與證據的來源、過程潛默(tacit)、使用專業知識與經驗、強調教與學整合、師生共同實施、重視評量的目的、情境脈絡化、不確定性等特徵,因此在教室要進行一個優質的形成性評量,需要考量的要素相當的多,教師也必須有相應的專業支持(鍾靜、陸昱任,2014)。

形成性評量在教學中的角色,超越評量結果的準確、排序與篩選,更積極性地走向催化、鼓勵、增強或激發動機,其中動機對於學習的影響最大,動機可以驅策後設認知技能、學習技能、思考技能,如果沒有動機,這些技能就產生不了作用,形成性評量更應提供學生驅動力,讓學生體會到自己的價值而適才適性的發展(林怡呈、吳毓瑩,2008)。

第五節 評量的新趨勢與本書的架構

在臺灣考試領導教學,似乎是難以改變的樣態。與其責難考試領導教學,不如積極改變考試的體質,讓它對教學產生良性的影響(江文慈,2004)。考試太過頻繁所產生的後遺症是部分學生抗拒學習,或是具有考試焦慮,新評量趨勢即在改變傳統評量所導致的學習問題。

評量的新趨勢

　　回顧 20 世紀，大多數的教室評量被認為是一種提供學習指標的機制，教師的教學、檢測學生的知識、判斷學生的成就，之後就繼續進行下一個單元的教學。然而由於社會的期待、對於學習知識，以及動機處理看法等的改變，使得教室中的評量應當具有不同的面貌與意涵。近年來，教育場域隨著哲學思潮改變的影響，對於知識的觀點從客觀獨立存在的實體，逐漸走向認為知識是由個體建構而成；評量觀點也從強調以客觀量化的方式檢測片段的知識，轉而著重問題解決能力，以及師生同儕共同參與的評量。隨著課程改革的觀點、認知與建構取向學習理論與評量之間的逐步相容與一致，對於評量來說也就轉向強調課堂脈絡的評量，因而發展出教室內評量的新趨勢，三者的關係如圖 1-4 所示。而評量的新趨勢分別是以下七項：1. 有挑戰性的任務可引發高階思維；2. 同時處理學習過程與學習結果；3. 是持續性的過程並與教學整合；4. 使用形成性支持學生學習；5. 學生可以看見教師的期望；6. 學生能主動評鑑自己的學習工作；7. 同時被用來評量教學與學生學習（江文慈，2007；鍾靜、陸昱任，2014；Shepard, 2000）。

本書架構

　　《中華民國教師專業標準指引》（教育部，2016）列出十大教師專業標準，其中的標準 5：運用適切方法進行學習評量，這項標準說明教師在職前及在職的專業訓練之中，需要具備學習評量的專業知識與技能。為使評量真正能夠促進學生的學習，並協助教師進行有效的教學決定，形成性評量應作為評量的主體，再輔以多元評量的方式，精準地測量出學生真正的能力。另類評量（alternative assessment）的方法愈來愈受重視，教師需要依據任教學科的性質，實施一些超越傳統紙筆測驗的評量，例如：實作評量（performance assessment）、檔案評量（portfolio assessment）等（江文慈，2004）。為呼應評量新趨勢，教師除了要試著將評量統整到教學

圖 1-4

課程理論、心理學理論和評量理論所形成的交融典範

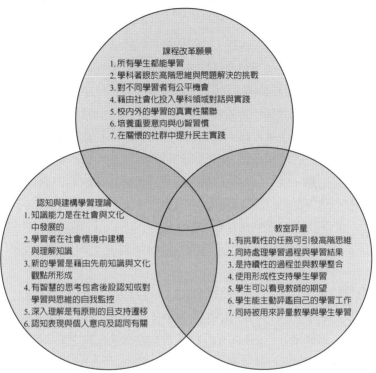

課程改革願景
1. 所有學生都能學習
2. 學科著眼於高階思維與問題解決的挑戰
3. 對不同學習者有公平機會
4. 藉由社會化投入學科領域對話與實踐
5. 校內外的學習的真實性關聯
6. 培養重要意向與心智習慣
7. 在關懷的社群中提升民主實踐

認知與建構學習理論
1. 知識能力是在社會與文化中發展的
2. 學習者在社會情境中建構與理解知識
3. 新的學習是藉由先前知識與文化觀點所形成
4. 有智慧的思考包含後設認知或對學習與思維的自我監控
5. 深入理解是有原則的且支持遷移
6. 認知表現與個人意向及認同有關

教室評量
1. 有挑戰性的任務可引發高階思維
2. 同時處理學習過程與學習結果
3. 是持續性的過程並與教學整合
4. 使用形成性支持學生學習
5. 學生可以看見教師的期望
6. 學生能主動評鑑自己的學習工作
7. 同時被用來評量教學與學生學習

資料來源：Shepard (2000, p. 8)

中，也要試著激勵學生為自己的學習進行自我評量，以進一步培養學生的反思能力。

　　依據上述的理念，本書在內容架構上共分為十二章：第一章學習評量的基本概念；第二章法令、專業倫理及文化對評量的影響；第三章測驗與評量的基本原理；第四章標準化成就測驗的編製與解釋。這四章在探討評量的理論基礎，主要在介紹心理計量學的信度、效度、常模、標準差等概念，以及實施評量時所應避免的錯誤。第五章教師自編成就測驗、第六章多元評量、第七章實作評量、第八章素養導向評量、第九章檔案評量、第十章動態評量、第十一章情意領域的評量，這七章屬於另類評量及新形式評量的範圍。第十二章成績評定、報告與應用，則是探討評量結果的計算、結果報告及應用。

自我評量 ·····························

一、選擇題

(   ) 1. 教師在教學前對班上進行學科成就評量,以確定學生的起點行為。此作法屬於下列何種評量? (A) 安置性評量 (B) 形成性評量 (C) 診斷性評量 (D) 總結性評量

(   ) 2. 對教學評量結果的資料運用,下列哪一敘述較不恰當? (A) 作為預測學生進入職場之興趣、能力分類及社會成就的依據 (B) 提供學校進行安置與能力分組的依據,以便於教師因材施教 (C) 提供回饋,使教師能隨時調整教材與教法 (D) 提供課程專家或教育學者作為修訂課程及教材順序的依據

(   ) 3. 下列何者是教學評量的最主要目的? (A) 瞭解學生在班上的排名 (B) 對學生進行區別及篩選 (C) 瞭解班上學生個別差異 (D) 作為輔導學生學習之用

(   ) 4. 下列何者是「標準參照測驗」(criterion-referenced test) 的特性之一? (A) 與其他學生的測驗表現進行比較 (B) 與教師設定的精熟標準進行比較 (C) 原始資料的測量分數之變異性較大 (D) 以百分等級和標準分數解釋測量分數

(   ) 5. 有關課程與考試評量的關係,下列敘述何者較為正確? (A) 考試評量命題時,毋需考量學生的學習內容 (B) 進行課程評鑑時,可參酌學生考試評量的結果 (C) 課程設計時,應以各種考試試卷作為主要依據 (D) 學生的考試評量結果,無法作為課程發展的參考

(   ) 6. 下列何者較符合形成性評量的性質? (A) 教師上數學課前,先讓學生做個小測驗,瞭解學生的程度 (B) 教師上了兩星期的數學後,進行考試以作為分組教學的依據 (C) 教師上了一學期的數學後,進行測驗以檢視學生的學習成就 (D) 教師在講解兩遍數學解題方式後,進行小測驗,瞭解學生的學習情形

(   ) 7. 下列何者不屬於常模參照測驗的結果解釋? (A) 玫郁英文測驗的百分等級為80 (B) 曉蓉是今年校運會100公尺短跑的冠軍 (C) 家慶能正確寫出週期表每個元素的名稱 (D) 國恩的化學期末考成績是班上的第 10 名

（　　）8. 教師對新班級學生的學習能力不熟悉時，可採取下列哪一種評量？
　　　　(A) 形成性評量　　(B) 總結性評量　　(C) 階段性評量　　(D) 安置性評
　　　　量

（　　）9. 有關測驗分數的解釋，下列何者最適用於標準參照測驗？　　(A) 興
　　　　趣量表　　(B) 高中性向測驗　　(C) 全民英檢測驗　　(D) 標準化智力測
　　　　驗

（　　）10. 林老師在其任教科目採用「及格－不及格系統」的評量方式。請
　　　　問，下列哪一選項最適合採用此種評量方式？　　(A) 常用於精熟學
　　　　習的課程　　(B) 規範學生涉獵新領域的範圍　　(C) 希望提供較多的
　　　　學習診斷訊息　　(D) 確切指出學生的學習成就水準

（　　）11. 王主任設計一項測驗作為數學科適性分組的依據，其作法屬於下列
　　　　何種評量？　　(A) 診斷性評量　　(B) 安置性評量　　(C) 形成性評量
　　　　(D) 總結性評量

（　　）12. 學習評量依評量目的可分為：A. 學習的評量（assessment of
　　　　learning）、B. 促進學習的評量（assessment for learning）、C. 評量即
　　　　學習（assessment as learning）。方老師採用以下三種學習評量任務，
　　　　下列配對何者正確？甲、學期末時以紙筆測驗來檢視學生這學期的
　　　　學習成果；乙、藉由分析學生的學習單，發現學生學習的困難，
　　　　以提供學生學習回饋；丙、讓學生清楚瞭解學習和評量的目標，
　　　　在評量過程中隨時自我檢視學習的成效，培養自主學習　　(A) 甲－
　　　　A，乙－C，丙－B　　(B) 甲－A，乙－B，丙－C　　(C) 甲－B，乙－
　　　　C，丙－A　　(D) 甲－C，乙－A，丙－B

（　　）13. 下列哪一種作法最符合「評量即學習（assessment as learning）」的
　　　　精神？　　(A) 以評分規準引導學習，培養學生自我評估與自我調整
　　　　的能力　　(B) 教師針對紙筆測驗中學生的迷思概念，進行分析並回
　　　　饋學習　　(C) 透過口頭問答診斷學生的先備知識，再提供學生學習
　　　　的回饋　　(D) 利用測驗獲得學生學習資訊後，依據結果給予個人等
　　　　第評價

（　　）14. 美美國小舉辦說故事比賽，選擇前 20% 進入複賽。此「20% 的入
　　　　選規準」屬於下列何種參照？　　(A) 標準參照　　(B) 結果參照
　　　　(C) 常模參照　　(D) 表現參照

( ) 15. 學校每學期會頒發獎學金給各班學期成績前三名的學生。學校是根據何種評量結果來取前三名？ (A) 安置性評量 (B) 形成性評量 (C) 常模參照評量 (D) 標準參照評量

( ) 16. 張老師發現有些學生在國文的詞義方面表現不理想，於是就詞義部分，對這群學生實施進一步的測驗，瞭解學生在詞義方面的問題，以決定後續的教學處理。此測驗屬於下列何種評量？ (A) 真實評量 (B) 動態評量 (C) 診斷性評量 (D) 總結性評量

( ) 17. 下列哪一項評量結果屬於標準參照的概念？ (A) 期末考全班第三名 (B) 通過全民英檢中高級測驗 (C) 學校模擬考成績 PR 值 90 (D) 大學學科能力測驗社會科四級分

( ) 18. 國中教育會考的作文以及大學學科能力測驗，其評量分數的解釋，分別屬於下列何種測驗類型？ (A) 常模參照、常模參照 (B) 標準參照、常模參照 (C) 常模參照、標準參照 (D) 標準參照、標準參照

( ) 19. 王老師掌握學生特定範圍的學習狀況，並使用評量結果來改進教學。此種評量為下列何者？ (A) 診斷性評量 (B) 安置性評量 (C) 形成性評量 (D) 總結性評量

( ) 20. 標準化成就測驗不一定需要具備下列何項特質？ (A) 標準施測程序 (B) 一致化的計分程序 (C) 具有常模 (D) 以紙本施測

參考答案

1.(A) 2.(A) 3.(D) 4.(B) 5.(B) 6.(D) 7.(C) 8.(D) 9.(C) 10.(A)
11.(B) 12.(B) 13.(A) 14.(C) 15.(C) 16.(C) 17.(B) 18.(B) 19.(C) 20.(D)

二、問答題

1.學習評量就實施歷程而言，可以分成哪些種類？

2.依評量結果的解釋可分為常模參照與標準參照兩種評量，請分別說明兩者之定義，並比較兩者相異之處為何？

3.試從「對學習的評量（assessment of learning）」、「為了學習的評量（assessment for learning）」以及「評量即學習（assessment as learning）」三種評量觀點，

說明評量與學習的關係,並從中選擇兩個觀點各舉一個應用的實例。

4. 林老師參加研習後,對「評量即學習(assessment as learning)」的理念很有共鳴,因而在課堂上,請學生分組並選擇一個議題,蒐集相關資料,分析此議題的產生原因和解決方式,並將資料與分析結果寫成一份報告,以評量其學習成果。

(1)「評量即學習」的意義為何?

(2) 在此評量中,林老師可以如何幫助學生實踐「評量即學習」?提出至少三種策略。

5. 請從課程改革的觀點,以及認知與建構取向學習理論,說明評量的新趨勢為何?

第二章

法令、專業倫理及文化對評量的影響

　　十二年國民基本教育新課綱自 108 學年度開始實施，為因應課程改革，教育部積極倡導素養導向教學、評量。有關學校評量的法律規範也作了修訂，如此方能與教育政策的走向相結合。雖然評量的法規是以行政命令的形式規範學校的評量活動，但對於教師的教學仍然具有約束力，教學的專業自主權不能逾越，身為教師務必瞭解及遵守法律規範。評量是教師重要的專業素養之一，身為專業人員有遵守專業倫理規範的責任，與法律相較，倫理規範的約束力及強制力都比較小，所期盼的是教師能夠自動自發地遵守。我國的教師團體雖有制定「全國教師自律公約」，但內容沒有提到評量的部分，因此這方面得參照台灣輔導與諮商學會制定的《輔導與諮商專業倫理守則》及《學生輔導工作守則》有關測驗與評量的部分。評量一直以來亦受到社會文化的影響，從古代的科舉考試、聯考制度到現在的會考、學測等升學考試，社會大眾相當重視公平性，以至於部分家長會以公平性質疑教室內的評量違反公平性，教師在無法說明評量理念的情形下，使得適性評量或是多元評量的作法受到家長的批評。我國學校教育的通病是太重視考試成績，其副作用是「考試領導教學」，以致教師不考不教，學生不考不讀，或許只有少數資優生能做到自主學習。想要推動評量的改革，務必從評量文化的改變著手。本章分別從法律對評量的規定、倫理規範對評量的約束、文化因素對評量的影響等三方面來探討。

第一節　法令對評量的規定

　　我國高級中等以下學校教育，主要是依據《高級中等教育法》、《國民教育法》及《特殊教育法》辦理。對於學習評量的方式均制定相關的法規，例如：《高級中等學校學生學習評量辦法》（2021）（以下簡稱《學習評量辦法》）、《國民小學及國民中學學生成績評量準則》（2019）（以下簡稱《評量準則》），以及《特殊教育課程教材教法及評量方式實施辦法》（2022）（以下簡稱《特教評量辦法》），規範學生成績評量原

則及畢業的標準。此外，《個人資料保護法》及《學生輔導法》，也對學生資料的蒐集、管理有所規範，以下統整上述法令的重點，說明教師在實施學習評量時所應遵守的相關規定，所陳述的重點以普通班學生為主。

 以多元評量為主要方法

　　高中以下的學業成績評量，均規定採用多元評量方式，並參照學生身心發展及個別差異，以及兼顧科目認知、技能及情意之教學目標。依據《評量準則》所列舉的多元評量方式，包括：1. 紙筆測驗及表單，例如：採用學習單、習作作業、紙筆測驗、問卷、檢核表、評定量表或其他方式。2. 實作評量，例如：採用書面報告、口頭報告、聽力與口語溝通、實際操作、作品製作、展演、鑑賞、行為觀察或其他方式。3. 檔案評量，例如：指導學生本於目的導向系統性彙整之表單、測驗、表現評量與其他資料及相關紀錄，製成檔案，展現其學習歷程及成果。《學習評量辦法》除上述三項之外，亦加入得採自我評量及同儕互評。

 評量調整

　　所謂評量調整是指教師需視各領域或科目之特性、教學目標與內容、學生的學習優勢管道及個別需求提供適當之評量調整或服務。評量調整通常是應用在特殊需求的學生，其方式包括：1. 評量時間調整，如延長測驗時間；2. 評量環境調整，指學生接受評量的地點視需求提供個人或少數人考場，或提供設有相關輔具等地點；3. 評量方式調整，指得採紙筆、口試等方式；4. 其他評量調整，例如：教師在評量時給予必要的視覺或聽覺提示，或是及格標準的調整（陳明聰、吳雅萍，2022）。《評量準則》第5 條針對特殊教育學生之成績評量方式，由學校依特殊教育法及其相關規定，衡酌學生學習需求及優勢管道，彈性調整之。《學習評量辦法》第 8條亦規定身心障礙學生之學業成績評量，應依特殊教育法相關規定辦理。但對於原住民學生、重大災害地區學生、外國學生、技藝優良學生甄審

或保送、運動成績優良學生等,均有評量調整的措施,即降低及格基準分數。《學習評量辦法》第9條規定學生因其居住地區或就讀學校發生災害防救法所定災害或重大變故,學校亦可提出調整學業成績及格基準。在新冠肺炎疫情期間,學校以數位遠距教學或其他適當方式實施教學,並辦理線上學習評量,即是評量調整的作法。

國中小學校中常見學生的國、英、數被全部抽離到資源班上課,產生由誰負責評量、評量的內容、成績的計算等問題,各校作法並不一致。若依《評量準則》來看,各領域學習課程由授課教師評量,因此若是全部抽離之學科領域,應該由資源班老師負責。至於調整評量內容或及格基準後,學生之成績要如何處理呢?《特教評量辦法》中規定,彈性調整後之及格基準者,給予及格等第(國民教育階段)或授予學分辦理(高級中等教育階段)(陳明聰、吳雅萍,2022)。如此就不會出現教育現場質疑,例如:資源班學生的成績太高、分數太低也能及格等爭議。

 ## 參　評量的內容

《學習評量辦法》第3條指出學生的學習評量,包括學業成績評量及德行評量。學業成績評量包含《高級中等學校課程綱要》所規定之科目;德行評量依學生行為事實作綜合評量,不評定分數及等第,其評分項目如下:1.日常生活綜合表現及校內外特殊表現;2.服務學習;3.獎懲紀錄;4.出缺席紀錄;5.具體建議。《評量準則》第3條的規定:國民中小學學生成績評量,包含領域學習課程、彈性學習課程及日常生活表現。領域學習課程及彈性學習課程屬國民中小學課程綱要所規定之課程,由授課教師評量,且應於每學期初,向學生及家長說明評量計畫。而日常生活表現包括學生出缺席情形、獎懲紀錄、團體活動表現、品德言行表現、公共服務及校內外特殊表現等,由導師參據學校各項紀錄、各領域課程之授課教師、學生同儕及家長意見反映加以評量,此部分僅作記錄,不作綜合性評價及等第轉換。

評量的時機

教室內最常使用形成性評量及總結性評量這兩種類型，《評量準則》第 6 條稱之為評量時機，不外分為平時評量及定期評量兩種。各領域學習課程的平時評量大多以紙筆測驗為主，為減少考試次數，準則中期望能以最小化為原則。定期評量即是國中小的「段考」，可視為總結性評量，準則中規定每學期至多三次。《評量準則》第 14 條為國中教育會考的辦理依據，其評量科目為國文、英語、數學、社會與自然五科及寫作測驗；其評量結果，除寫作測驗分為一級分至六級分外，其餘五科分為精熟、基礎及待加強三等級。準則中亦規定各學校可以辦理會考的模擬考，但辦理次數全學期不得超過二次。高中方面評量時機亦分為日常及定期，《學習評量辦法》未對定期評量的次數設限，而是授權由學校自訂之。

 評量結果的處理

學生評量結果的處理是指學期成績的結算與學習過程中的輔導。《評量準則》規定國中學生在學習過程中，各領域學習課程的成績評量結果若未達及格基準，學校應實施補救教學及相關補救措施；至於學生日常生活表現不佳者，學校應依教師輔導及管教學生相關規定施以輔導，並與其法定代理人聯繫，且提供學生改過銷過及功過相抵之機會。

在《學習評量辦法》部分，對學生學期成績的計算規定的比較詳細，例如：第 4 條規定學業成績評量採百分制評定，並得註記質性文字描述；第 7 條規範學期學業成績總平均的計算；第 10 條說明學生各科目的學期學業成績達及格基準授予學分，不及格則應予補考，補考成績未達及格基準則需重修。至於未修習部定及校訂必修科目，則需補修。重修、補修後，其所得成績達及格基準始授予學分。學生各學年度取得之學分數，未達該學年度修習總學分數二分之一者得重讀，也就是以前所稱的留級；學生對於重讀前已修習且取得學分之科目，學生可申請免修。對於成績低落的學生，學校應建置學生學習支援系統，實施差異化教學及補救教學輔導

學生適性學習。除學科成績的規定之外，如果學生曠課及事假之缺課節數
合計達該科目全學期總修習節數三分之一者，該科目學期學業成績以零分
計算。

 評量結果的呈現

評量結果的呈現方式在《評量準則》第 9 條中規定平時及定期成績評
量結果，應依評量方法之性質以等第、數量或質性文字描述記錄之。至學
期末，應綜合全學期各種評量結果紀錄，參酌學生人格特質、特殊才能、
學習情形與態度等，評量及描述學生學習表現，並得視需要提出未來學習
之具體建議。上述的成績評量紀錄及具體建議，每學期至少應以書面通知
家長及學生一次。學生在各領域／學科的全學期評量結果，應以優、甲、
乙、丙、丁之等第呈現，以丙等為表現及格之基準。第 10 條規定對於學
生的評量成績，學校只能公告說明學生分數之分布情形，但不得公開呈現
個別學生在班級及學校排名。

在《學習評量辦法》方面，對於評量結果的呈現較少規定，僅在第
22 條對於德行評量的呈現作說明，德性評量是以學期為階段，由導師參
考各科目任課教師及相關行政單位提供之意見，依行為事實記錄，並視需
要提出具體建議，不評定分數及等第，作為學生適性輔導之依據。

 畢業的標準

評量法令對於學生的畢業資格作了一些限制，符合標準者領取畢業證
書，未符合者領取結業證明書。《評量準則》第 12 條規範國民中小學學
生修業期滿，符合下列規定者可領取畢業證書：

一、出席率及獎懲：學習期間授課總日數扣除學校核可之公、喪、病假，
上課總出席率至少達三分之二以上，且經獎懲抵銷後，未滿三大過。
二、領域學習課程成績
　　㈠國民小學階段七領域有四大領域以上之畢業總平均成績達丙等以

　　上。

(二)國民中學階段八領域有四大領域以上之畢業總平均成績達丙等以
　　上。

《學習評量辦法》第 27 條規定須符合下列情形者始准予畢業，並發
給畢業證書，未符合者發給修業證明書：

一、修業期滿，修畢課程綱要所定應修課程，且取得 120 個畢業應修學分
　　數。

二、修業期間德行評量之獎懲紀錄相抵後，未滿三大過。

 ## 捌　評量結果管理

　　《學習評量辦法》第 29 條及《評量準則》第 13 條，均對評量結果的
管理做了以下的規範：學生之成績評量結果，應妥為保存及管理，並維護
個人隱私與權益；其評量結果及紀錄處理，應依《個人資料保護法》相關
規定辦理。《個人資料保護法》及《學生輔導法》均對個人資料之蒐集、
處理及利用加以規範，以避免人格權受侵害，並促進個人資料之合理利
用。教育及輔導人員應知悉蒐集、處理及利用學生資料的法律規定，才不
至於觸法而受處分。其中比較重要者敘述如下（周新富，2019）：

一、保存與銷毀

　　學生輔導資料含上述德行評量及日常生活表現記錄，學校得以書面或
電子儲存媒體資料保存之，並應自學生畢業或離校後保存十年。已逾保存
年限之學生輔導資料，學校應定期銷毀，並以每年一次為原則。

二、保密與通報

　　《學生輔導法》第 17 條規定學生輔導工作相關人員，對於因業務而
知悉或持有他人之祕密，負保密義務，不得洩漏。但法律另有規定或為避
免緊急危難之處置，不在此限。所謂「法律另有規定」即《性侵害犯罪防
治法》、《兒童及少年福利與權益保障法》、《身心障礙者權益保障法》

及其他相關法律規定之通報義務。

三、修正或刪除

　　《個人資料保護法》第 11 條明定公務機關或非公務機關應維護個人資料之正確，並應主動或依當事人之請求更正或補充之。針對上述法律規定，教育部函釋有關學生輔導資料（含輔導紀錄）提供家長調閱、複印、修正或刪除等相關問題：若當事人（學生）不具完全行為能力，學生家長代為意思表示，自得代為行使當事人權力申請閱覽卷宗或請求更正學生輔導資料；學生（當事人）已具完全行為能力，學生家長倘認有主張或維護法律上利益之必要時，依《行政程序法》第 46 條規定，亦得以利害關係人身分申請閱覽卷宗，但應無請求更正或補充他人資料之權利，因學生已畢業或其他原因離校，以往在校所載錄之學生輔導資料已然確定。

 ## 玖　成績評量補充規定

　　《學習評量辦法》第 30 條授權高級中學可自行訂定學生學習評量補充規定，但應經校務會議通過後實施。六都及各縣市政府亦可針對國民中小學制定全縣市一致的評量補充規定，例如：高雄市制定《高雄市國民小學學生成績評量補充規定》、《高雄市國民中學學生成績評量補充規定》及《高雄市公私立國民中學成績評量結果未達丙等之預警、輔導、補考措施實施原則》等有評量辦法的相關規定。

第二節　倫理規範對評量的約束

　　在教育部（2016）所訂定《中華民國教師專業標準指引》之中，列出我國教師專業標準之內涵，包括專業知能及態度。在專業知能方面，強調教師應該具備教育基礎理論、領域／學科專門知識及教學知能等，同時也要瞭解國內外教育發展趨勢及重要教育議題。教師專業標準共有十項，有

關評量的專業標準為：運用適切方法進行學習評量。期盼教師在評量方面須具有以下的專業能力：1. 瞭解各種評量方法之特性與限制，善用各種評量活動，評估學生學習狀況，並將評量結果回饋至教學活動，以改進教學設計。2. 教師應運用分析評量結果資料，瞭解學生優劣勢，以提供學生具體的學習回饋及指導，引導學生評估自己的學習成果，調整適合自己的學習策略與學習計畫。3. 教師應覺察學生身心特質與個別學習需求之差異，並瞭解相關的評量方式，以發現學生之學習困難，進而設計個別化的教學與評量。專業能力之外，教師在專業態度方面，應依法承擔教育專業責任及倫理，所謂「專業倫理」是指專業團體成員之間，或是在與社會其他成員互動時，所要遵守的專業行為規範（王智弘，2005）。本節即針對教師在評量方面所應具備的倫理素養作一探討。

測驗與評量的倫理規範原則

評量不只是一項「技術性活動」（technical activity），也是一種「人性化的活動」（human activity），教室中的評量應用更應重視「評量倫理議題」（ethical issues of assessment）（吳明隆，2021）。為維護測驗使用的專業倫理道德，以防範測驗被誤用與濫用，故須訂定倫理規範，所有測驗與評量的使用者都必須遵守以下的倫理規範原則（余民寧，2017；周新富，2019；Payne, 2003）：

一、專業的原則

使用測驗前，必須對該測驗的功能、目的、限制、使用方法、適用對象、計分方式與解釋等規定有徹底瞭解。對教育與心理測量問題與技術、測驗信度與效度分析、測驗誤差來源的瞭解與解釋、標準化施測過程等，要有專業訓練的知識、豐富的使用經驗，和公正客觀的運用心態。在成就測驗編製方面，要遵照編擬試題的雙向細目表，審慎進行編擬試題，不得任意對外公開所編擬之試題。

二、道德的原則

　　非獲得當事人的同意（未成年由家長同意），不得將個人資料於著作、演講或討論會中公開或陳述。若學術研究上需要，則要避免當事人被認出來。受試者有權要求個人資料應被保密和保障，以維護個人身心的安全和基本人權與隱私權。考試成績亦是學生的隱私，教師應盡力維護學生隱私權，避免資訊不當揭露或濫用，例如：段考過後，教師將全班成績影印發給同學，要求帶回去給家長簽名，這就屬於不當揭露。當學生因為成績低落，需要轉介至輔導室進行輔導時，應適時向學生或家長（監護人）說明轉介時輔導教師將獲知其個人訊息與資料。雖然學生有權要求被尊重與被保密，然而學生大多是未成年人，對其隱私權的行使會受到部分的限制。以下是資訊保密的例外情況：

　　1. 與學生訂定之保密約定內容與教育目標及法令規定有所牴觸時。

　　2. 學生具有危及自身或他人權益的可能性，需預警時，包括有自傷、傷人危機，有損及自己或他人之學習、受教、身體自主、人格發展權益之事實。

　　3. 未成年學生之家長或監護人要求瞭解相關訊息時。

　　4. 法院來函要求出庭或提供相關資料時。

　　5. 召開與學生個人在校權益相關之會議，例如：退學、輔導轉學、獎懲；召開個案研討會或進行專業督導，需提供相關訊息時。

　　6. 為有效協助學生，需結合校內外資源，共同合作時。

三、倫理的原則

　　測驗使用者應以維護受試者的福祉為重，行有餘力再兼顧測驗本身的安全性。測驗使用者向受試者解釋測驗分數時，應注意下列原則：1. 考慮受試者當時身心狀況及家庭背景因素。2. 避免只給分數，應補充數字背後的意義並輔以相關資料。3. 應針對解釋事項作建議，切勿替受試者作決定。

四、社會的原則

施測者須考慮心理評估技術是否能被社會所接受，因為教室內包含不同類別的學生，例如：種族、階級、性別、年齡、宗教、能力。教師須關心學生個別差異的存在，因此對弱勢族群表現的解釋要小心謹慎，因其不是標準化評量工具常模團體的代表。

 教室評量的倫理議題

上述的倫理規範原則比較廣泛，包含學校中的輔導教師對學生所進行的心理測驗，以下所要探討的是領域／學科教師每天在教室中對學生所進的評量活動所要遵守的規範。在教學現場，經常會遇到以下的情況：教師因學生評量結果未達期望或標準，而對學生施予處罰、責備或嘲笑。這樣的行為是違背評量的價值性與教育性，也就是違反專業倫理。學習評量基本的倫理標準為教師對待學生的「公平性」（fairness），教師為做決定而蒐集與解釋學生有效的及可靠的學生資料，是實施學習評量的公平性之基礎及評量倫理守則，其蒐集的資料必須是「有效的」（valid）及「可靠的」（reliable）（吳明隆，2021）。此外，在評量的實施及解釋，均有一些倫理規範需要遵守，以下將重要的倫理規範說明如下（吳明隆，2021；謝廣全、謝佳懿，2019；葉重新，2016）：

1. 在教學時或評量前應告知學生教師的期待與評量的方式，但不能為提高學生成績而洩露考題。

2. 在評量測驗實施前要教導學生他們需學會哪些內容，尤其在實施總結性評量前，一定要教導學生學習完所要測量的全部教材內容。

3. 未充分瞭解學生，或花時間與學生相處前，不宜用情緒字眼做出偏激判斷與分類學生，例如：學習興趣低落、危險性者、低學習成就者、沒有興趣、高風險學習者、學習緩慢者等，以免出現評量的自我應驗效應。

4. 避免以刻板化印象來看待學生，讓學生無法盡最大努力表現，以

免失去學習評量的目的。

5. 避免對不同性別、種族、宗教、文化與國籍學生有言語及對待差別，相對的教師應提供學生必要的協助。

6. 當實施教學與評量時，避免因學生語言能力受限或文化經驗不利而有偏見或不公，評量試題要儘量減少文化資本所導致的差異。

7. 考量評量實施的必要性，讓紙筆測驗最少化，減少學生考試焦慮，並教導學生熟悉不同類型評量的作答技巧。

8. 尊重個別學生評量結果，不能因評量成績不佳而責罰學生。

9. 對於學生重要決定，應參酌多種評量結果，每種評量都要有一定程度的可靠性與公正性。

10. 評量只是在解釋學生已學會的內容或技能，不能推估到未來的成就。

11. 對於評量的結果，教師能精確地評鑑學生的回應，並於最短時間內讓學生瞭解測驗結果。

12. 呈現評量結果在某種意義上就是要鼓勵學生，或與他人能適切地比較，因此對測驗分數要進行有意義的詮釋。

13. 解釋評量結果時，應先瞭解該測驗的性質及其限制，並且不可使用極端的字眼。

14. 對於班級中有特殊需求的學生，應能提供適當而有彈性的評量方法。

15. 教師在編擬評量試題時，若採用正式出版或有版權的測驗素材或題目，要先經過對方的許可才能使用。

16. 確保評量試題、答案沒有錯誤。評量實施後若發現計分或答案錯誤，教師要盡可能修改並重新給分。

 ## 參 學生輔導工作倫理守則

參與評量過程中的人員要很注意他們的倫理責任，有關評量的議題包括不適當的評量所造成的爭議、錯誤診斷、對測驗結果作不適當的解釋、

品質不佳的心理測驗等，這些評量資料會影響學生目前的教育計畫和他們的未來。許多專業組織有倫理守則與標準供其成員遵循，例如：美國心理學會、美國諮商學會、國家教育學會等（劉明松譯，2008）。我國台灣輔導與諮商學會制定《學生輔導工作倫理守則》（2015）、《輔導與諮商專業倫理守則》（2022），對於測驗的實施亦訂定倫理規範要求輔導人員遵守，雖然這些標準是發展出來給輔導人員使用的，但教師在參與評量過程中亦可參考及遵守：

一、測驗選用

學生輔導人員實施測驗時，應慎選測驗工具以切合輔導目標。

二、專業訓練

學生輔導人員使用測驗前，應對該測驗內涵及該測驗施測、計分、解釋、應用等程序有適當的專業知能和訓練。學校輔導處室委託其他教師或學校行政人員實施測驗時應符合各項測驗所定之資格，未定具體資格時則應於事前進行適當之施測講習。

三、施測說明

實施測驗前應向學生或家長說明測驗之目的與用途。

四、測驗資料應用

學生輔導人員應妥善解釋測驗結果與保存測驗資料。

1. 解釋：學生輔導人員在解釋測驗結果時應力求客觀、正確及完整，審慎配合其他測驗結果及測驗以外的資料做解釋及應用。

2. 結果保存：測驗結果應妥為保存，以維護學生權益，避免誤用。

3. 學生測驗結果除基於法律規範或法院要求而另有他用外，不可挪作非輔導、教育及研究用途。

五、當事人的福祉

測驗與評量的主要目的在促進當事人的福祉，輔諮人員不得濫用測驗及評量的結果和解釋，並應尊重當事人知悉測驗與評量結果及解釋的權利。

第三節　文化因素對評量的影響

隨著時代的改變，整體社會對教育的看法和需求亦隨之變動，隨著社會從工業化社會進入到資訊化時代，傳統以記憶為主的紙筆測驗已無法滿足社會複雜的需求，因而多元化的教學與評量受到多元智能理論的支持，再發展出以學生為中心的多元評量，評量模式包含了實作評量、檔案評量、動態評量等多元方式，不再只以紙筆測驗的結果代表學生全部的學習成果。此外，傳統評量亦存在著不公平性，因為評量內容可能會因涉及對某一些文化的偏見而造成刻板印象或歧視，因為評量的主題大多以主流文化為主，過度注重語文和數學科，因而對部分學生易造成不公（謝百淇、張美珍、李馨慈，2018）。為改善傳統評量的缺失，學者提出許多的改進意見與作法，本節僅就教師對學生的偏見、學校的考試文化及適性與公平性的抗衡等三方面探討文化因素對評量的影響。

升學至上的考試文化

目前整個社會和家長對於國高中的辦學績效，仍以畢業生的升學率為依據，在會考、大學入學考試考綱不考本的命題趨勢下，學生與教師的壓力並不會因廣設高中、大學而降低，教師要忙著趕進度、複習及考試，能做到革新教學、重視學習評量改革的教師真是罕見，多數教師的教學仍以講述為主，評量所用的工具又為紙筆測驗，校園內的大小考試不斷（陳怡君，2005）。身為教師對於升學有關的測驗與評量計畫要相當地熟悉，以

便面對學生、家長或一般大眾可能提出的問題。在整個大環境的升學至上的考試文化沒有改變之下，雖然有評量準則或成績考查辦法要引導學校朝素養導向的多元評量發展，但這樣的改革流於表面，想要達成目標仍有一段路要走。分數掛帥的迷失，是臺灣評量文化難以擺脫的夢魘。我們常聽到家長問孩子在學校考了幾分，而不是在學校學得什麼，而長久以來，升學主義的籠罩，使得考試扭曲了學生的學習動機，致使許多學生讀書的目的在於求得高分，為了文憑或「錢途」，或者用以取悅教師和家長，卻忽略了學習的原本意義和目的（江文慈，2004）。要改變這樣的考試文化，務必從價值信念的改變著手：

一、教師要建立正確的評量觀念

在臺灣的教育現場中，不只學生重視分數，連教師也是一樣。每當定期考試時間一到，教師們還是得努力地去幫學生複習功課，因為它不僅牽涉到學生的學習，還有教師教學成效的檢核、同一學年班級的評比、家長對孩子的期待，以及學校的辦學績效等。考試宰制了教師的教學，教師的教學常因為考試與進度，遭到嚴重壓縮，使得教師的專業難以施展。學生的考試成績成為教師之間評比的依據，讓校園隱伏著爭鬥與不安的氣氛。我們再來看看美國的情形，在要求績效的氛圍下，學校對於測驗和評量的使用量大增，亦加重了分數的重要性。1970 年代末期，美國要求學生必須通過測驗才能領到高中畢業證書或升級的最低能力測驗計畫，已快速推展至全國各地。將學生成就拿來做學校之間、學區之間，以及州與州之間的比較，導致測驗與評量的工具使用量激增，對教師與行政人員的要求也更多了。進而有些教師「教考試所要考的」（teaching to the test）及「只教測驗題目」（teaching to the test itself），「教考試所要考的」是強調所欲測量的目標，而非教導特定的試題，但教學若只限定在測驗可以涵蓋的目標之內，對整個教育而言將是很大的傷害（王振世等譯，2009）。過度倚賴測驗結果已嚴重扭曲了教育本質，教師要建立正確的評量觀念，評量不等於考試，評量的主要功能在診斷學習困難、提供回饋訊息，以及改進

教學歷程。至於評判學生的學業成就的高低，則只是一個次要或可有可無的功能，多元社會裡，應該還給評量原來的面目，讓學生有多元成功的機會。教師也要瞭解考試不是只有紙筆測驗，考試的方法可以有很多形式，例如：筆試、口試、聽力測驗、實作測驗等（詹志禹，1996）。雖然大型升學考試的測驗強調客觀式的紙筆測驗，但是教室內的評量不能只重視紙筆測驗形式的考試，多元評量的精神要融人教學之中。

二、協助學生改變分數為導向的評量文化

如果我們的評量文化，依舊習慣統一考試和標準答案，用考試分數來說明學生的能力全部，以分數來衡量一個教師的認真程度、評斷教師的教學成效，那麼評量改革要落實，仍然還有一段漫漫長路要走的。一般人很少去質疑這些分數的效度和意義，使得它已逐漸控制了今天的教育。當然這並不是說要全然反對評量，而只是希望大家能夠瞭解，考試分數只能反映學生才能和知識的一部分。教師應該協助學生改變以分數結果為導向的評量文化，重塑以學習目標為導向的評量文化。幫助學生體驗學習活動本身是有意義和價值的事，而不是為了求高分來取悅別人（江文慈，2004）。評量改革要落實，評量文化的重塑乃必要之路。

 適性化與公平性抗衡

評量應適性化，是教學評量的基本原則之一。但適性化常在公平的前提下，被徹底犧牲了。國內長久以來存在著評量即是考試、評比的觀念，因此公平性就被置於優先地位，凡事先求公平再談。公平有其重要性，但是過度地凸顯，有時候會淹沒掉評量應該是幫助教師瞭解學生的學習狀況，和透過評量輔導學生學習的真正目的（江文慈，2004）。適性評量與公平性是可以並行不悖的，以下分別說明之：

一、評量的公平性

對任何評量計畫而言，公平性問題是非常重要的議題，社會大眾對

公平性相當關注。測驗及評量專家用 1.「沒有偏見」（absence of bias）來解釋公平性，公平性也可能是指在評量的過程中，來自不同團體的人是否受到相同的對待。這種概念有時被稱為 2.「程序公平」（procedural fairness），與其相關的問題如：應考者是否有相同的機會把他們所知道的和所學會的表現出來？或者於申論題評分時，評分者是否不受應試者所屬團體的影響而公正給分？3. 公平性的第三種意義是，所有學生都有相同且充分的機會可以學習到測驗所要測量的材料內容，這是屬於教育機會均等的問題。4. 第四種含意則是結果相等性（equality of results），從這個角度來看，如果不同群體，例如：非裔美國人、拉丁裔美國人及美國白人，他們的平均表現是相同的，那測驗就是公平的。第四種概念與測驗的其他信條就無法並存，因為不同群體學生所接受的教導不同，以及他們的興趣和努力也不一樣，所以不可能期望一個有效的測驗能不顯示他們的差異。換言之，測驗呈現出少數族群學生與大多數學生平均分數上的差異，可能正是公平地反映出少數族群學生被社會差別對待的後果。研究同時發現，相較於少數族群和低社經地位的學生，中產階級的白人學生更熟悉標準化測驗所強調的內容和價值。對於少數族群是被忽略或是否要給予特殊待遇，這個決定權必須由社會大眾透過法律途徑來決定（王振世等譯，2009）。當教師在進行評量時，沒有偏見和程序公平是最根本的要素，這些特徵可避免因測量錯誤所致的不公平。

二、以適性評量落實公平性

　　早期所推動的電腦化適性測驗（computerized adaptive testing）要求評量的試題難易能與考生的能力水平相適配（周文欽等，2006），但教室內的評量無法做到電腦化施測，因此只能適合於補救教學，近年來的差異化教學再使適性評量重新獲得重視。《評量準則》第 5 條即是對適性評量的解釋：國民中小學學生成績評量，應依第 3 條規定，並視學生身心發展、個別差異、文化差異及核心素養內涵，採取適當之多元評量方式。十二年國教推行差異化教學，並且要實落多元評量於教學中，以達成適性評量的

理想，因此教師應具備能力去發展適合差異化教學的多元評量方法。然而教師常常在教學現場中面臨差異化教學與評量系統之間的衝突，差異化教學強調教師應對學生在準備度（readiness levels）、興趣（interests）與學習風格（learning profiles）上的變異性，而有不同的教學方式與策略；然而教學現場的評量系統卻又十分著重標準化（standardization）與嚴格性（rigidity），這兩者看似衝突的概念，事實上卻是可以兼容並蓄的，最大的關鍵點在於教學者自身如何看待與應用評量系統。換言之，教師是否能主動體認到將多元評量融入於教學中，將會是差異化教學能否成功的重要因素。針對公平性問題，許多教師對差異化教學的認定是：儘管依據學生的程度而有相異的教學策略，但仍須考量學業公平性的問題，亦即針對不同學生發展出不同的教學模式與評量方式，這樣才符合公平性（龔心怡，2016）。教師需瞭解不是採用一致性的評量方式就是公平，因為低成就的學生上課聽不懂，考試得低分，久而久之喪失了學習興趣。多元評量可以利用形成性評量給予學生學習上的回饋，讓學生感受到上課有學到知識，考試成績有進步，因此更能激勵學生學習動機。差異性教學與多元評量模式的目標是一致的，因為兩者皆可以增加學生較為廣泛的成功機會，藉由多元的教學與評量，也能更加確保公平性。教室裡的評量目的，不在篩選學生，而是用來瞭解學生、輔助教學，因此需要適性化和多元化，可針對不同學生發展不同的評量方法與內容，如果處處講求公平一致的狀況，即無法針對個別差異進行適性化的教學與評量（江文慈，2004）。

教師要避免對學生產生偏見

「沒有偏見」是確保評量公平性的第一步，在評量的歷程中存在不少的誤差，可能是評量工具的誤差，也可能是施測者的誤差，即教師在評分時因為主觀的好惡所產生的誤差，例如：月暈效應、趨中傾向、過寬或過嚴傾向等。月暈效應指的是當評分者在評分時，只根據受評者的某部分表現（好的或壞的）類推作為全面評分的依據（洪素蘋，2017），也是教師偏見的一種形式。最常發生的偏見是教師由於個人的性別、年齡、種族、

國家、宗教、性取向、障礙、語言、社經地位等因素，使得在施測、解釋或評分時，會嚴重影響其判斷與決定。比較明顯的是對來自於不同社會階級、語言、族群、性別的學生，教師會存在著比較高的偏見，有時這種偏見是無意識的。國外的研究發現，在美國男孩比女孩、非裔美國人比白種人更常因適應不良行為問題而被轉介；研究也發現假設施測者為非裔美國人，那麼非裔美國學生的得分就會比較高。這樣的偏見產生一種情況：在相同條件下的施測，符合某些特質的學生經常會產生不同的分數，例如：西班牙裔學生比白人小孩分數低、男性的分數比女性低、鄉下小孩的分數比城市小孩低。有兩項理由可以解釋這種偏見的現象：1. 平均差偏見（mean-difference bias），因為某些族群在某類型測驗中，分數的確不高，那些測驗已被認定為對於某些族群具有偏見。2. 題目偏見（item bias）是指測驗中的特定題目，超出了受試者的生活經驗。測驗的偏見議題引發了評量的重要問題，也因此再度讓我們在運用測驗分數時，能很小心地檢視並注意它的限制，學校教師應該要有高的文化覺察能力（劉明松譯，2008）。

　　當今教育的潮流強調多元文化教育，並藉此幫助不同族群、性別、社會階級等社會文化背景之學生學習，例如：臺灣的原住民族，其文化不同於主流社會，學生在學習方面可能會受到主流社會文化的限制，因此評量方式如果大部分採用紙筆測驗，對原住民學生而言是相當不利的，發展適合原住民學生的文化回應評量是有其必要性與重要性。有必要依照原住民學生的學習特性，制定以實際操作為主的評量方式是比較恰當的作法。在多元文化課程中應輔以適切的文化回應評量，如此不僅可回應原住民學生自身的文化背景及學習特性，終能協助教師進行有效的教學以促進學生的學習成效（謝百淇、張美珍、李馨慈，2018）。

自我評量 ....

一、選擇題

(　) 1. 依《國民小學及國民中學學生成績評量準則》之內涵，下列何者正確？ (A) 家長不宜參與或督導學生之有效學習 (B) 固定的教學與評量方式，有利於輔導學生適性學習 (C) 國民中小學學生成績評量時機，分為期初、期中與期末三種評量 (D)直轄市、縣（市）政府及教育部據以進行學習品質管控，並調整課程與教學政策

(　) 2. 依據現行《國民小學及國民中學學生成績評量準則》的規定，下列選項何者正確？甲、定期評量紙筆測驗之次數，每學期至多三次；乙、彈性學習課程評量應包括平時評量及定期評量；丙、學生在某領域學習課程之成績評量，若學期末的分數為七十分以上未滿八十分，則轉換成乙等；丁、評量應依領域學習課程、彈性學習課程評量，不包括日常生活表現 (A) 甲丙 (B) 乙丁 (C) 甲乙 (D) 丙丁

(　) 3. 在《國民小學及國民中學學生成績評量準則》第 4 條中，關於國民中小學學生成績評量原則的條文內容，下列何者正確？ (A) 時機：應兼顧適性化及彈性調整 (B) 方法：應符合紙筆測驗使用頻率最小化 (C) 結果呈現：應兼顧保密及尊重隱私 (D) 結果解釋：應以常模參照為主，標準參照為輔

(　) 4. 使用非正式的評量一定要避免偏見，下列何種作法可避免教師在評量過程中產生偏見？ (A) 使用制式的測驗 (B) 不時與同事相互討論及檢視手中的檔案 (C) 向他人介紹整個學習過程 (D) 揭示課程紀實板於教室中

(　) 5. 關於「沒有歧視性的評量」（nondiscriminatory evaluation），下列哪一項描述是錯誤的？ (A) 必須由受過專業訓練的各類人員所組成的小組（multidisciplinary team）來實施評量 (B) 可以採用單一的評量程序（single evaluation procedure）作為設計 IEP 的唯一依據 (C) 對少數族群兒童的評量過程不可以有文化偏見或語言偏見 (D) 對疑似障礙（suspected disability）有關的所有領域都要加以評量

（　　）6. 編製測驗時只考慮特定族群文化，造成該族群學生比較容易答對
題目，這種可能存在測驗的文化偏見現象稱為？　(A) 測量誤差
(B) 測驗偏差　(C) 月暈效應　(D) 社會期許反應

（　　）7. 教師使用評定量表時，若出現高估、低估或趨中的誤差，通常犯了
哪一類錯誤？　(A) 月暈效應　(B) 個人偏見　(C) 邏輯誤差　(D) 統
計誤差

（　　）8. 根據《高級中等學校學生學習評量辦法》之規定，下列何者正確？
(A) 學業成績評量採等級制　(B) 一般科目的成績計算不包括日常
考查　(C) 學校學生學習評量不包括德行評量　(D) 採多元評量方
式於日常及定期為之

（　　）9. 依據《國民小學及國民中學學生成績評量準則》，關於國民小學學
生成績評量的四項敘述，下列選項何者正確？甲、評量範圍包含領
域學習課程、彈性學習課程及日常生活表現。乙、上課總出席率至
少達四分之三以上，且經獎懲抵銷後未滿三大過的學生可取得畢業
證書。丙、學生因故不能參加定期評量，經學校核准給假者，得補
行評量；其成績採計以實得分數的八折為原則。丁、特殊教育學生
之成績評量方式由學校依特殊教育法及其相關規定，衡酌學生學習
需求及優勢管道，彈性調整之。　(A) 甲乙　(B) 乙丙　(C) 丙丁
(D) 甲丁

（　　）10. 依據《國民小學及國民中學學生成績評量準則》，下列敘述何者正
確？　(A) 成績評量僅須依照領域學習課程和彈性學習課程進行即
可　(B) 結果解釋應以常模參照為主，標準參照為輔　(C) 國民中
學階段，八大學習領域有五大領域以上，其各領域之畢業總平均成
績均達丙等以上，為成績及格，由學校發給畢業證書　(D) 成績評
量方法應符合紙筆測驗使用頻率最小化為原則

（　　）11. 依據《高級中等學校學生學習評量辦法》之規定，職業學校學生畢
業應修學分數不得少於多少學分？　(A) 120 學分　(B) 150 學分
(C) 160 學分　(D) 由各主管教育行政機關自行訂定學分數

（　　）12. 具有書寫障礙的高中學生，參加學校定期考試評量時，下列評量
方式的調整措施何者最適切？　(A) 讓學生到資源教室使用電腦打

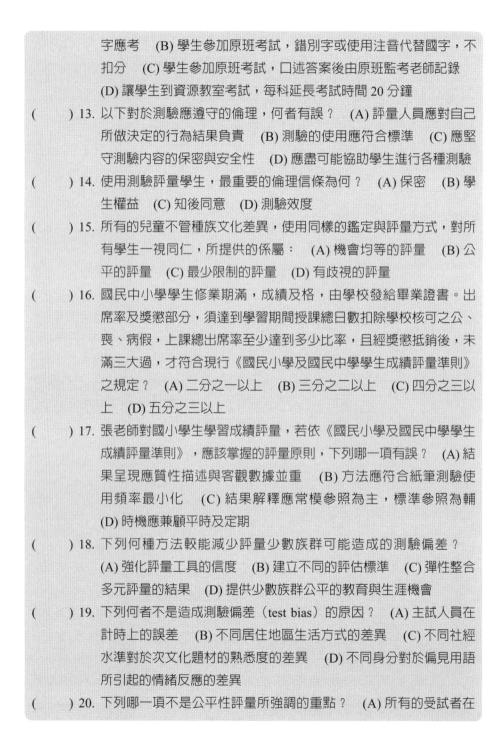

字應考 　(B) 學生參加原班考試，錯別字或使用注音代替國字，不扣分 　(C) 學生參加原班考試，口述答案後由原班監考老師記錄 (D) 讓學生到資源教室考試，每科延長考試時間 20 分鐘

(　) 13. 以下對於測驗應遵守的倫理，何者有誤？ 　(A) 評量人員應對自己所做決定的行為結果負責 　(B) 測驗的使用應符合標準 　(C) 應堅守測驗內容的保密與安全性 　(D) 應盡可能協助學生進行各種測驗

(　) 14. 使用測驗評量學生，最重要的倫理信條為何？ 　(A) 保密 　(B) 學生權益 　(C) 知後同意 　(D) 測驗效度

(　) 15. 所有的兒童不管種族文化差異，使用同樣的鑑定與評量方式，對所有學生一視同仁，所提供的係屬： 　(A) 機會均等的評量 　(B) 公平的評量 　(C) 最少限制的評量 　(D) 有歧視的評量

(　) 16. 國民中小學學生修業期滿，成績及格，由學校發給畢業證書。出席率及獎懲部分，須達到學習期間授課總日數扣除學校核可之公、喪、病假，上課總出席率至少達到多少比率，且經獎懲抵銷後，未滿三大過，才符合現行《國民小學及國民中學學生成績評量準則》之規定？ 　(A) 二分之一以上 　(B) 三分之二以上 　(C) 四分之三以上 　(D) 五分之三以上

(　) 17. 張老師對國小學生學習成績評量，若依《國民小學及國民中學學生成績評量準則》，應該掌握的評量原則，下列哪一項有誤？ 　(A) 結果呈現應質性描述與客觀數據並重 　(B) 方法應符合紙筆測驗使用頻率最小化 　(C) 結果解釋應常模參照為主，標準參照為輔 (D) 時機應兼顧平時及定期

(　) 18. 下列何種方法較能減少評量少數族群可能造成的測驗偏差？ (A) 強化評量工具的信度 　(B) 建立不同的評估標準 　(C) 彈性整合多元評量的結果 　(D) 提供少數族群公平的教育與生涯機會

(　) 19. 下列何者不是造成測驗偏差（test bias）的原因？ 　(A) 主試人員在計時上的誤差 　(B) 不同居住地區生活方式的差異 　(C) 不同社經水準對於次文化題材的熟悉度的差異 　(D) 不同身分對於偏見用語所引起的情緒反應的差異

(　) 20. 下列哪一項不是公平性評量所強調的重點？ 　(A) 所有的受試者在

施測過程都應有相同的作答設備　(B) 評量應使用學生熟悉的語言 (C) 評量內容不應出現對某一類群體不利　(D) 施測者應具備評量所要求的專業資格

參考答案

1.(D)　2.(A)　3.(B)　4.(B)　5.(B)　6.(B)　7.(B)　8.(D)　9.(D)　10.(D)

11.(A)　12.(B)　13.(D)　14.(B)　15.(D)　16.(B)　17.(C)　18.(C)　19.(A)　20.(A)

二、問答題

1. 何謂調整性評量（accommodated assessment）？對於普通班教師可能質疑資源班學生評量方式的「公平性」時，你會如何因應？

2. 請依據《國民小學及國民中學學生成績評量準則》，說明學生的日常生活表現如何評量？

3. 國中小學生修業期滿，需要符合哪些條件才能拿到畢業證書？

4. 教師使用測驗與評量時，必須遵守哪些倫理規範的原則？

5. 教師在評量方面，有時會將自己的偏見表現出來，請說明教師的個人偏見有哪些？要如何克服？

6. 在差異化教學的情境中，要如何確保評量的公平性？

第二章

測驗與評量的基本原理

　　19 世紀初比奈－西蒙（Binet-Simon）的智力量表問世，測驗理論開始受到學者重視，其中廣為人知的應屬古典測驗理論。古典測驗理論（classical test theory, CTT）最早是由古利克森（Gulliksen, 1950）在《心理測驗理論》（*Theory of Mental Test*）一書中所提出的測驗理論，其理論模式簡單易懂，成為 20 世紀測驗理論的主軸，在測驗編製、評估及使用上有其貢獻。古典測驗理論也被稱為真實分數理論（true score theory），主要是建立於簡單的線性函數假設，$X = T + E$，其中 X 為實得分數或稱可觀察分數（observed score），T 為真實分數（true score），E 為誤差分數（error score）。古典測驗理論真實分數模式必須滿足七項的基本假設，這些假設即其理論所賴以建立的基礎。該理論對於測驗信度的估計特別重視，因此又被稱為「古典信度理論」（余民寧，2017；郭伯臣、吳慧珉、陳俊華，2012）。余民寧（2017）認為高品質測驗應該具有以下特徵：1. 具有高信度（reliability）；2. 具有高效度（validity）；3. 具有參照性（referencing），即具有適當常模（norm）；4. 具有客觀性（objectivity），即測驗的實施、評分與作答方式，均能使每一位受到公平對待。四者之中，首先應該考慮的因素是效度和信度，其次才是參照性和客觀性。效度與信度兩者屬於評量的理論基礎，具有學理基礎才能判斷一份評量工具的好壞。評量學者在闡釋信度及效度理論時，應用了許多的統計學概念，因此本章先介紹統計學的基本概念，其次再分別對信度及效度作一探討。

第一節　統計學的基本概念

　　測驗與評量的領域用了很多統計學的概念，例如：標準差、變異數、相關、因素分析等，在這領域的學者，需要具備扎實的統計素養。統計可分成描述統計和推論統計，評量方面所用到的統計大多屬於描述統計，社會與心理學領域的研究生，則需具備推論統計及多變量統計的知識。教師在處理及解釋評量成績時，平均數、標準差、百分等級、常模、常態分

配等概念一定用得到，這是教師的專業能力之一，要告知測驗與評量的分數所代表的意義為何。本節僅就測量的量尺及常用的描述性統計，作一探討。

 ## 壹　測量的量尺

　　為了測量學生的行為、特質或屬性，必須依據不同的量尺將上述資料加以分類，目前測量的量尺（scales of measurement）可分為名義量尺（nominal scales）、次序量尺（ordinal scales）、等距量尺（equal-interval scales）與比率量尺（ratio scales）等四種，這四種測驗分數的意義屬於基本的統計概念，也是在進行量化研究時所需明瞭的知識。以下分別敘述此四種量尺的意義（周新富，2016；涂金堂，2009；Salvia, Ysseldyke, & Witmer, 2017）：

一、名義量尺

　　或稱類別變項，是測量水準中最低的一種。凡資料本身的用途只具有作為辨識事物或表示類別用途的特性者，便是名義量尺。例如：球衣的背號、學生的學號、性別、血型、宗教別、職業別、國籍、郵遞區號或身分證等。這類數字並不能用來比較事物之間或類別之間的大小、優劣、次序或差異，因此不能進行算術中的四則運算。以這個量尺來測量學生的特質時，其所用的類別必須是互斥的（mutually exclusive）、周延的（exhaustive），且為同質性的（homogenous）。例如：「家長就業狀況」這個量尺分成「在職」和「失業」兩種屬性，研究者要思考這兩種屬性是否周延，即還有沒有其他的情況存在。

二、次序量尺

　　次序量尺或稱等級變項，凡資料具有上述類別量尺的特質，並且可用數值來表示事物或類別間之大小、多寡、優劣、高低、次序或等第，便可稱為次序量尺，例如：社會階級、成績的名次等。次序測量程序有多種

方式，最簡單且最直接的一種是等第順序法，受試者對一組刺激（包括物體、事物或現象）依某種屬性由最多排列次序到最少，例如：依畢業總成績將學生排名次，甲以第一名成績畢業，乙以第二名成績畢業。次序量尺只用來描述事物或類別在某一特質上的次序，但並不能用來顯示其間差異量的大小，所測量的數字也是不能用來進行四則運算。

三、等距量尺

等距量尺或稱等距變項，凡資料具有上述名義量尺和次序量尺的特性，並且還可以用數值計算出兩項分數之間的差異量大小者，便是等距量尺，例如：溫度、明暗度、音量、收入、投票率、智商和犯罪率等。所謂「等距」是指量尺上的任意兩點（A 點和 B 點）之間的距離大小若為 M，與另外兩點（C 點和 D 點）之間的差距大小也為 M，則可以得到 A － B ＝ C － D，即為等距的特性。例如：標準化智力測驗分數，得分在 130-120 分與得分在 60-50 分之間的差距是相等的，但是前者的差異所顯示出的聰明程度，要比後者的差異所顯示出的聰明程度還大，這是由於智力的意義不具有相等單位的緣故，嚴格說來，智力應該算是次序量尺。然而在實際的心理與教育研究領域裡，學者們為了方便使用起見，還是將智力視為一種等距量尺；一般的測驗分數也如同智力一樣，被視為是一種等距量尺。

四、比率量尺

比率量尺或稱比率變項、等比量尺，是測量的最高水準，而且也是科學家的理想量尺。凡資料具有上述類別量尺、順序量尺和等距量尺的特性，並且還可以數值計算和表示出兩量尺間的差異量大小和相對比率者，便是比率量尺。比率量尺有個最大的特點，那就是它有「絕對零點」（absolute zero），因此任何一個比率量尺數值均是代表從自然原點（natural origin）算起的一段距離，這種數值本身可以進行四則運算。例如：我們可以說獲得學業成績 80 分的學生是 40 分學生學業成績的 2 倍。實際上在教育學領域裡，真正屬於比率量尺者不多，在測量態度的評定量表（rating scale）使用上，研究者常將評定量表中央位置視為絕對零點，並且各

位置間的間隔都是相等的，因此，我們可以依序將評定量表上的「非常喜歡」、「喜歡」、「沒意見」（即中央位置，絕對零點）、「不喜歡」、「非常不喜歡」等五類選項，分別給予 5、4、3、2、1 分的得分，以代表各種不同的反應強度，同時可以把得 4 分者看成是得 2 分者的反應強度的 2 倍。這些著重在概念及理論上意義的作法，雖然已引發不少爭議，但在使用時還是要特別小心謹慎，尤其是對研究結果的解釋。

這四個量尺之中，等比量尺是最高級的測量程度，適用範圍最廣，其他依序是等距、次序、名義，但在從事教育研究時，並不必然要用最高等級量尺來測量。由於在實際的使用中，學者們多半不去區分等距量尺或比率量尺，並且這兩者所適用的統計方法也並無不同，因此這兩者可以合而為一。故根據測量量尺的精密程度所分成的四種分數，便可以合併成三種：名義、次序、等距／比率量尺。如果採用二分法，名義和次序量尺可稱為間斷變項，而等距和比率量尺可歸類為連續變項。

貳 描述性統計

經由測量所蒐集到的資料如果不經過整理與分析，就得不到完整的結果。我們通常將學生的研究資料分為質性和量化資料兩種，質性資料是以文字、圖形、錄影、錄音等非數字形式所呈現出來的資料，例如：以訪談、開放式問卷或非結構式觀察所得到的資料屬之。而量化資料則指以問卷、測驗、考卷或結構式觀察等方法所得到的資料，這些資料是要輸入電腦進行分析整理的，所以需要借助統計學的方法。統計學處理的對象是量化的資料，其目的不外乎是「化繁為簡」，也就是將雜亂無章的原始資料使之系統化、數量化，而能解釋這些資料所隱藏的意義。統計分析大致可以分為兩大類：描述性統計（description statistics）與推論性統計（inference statistics），在評量分數的解釋上，描述性統計比推論性統計來得重要。描述性統計指的是描述樣本或母群體資料分布情況，其功用是在化約資料（data reduction），當原始資料很多時，如不加以組織及整理，我

們很難瞭解資料中所含之訊息及意義。利用一些基本的描述統計法，這些資料即可被濃縮，進而給我們一些基本的訊息。最常用的描述性統計方法如下：集中量數（平均數、眾數、中位數）、離中量數（全距、平均差、標準差、變異數）、資料的形狀（常態、偏峰、雙峰等）和相關等數據。以下分別簡要敘述之（林清山，2014；吳明隆，2006；吳明隆、涂金堂，2006；周新富，2016；Best & Kahn, 1998; Salvia, Ysseldyke, & Witmer, 2017）：

一、集中量數

所謂集中趨勢量數（measures of central tendency）是描述所蒐集到的資料裡各分數的集中情形，也是描述一個團體中心位置的一個數值。例如：我們調查了 100 個人的收入情況，其中有的人收入很高，有的人收入很低，那麼在這些樣本中，一個人的平均收入是多少呢？這就是集中量數所要探討的問題。集中量數可以用三種方法來測量，即眾數、中位數與平均數。

(一)眾數

眾數（mode）指在一個變項分布中，出現頻率最高的變項值。變項分布的情況為 2、3、3、3、3、4、4、5、5、5、5、5、6、7，這些變項的數值以 5 出現的次數最多，因此 5 是眾數。由於知道眾數對於分布的瞭解無大的助益，因此教育研究並不常用眾數。

(二)中位數

中位數（median）或稱中數，以 Md 來代表，是指變項依順序大小加以排列後占最中間位置的分數。在變項的分布中，中位數的值介於這樣一種情況：50% 的數值高於它，而另外 50% 的數值低於它。如果一項分布的數字總個數是單數，中位數就是最中間的那個數；如果總個數為奇數，我們先依順序排列，再找出介於中間位置的數值即可，例如：1、2、3、4、5 的分布，中位數就是 3。但是，如果總個數為偶數，我們就有了兩個介於中間位置的數值，在這種情況下，需要把這兩個數值相加再除以

2，以求得中位數。例如：變項的分布為 2、4、4、4、6、7、8、9 共八個
樣本，由於總個數為偶數，因此，我們需要取兩個介於中間位置的個數 4
與 6，將它們相加後除以 2 求得中位數 5。

㈢平均數

平均數（mean）是最為常見的集中量數描述方法，也是我們最熟悉
的方法。計算平均數的時候，我們需要把所有樣本的值相加再除以樣本的
總數。平均數常用 $\overline{X}$ 來代表。如果用 X_i 來代表任一樣本的分數，用 N 來
代表樣本總數，則計算平均數的公式：

$$\overline{X} = \frac{\Sigma(X_i)}{N}$$

其中，希臘字母 Σ 是一個運算符號，表示所有數值的相加，因此，
$\Sigma(X_i)$ 就是把所有樣本的值相加。什麼情況下使用眾數、中位數或平均
數？這與變項的測量精密程度有關，一般而言，對於名義量尺，眾數是最
合適的選擇；對於次序量尺，中位數是最合適的選擇；對於等距與比率量
尺，則大多使用平均數。但是，選用哪個統計數據有時也視情況而定。例
如：在收入的變項分布中，中位數與平均數常常不相一致，由於只有少數
人具有較高的收入，而平均數對極大的數值特別敏感，因此收入的平均數
往往高於收入的中位數。在這種情況下，如果我們想要顯示某種職業員工
的收入較低，我們則可以選擇中位數。當然最好是平均數與中位數同時呈
現。

二、離中量數

要瞭解一個團體的分數性質，只知道它的集中情形還不夠，還得知道
它的分散情形。一般來說，如果一個團體的成員的能力很接近，則他們的
分數會集中在某一點附近，最低分和最高分會相差很小；相反的，如果他
們的程度參差不齊，則分數會分散地很廣。用來表示團體中各分數的分散
情形的統計數就叫做「變異量數」（measures of variation），這是用來表

示個別差異大小的指標。常用的變異量數有下列幾種：全距（range）、平均差（average deviation, AD）、標準差（standard deviation, SD）、變異數（variance）等。

㈠全距

全距是最簡單的離中量數，它是表示差距的量數，所以適用於等距變項，不適用於次序變項。全距是團體中最大值與最小值的差，但全距不是一個反映數量分布情況的理想數據，因為未能考慮到其他數值的分散情形。

㈡平均差

用來表示團體中各量數的分散情形的第二種變異量數是平均差，用來表示某種量數與平均數之距離，然後再把距離相加，用公式表示為：$\Sigma(X_i - \overline{X})$，其數值也被稱為離差值（deviation）。但這個數值也不能直接用來表達變項的離散情形，因為離散值的總和往往與樣本的規模有關，如果兩個樣本大小不一，就無法進行比較，因此還要除以總數後才可進行比較。

㈢變異數與標準差

為解決 $\Sigma(X_i - \overline{X})$ 等於 0 的問題，通常是採用 $(X - \overline{X})$ 加以平方的方式，先算出離均差平方和，然後再除以 N，得到變異數，用公式來表示為：$S^2 = \dfrac{\Sigma(X_i - \overline{X})^2}{N}$。而在處理樣本數據時，變異數的分母通常是取樣本的自由度 $N - 1$，而不是樣本的總數。因為變異數是標準差的平方，所以將變異數開平方可得到標準差。其公式為：

$$S = \sqrt{\frac{\Sigma(X_i - \overline{X})^2}{N - 1}}$$

式中的 S 稱為標準差，它是表達離散趨勢的量數中，最常被使用的數據，S 值愈大，變項間的分數愈分散，分數愈集中，標準差就愈小。樣本的標

準差常以 S 表示，而母群體的標準差則以 σ 表示。

三、常態分配

　　如把學生的身高、體重、智商等特質分別測量，並將所得的結果繪成
次數多邊圖（曲線圖），可能會形成鐘形的常態曲線（normal curve）或
常態機率曲線（normal probability curve），也就是所謂的常態分配（normal
distribution）。常態分配是一種理論上的分配模式，但透過這理論模式，
配合平均數及標準差，可以對學生成績資料的分配情況，做相當精確的描
述及推論。

　　配合平均數及標準差之觀念，可以得到常態分配一個重要的特性：在
常態曲線下，以平均數為中線，每一邊的面積各占 50%。如圖 3-1 所示，
在平均數 ±1 標準差之內的總面積為 68.26%，而在平均數 ±2 標準差之
內的總面積則有 95.44%，在平均數 ±3 標準差之內則有 99.74% 的總面
積。例如：如果全部樣本數是 1,000 人，則平均數加減一個標準差就有約
683 人。所以，就常態分配而言，只有少數的樣本是在平均數加減三個標
準差以外。

圖 3-1

常態分配中落在平均數與標準差範圍內的次數百分比

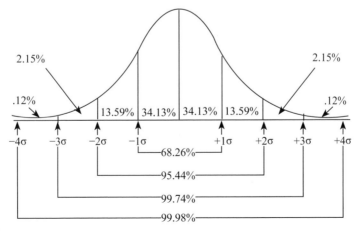

資料來源：Best & Kahn (1998, p. 354)

四、標準分數

　　由於很多變項分布不呈現常態分配，因此我們必須把這些變項轉換成常態分配，其方法為將變項的每一個數值轉化成一個 z 值，由 z 值組成的新變量，它的分布形態是一個常態分配，其平均數為 0，標準差為 1，這種將原來資料中的分數變成 z 分數（z scores），就稱為資料的標準化。z 值的公式為：

$$z = \frac{X_i - \overline{X}}{S}$$

X_i：原始分數
$\overline{X}$：平均數
S：標準差

　　將原始分數加以直線轉換為 z 分數時，團體中個人之間的相互關係仍然保持原狀，毫不改變，只是變為平均數等於 0，標準差等於 1 而已。這種 z 分數可以用來比較兩個處在不同變量分布中的變量值。例如：某學生參加了兩次考試，第一次得 54 分，第二次得了 89 分，我們想要知道相對全班的情況，他在哪一次考試中考得比較好，可以利用 z 分數來作比較。

　　標準化之後，常態曲線之下面積的劃分情形變成如圖 3-2 所示，平均數與 +1z 間的面積為 .3413，落在這個區間的事件機率為 .3413，落在這個區間的人數百分比為 .3413。透過 z 分數表的查詢，我們可以找到從某一個 z 值到平均數之間的面積，從而看出該 z 值在分配中的位置。例如：一名智商為 120 的女子，z 值為 2，由圖 3-2 可知由 0-2 區間的面積為 .4772（.3413 + .1359），因此她的智商大約高於 98%（.5 + .4772 = .9772）的女性。因為 z 分數在實際運用時會帶有小數點，使用起來不太方便，因此將 z 分數以直線轉換成 Z 分數（用大寫 Z 表示），其公式為：$Z = az + b$，像 T 分數、托福考試成績等，均由此轉換而來。在第四章中，會再作詳細探討標準分數的類型。

圖 3-2

常態曲線的面積

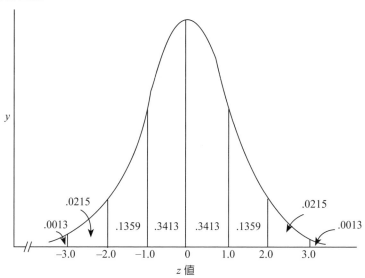

資料來源：林清山（2014，頁103）

　　然而並非所有的分配均是常態分配，有些樣本的資料會呈現偏態分配
（skewed distribution）與雙峰分配（bimodal distribution）。在常態分配時，
平均數、中位數、眾數在同一個位置，但在偏態分配時，如果分數較多集
中在低分方面，稱為正偏態分配（如圖 3-3），這時平均數大於中位數，
中位數大於眾數；如果分數較多集中在高分方面，則稱為負偏態分配（如
圖 3-4），這時眾數大於中位數，中位數大於平均數。產生偏態分配的因
素有很多，如測驗太難或過易，或者樣本異常，可能是智力很高或很低，
這都是可能原因。雙峰分配則是有兩個眾數，不像常態分配或偏態分配只
有一個眾數，其圖形如圖 3-5。2005 年和 2006 年兩次國中基本學力測驗
的英文科，在統計圖上就出現了雙峰分配現象，可能是因為城鄉差距或貧
富不均的因素所導致。

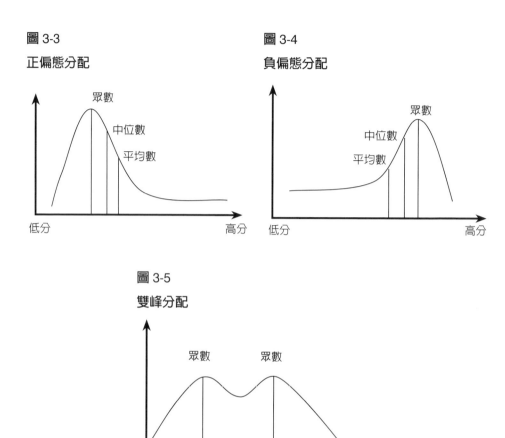

圖 3-3
正偏態分配

眾數
中位數
平均數

低分　　　　　　　　　高分

圖 3-4
負偏態分配

眾數
中位數
平均數

低分　　　　　　　　　高分

圖 3-5
雙峰分配

眾數　　　　眾數

低分　　　　　　　　　高分

五、相關係數

　　相關（correlation）是指變項與變項之間的關係，相關的大小以相關係數 r 值（r 值介於 +1.00 與 −1.00 之間）來表示變項關係的高低，又可分為正負相關兩種。正相關的意義就是得分高的變項與另外得分高的變項相結合、低分的變項與低分的變項相結合的傾向；負相關即是得分高的變項與得分低的變項相結合，相關係數接近 +1.00（或 −1.00）則稱兩變項是高相關，接近 0 則表示沒有關係。所以相關係數可分為五種：1. 當 $r = 1.00$ 為完全正相關，如圖 3-6 所示；2. 當 r 介於 1 與 0 之間（$0 < r < 1$）稱為正

相關，如圖 3-8 的 (a)；3. 當 $r = 0$ 稱為零相關，如圖 3-8 的 (c) 和 (d)；4. 當 r 介於 0 與 –1 之間（$-1 < r < 0$）稱為負相關，如圖 3-8 的 (b)；5. 當 $r = -1$ 稱為完全負相關，如圖 3-7 所示。

　　假如研究者發現高中學業成績與大學成績具有高相關，因此可以解釋某人在高中有高的學業成績，上大學後也可能會有高的學業成績。IQ 和學業成績的關係也是一樣，兩者的相關愈高，則其預測力也愈準確。用來預測的變項稱為預測變項（predictor variable），被預測的變項稱為效標變項（criterion variable）。假設智力和學業成績的相關係數為 0.70，其決定係數（coefficient of determination）為 $r^2 = 0.49$，由此說明學業成績的總變異量中有 49% 是由智力所決定，還有 51% 的變異量是由智力以外的因素所決定。當在探討測驗的信度及效度概念時，即會用到相關的概念，依據不同分數的量尺，要使用不同的公式來求得相關係數，最常用到的是皮爾森積差相關（Pearson product-moment correlation）（郭生玉，1997；周新富，2016）。信度係數屬於相關係數，這些數值的計算方式請參閱教育統計學的書籍。

圖 3-6

完全正相關

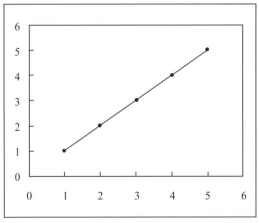

資料來源：周新富（2016，頁192）

圖 3-7

完全負相關

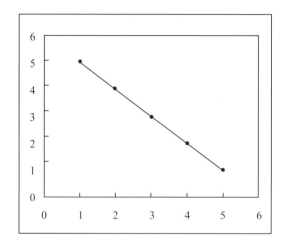

資料來源：周新富（2016，頁192）

圖 3-8

相關高低的分布圖

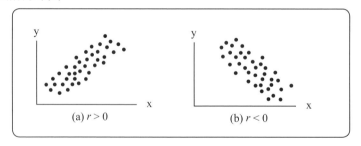

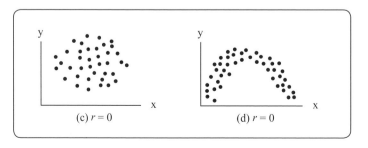

資料來源：周新富（2016，頁193）

第二節　測驗的信度

　　測驗必須針對使用目的與使用對象來編製，要想成為一份優良的測驗，則必須具備效度、信度及正確性三項條件（Kubiszyn & Borich, 2007）。有些書認為效度最重要，因而先介紹效度，本書則依慣稱的信效度，而先探討信度，下節再探討效度。信度的理論基礎源自古典測驗理論，這個理論在 1950 年代開始被提倡，也是最早的測量理論。它一向被視為古典信度理論（classical reliability theory），因為其理論的重心，是在估計一份測驗實得分數的可信度。近數十年來，雖然有其他理論，像是類推性理論（generalizability theory, GT）、試題反應理論（item response theory, IRT）等陸續被提出，但是以古典測驗理論的觀點來解釋信度的原理，至今仍然有它適用的價值（李克明，1993）。本節將探討信度的意義、種類、提高信度的方式等，分別敘述如下：

 ### 信度的意義與特性

　　信度（reliability）是指所測量的屬性或特性前後的一致性（consistency）、穩定性（stability）、可靠性（dependability），以及可預測性（predictability），即多次測量的結果是否一致。受試者在多次進行某種測驗時，如果得到相當接近的分數，即可認定該測驗穩定可靠，具有良好的信度。反之，如果兩次測量結果的一致性很低，就表示測驗的穩定性、可靠性或可預測性不高。測驗的信度具有以下的特性（郭生玉，2016；涂金堂，2009；Linn & Miller, 2005）：

一、信度是測量的結果，不是指測驗工具本身

　　信度是根據一群受試者的得分所估算出來的，不同群體的受試者可能會有不同的得分情形，因此所估算出的信度值大小也會不同。

二、信度的估算是針對特定類型

評量結果不可能具有普遍的一致性，可能在不同時間、不同試題作業樣本、不同評分者的可靠性，可能在其中一種情境下具有一致性，另一情況則否，因此信度的考慮需視測驗的用途而定，例如：想測量學生對科學原理的理解，那就需要不同作業表現間的一致性。

三、信度是效度的必要條件，而非充分條件

一旦測驗結果的信度低，則測驗結果的效度就不會高，但信度高不能保證效度也高，信度僅能提供一致性，使該測量可能是有效度的。

四、信度主要是用統計分析來評估的

信度的估算是透過統計分析得到的結果，積差相關是常用的統計方法，邏輯分析無法提供測驗分數信度方面的證據。一般而言，測驗結果的信度大小，最好高於 0.8，至少高於 0.7。

 貳　測量的誤差

古典測驗理論是根據弱勢假設（weak assumption）而來，其內容淺顯易懂、計算方便，為一般人所熟悉的理論。它可估計某個測驗實得分數的信度及其他相關的問題，例如：效度（validity）、常模（norm）、試題分析（item analysis）、適性測驗（adaptive testing）、題庫建立（item banking）等，以及在社會科學研究上的應用（郭生玉，2016）。古典測驗理論假定個人在測驗的實得分數（observed score）是由真實分數（true score）和誤差分數（error score）所組成，即：X = T + E（實得分數等於真實分數加上誤差分數）。實際上，受試者的真實分數或真正能力是無法直接測量的，只能由測量到的實得分數或觀察到的能力去推估。在單獨一次測量結果中，由實得分數中扣掉真實分數後，所剩下的部分即為誤差分數。從測量的誤差來看，信度是測量誤差大小的程度，一個測驗的信度在於表示經

過兩次或多次施測，測驗分數是否前後一致，任何一種測量總有或多或少的誤差，誤差愈小信度愈高，誤差愈大信度愈低（徐台閣，1993）。測量誤差的來源可分為系統性誤差（systematic error）及非系統性誤差（unsystematic error），以下分別探討之（徐台閣，1993）：

一、系統性誤差

一般而言，大部分的誤差是系統性的。所謂系統性誤差也被視成常數性誤差（constant error）或偏差性誤差（biased error），也就是固定的、一致的高估或低估分數。主要來源有學生的學習、訓練、遺忘與成長等，在不同情境中對不同學生的影響是一致的。

二、非系統性誤差

非系統性誤差又稱隨機性誤差（random error），則不是一種常數性誤差，是以隨機的、沒有規則和不可預測方式，在不同情境中，隨時影響不同學生的測驗得分。其主要來源包括：學生的身心狀況（動機、情緒、態度意願等）、施測情境（噪音、溫度、照明等）、主試者的指導說明、測驗試題（試題類型、計分與解釋等）……。

 ## 參　信度的種類

依據古典測驗理論的說明，信度即被定義為真實分數的變異數（S_t^2）與實得分數的變異數（S_x^2）之比率，但是由於真實分數是未知的，必須由實得分數中去推估才能得知，因此信度係數（reliability coefficient）的大小，必須透過估計的程序才能得知。常模參照測驗與標準參照測驗所用的推估方法不同，常模參照測驗常用的推估方法有再測法（test-retest method）、複本法（alternate-forms method）、內部一致性方法（internal consistency method）和評分者方法（scorer method）。標準參照測驗常用的方法有百分比一致性和 K 係數兩種，以下分別扼要說明之（周新富，2016；葉重新，2017；郭生玉，2016；吳明隆，2021）：

一、再測法

所謂再測法是指以相同一份測驗,於不同時間對相同學生前後重複測量兩次,再根據兩次分數求得的相關係數稱作再測信度(test-retest reliability)(或稱重測信度)。例如:有一個數學測驗在星期一及下個星期一連續對六名學生施測,這兩組分數間的相關是 .96,因此可以說這個測驗是相當可靠的。再測信度的主要問題是第二次施測時有記憶或經驗的介入,係數的高低與兩次間隔時間的長短有密切的關係,它的測量誤差來源,主要是來自不同時間下測量所造成的誤差。

二、複本法

複本法是指如果測驗有兩個複本,這兩份測驗在試題格式、題數、難度、指導說明語、施測時限等方面都相當,都用來測量相同特質,但試題內容卻不相同,拿給同一批學生施測,再求得兩者相關係數即稱為複本信度(parallel-forms reliability)。這個方法減少了再測法中的記憶與練習問題,如果一個學生在複本的得分差距太大,則可指出這個測驗不可信。這種信度的缺點是複本測驗編製不易,而且容易受到練習的影響;而其測量誤差來源,主要是來自試題抽樣所產生的誤差。

三、內部一致性方法

上述兩種信度的估計方法有一個共同點,那就是受試者必須進行兩次施測或使用兩份測驗,這不僅增加測驗編製的負擔,更容易造成學生合作意願低落,而影響施測的結果。為簡化這種施測方式且又能兼顧正確估計信度,於是有學者只根據一次測驗結果就來估計信度,這種方式即稱為內部一致性信度(internal consistency reliability)。最常用的內部一致性信度有折半法(split-half method)、庫李法(Kuder-Richardson method)和 α 係數(coefficient alpha)三種。

㈠折半法

　　所謂折半法，即是利用單獨一次測驗結果，以隨機方式分成兩半，再求兩半測驗結果間的相關係數，得到的相關稱為折半信度（split-half reliability）。折半信度愈高，表示兩半測驗的內容愈一致或愈相等，這種方法的好處是只要施測一次，因此記憶或練習的影響可以減少。將一份測驗分為對等兩半，最常用的方法是奇偶切分法（odd-even division method），也就是一半為奇數題，一半為偶數題。然而因為測驗題目減半，求信度時信度必然降低，這時可以利用史布公式（Spearman-Brown formula）、范氏公式（Flanagan formula）或盧氏公氏（Rulon formula）等加以校正，其中史布公式如下：

$$r_{xy} = \frac{nr}{1 + (n-1)r}$$

r_{xy}：估計的信度

r：原測驗的信度

n：測驗加長或減短的倍數

㈡庫李法

　　另一個估計測驗內部一致性的方法是採用庫李法（Kuder-Richardson method）估計信度，這個方法不必將測驗分成兩半，且適用於間斷或二分計分法的試題，例如：是非題，使用庫李公式算出 K-R 信度。庫李法的測量誤差，主要是來自測驗內容的抽樣誤差，尤其是受到抽樣內容的同質性或異質性程度的影響很大。庫李公式有 20 號及 21 號，20 號最為常用，而 21 號假定所有題目難度一樣，或平均難度 0.5。當測驗題目的難度有很大的不同，兩個公式的信度差距會變大。

㈢α 係數

　　α 係數是從庫李 20 號公式（Kuder-Richardson formula 20, KR20）發展出來的，對於不是對錯的二分計分法無法適用庫李信度，而要使用克朗巴

哈（Cronbach）的 α 係數，例如：態度或人格測驗所採用的「李克特氏五點評定量表」即可使用 α 係數。

四、評分者方法

上述的信度估計方法都是適用在客觀測驗的評分方式，它不會受到評分者主觀判斷的影響，當教師自編成就測驗是屬於主觀測驗時，例如：論文式成就測驗，或採用觀察法、口試等方式進行教學評量，以及實施投射測驗、創造思考測驗，評分結果難免會受到評分者的主觀判斷與意見的影響，而導致評分者的誤差存在，這時要採用評分者信度（scorer reliability）來估計數位評分者評分結果的一致性，以供測驗使用者參考。其方法為單獨由兩位評分者（或若干位）對試卷每一題加以評分，根據所評分數求相關係數。當評分者只有兩位時，評分者信度係數可以使用斯皮曼（Spearman）的等級相關係數（rank correlation coefficient）來計算。當評分者不止兩位時，則改採用肯德爾和諧係數（Kendall coefficient of concordance）求評分者信度。

五、百分比一致性及 K 係數

標準參照測驗的目的是在依據一項標準，評量學生是否精熟，而不是在區分成就水準，故測驗分數的變異性就變得很小。標準參照測驗的信度包含百分比一致性（percent agreement, P_A）和柯恆的 K 係數（Cohen's Kappa coefficient, K）。百分比一致性又稱符合度，分析前後兩次分類結果是否為一致的一種簡單統計方法，並用百分比之和來表示。例如：根據學生在兩個測驗均達到精熟人數的百分比，加上均未達到精熟人數的百分比，可以求得分類決定的一致性。其公式如下：

$$P_A = \frac{a}{N} + \frac{d}{N} = \frac{a+d}{N}$$

a：兩個測驗均達精熟的人數
d：兩個測驗均未達到精熟的人數

　　K 係數也是適用於類別或名義量尺的統計指標，其目的是要從 P_A 中除去團體成分（P_c）的機會影響，以估計由測量程序所造成的決定的一致性。其公式如下：

$$K = \frac{P_A - P_c}{1 - P_c}$$

$$P_c = \left(\frac{a+b}{N} \times \frac{a+c}{N}\right) + \left(\frac{c+d}{N} \times \frac{b+d}{N}\right)$$

 肆　信度的應用與解釋

　　信度並非全有或全無的概念，而是程度之高低。古典測驗理論將信度定義為平行測驗之相關係數，根據此項定義，同一份測驗重複施測之相關係數可視為平行測驗之相關，也就是信度估計值。另外，如果能夠發展兩份複本測驗，那兩者之相關係數也是信度估計值。實際發展測驗時，很少有可能發展多套複本測驗，也不是很容易進行重複施測，而且重測之相關會受到很多其他無關因素之影響，因此大多數測驗所提出之信度，都是根據單一測驗所有試題的共變數矩陣所估計之內部一致性信度。不同的信度指標雖然都是根據古典測驗理論來估計信度，但由於用來估計信度真分數變異數或誤差變異數之方法不同，因此所得到的信度係數也就不同（蔡佩圜、涂柏原、吳裕益，2018）。

一、影響信度的因素

　　任何一個測驗或多或少都會有誤差存在，其誤差是隨機波動的，隨機誤差之變異數愈大，測驗結果的一致性（信度）就愈低。信度係數也會因所採的信度估計指標之不同，而得到不同的信度估計值。同一份測驗也會因施測對象在所測量特質之分布狀況不同，而得到不同的信度估計值（蔡佩圜等，2018）。通常信度的高低受到以下因素的影響：1. 測驗題目多寡，題目愈多、信度愈高；2. 團體變異量，異質團體比同質團體有較高的

信度；3. 試題難易，試題太簡單或太難則信度偏低；4. 計分方式，選擇題等評分客觀的題目信度愈高；5. 信度的估計方法（葉重新，2016）。

二、信度的解釋

通常在使用各種測驗時，常會遇到信度應該要多高的問題。事實上這個問題沒有標準答案，通常信度愈高表示測驗的可靠性愈大，因此信度愈高愈好，但是有時仍要看測驗的使用目的而定。一般而言，標準化的成就測驗要達 0.85 以上，教師自編測驗通常在 0.6-0.85 之間，0.90 以上為高度信度，0.80 為中高信度，低於 0.60 為不可接受的信度水準。智力測驗通常大約有 .85 或以上，人格測驗和興趣量表的信度約在 .70 和 .80 左右（郭生玉，2016；Linn & Miller, 2005）。

三、測量標準誤

測量標準誤（standard error of measurement, SEM）也可以表示測驗的信度，又稱為分數的標準誤差，但測量標準誤就比較適合解釋個人的分數，且可由測驗的信度係數來計算。就心理計量學的原理來說，受測者接受某測驗無限多次的測量，其所測得分數（實得分數）的平均數就是其真實分數。可是在許多次重複測量中，會含有機會誤差因素在內，因此受測者所得的實得分數是真實分數與測量誤差之和，經過無限多次的施測，實得分數會形成常態分配，常態分配的平均數就是真實分數。而這個常態分配的標準差，會與由誤差分數所形成的常態分配的標準差相等，這個數值即稱之為測量標準誤。測量標準誤與信度呈現反比關係。信度愈高，測量標準誤愈低；信度愈低，測量標準誤愈高。當信度等於 1 時，測量標準誤為 0；當信度等於 0 時，測量標準誤為 1。測量標準誤的計算公式如下（葉重新，2016；涂金堂，2009）：

$$SEM = S_x \sqrt{1 - r_{xx}}$$

S_x：測驗的標準差
r_{xx}：測驗的信度

為推估真實分數,我們以實得分數作為常態分配的平均數。若在加減一個測量標準誤的情形下,即(X ± SEM),就可以推測大約 68% 的真實分數會落在這個區間。同樣的,若在加減兩個測量標準誤的情形下,即(X ± 2SEM),就可以推測大約 95% 的真實分數會落在這個區間。若在加減三個測量標準誤的情形下,即(X ± 3SEM),就可以推測大約 99.7% 的真實分數會落在這個區間。假設甲生國文成就測驗考 93 分,如果成就測驗的標準差為 4,信度為 0.75,藉由公式可以算出國文成就測驗的測量標準誤為 2。甲生真實分數有 68% 的機率介於上下一個 SEM,即 91-95 分之間;真實分數有 95% 的機率介於 89-97 分之間;有 99.7% 的機率會介於 87-99 分之間(涂金堂,2009)。

第三節 測驗的效度

信度是對測量一致性程度的估計,而效度是對測量準確程度的估計。教師在編製或選用測驗時,除了要考慮測驗的信度值之外,效度(validity)也是一項重要的指標,其重要性比信度還高。測量工具如果有良好的效度,即能測得所要的特質,因此其信度也是高的,也就是說有效度的測驗可以保證具有某種程度的信度。但是有信度的測驗卻未必有效度,效度與信度間的關係可以合理推論為:信度低,效度一定低,但信度高,效度不一定高;效度高,信度一定高,但效度低,信度不一定低。一個測驗要具有效度之前必須先有信度,因為當測驗分數本身都不可靠時,更不用談它的正確性(周新富,2021)。教師在使用測量工具來評估學生的學習成就時,要特別注意效度的問題,如果測驗的效度低,就無法達成測量的目的,也無法正確解釋測量結果。本節分別從效度的定義、效度的類型及影響效度的因素等方面來探討。

效度的涵義與特性

效度概念可以協助教師編製出一份試題樣本具有代表性的考卷，且能反映出教學目標或教材內容，以準確地測出學生的學習結果，因此教師需要瞭解效度的涵義與應用。以下分別介紹效度的涵義與特性（吳宜芳、鄒慧英、林娟如，2010；周新富，2016；Airasian, 2000）：

一、效度的定義

效度（validity）的英文是指法律的效力，在測驗是指一個測量工具是否能真正測量出所欲測量事物的特質或功能的程度；換句話說，效度的判別是把測量結果用來解釋測量主題的程度，而非測驗本身或測驗分數的特質。測驗的效度並非全有或全無，而是程度的多寡，例如：用體重計測量身高，體重計的效度很低。而效度又可以在不同的範疇裡提到：測量工具本身的效度、實驗設計上的效度（如內外在效度）、分析推論上的效度（即樣本結果能推論到母群的程度）。效度在評量通常是指測驗分數的正確性，假如教師要測量學生在歷史的學習結果，那麼測驗項目中就不能包含其他非歷史的主題，例如：物理、化學，否則這個測驗就會認為沒有效度。效度是科學測量工具最重要的必備條件，一項測驗如果沒有效度，無論其具有其他任何優點，都無法發揮出真正的功能，所以選用某種測驗或自行編製測驗必須先評定其效度。

二、效度的特性

依據效度的定義，在使用測驗時，先能充分瞭解效度的特性是十分重要的，以下歸納效度的特性如下：

㈠效度無法直接測量，但可從其他資料推論

效度是蒐集測驗結果，再以這些資料為證據而推論出效度值的高低，因此測驗的效度並不是指評量工具本身，而是指評量結果的解釋和使用的效度。

㈡效度是程度的問題,並不是全有或全無

對於評量的效度,應該避免說某一評量是有效或無效的,因為效度不是全有或全無,而應以程度來表示,例如:說某一評量具有高效度、中效度或低效度。

㈢效度是有特定性的

任何評量不可能適用於所有目的,因此效度是依據測驗的特定目的或測驗結果的解釋。例如:數學成就測驗的成績可能在解釋計算技巧的效度上很高,但解釋數學推理能力的效度很低,而在預測藝術的表現則全無效度。

㈣從效度的整體性來判斷評量是否與預期的結果相符合

效度雖然可由不同的證據來推論出不同的效度,但目前將效度視為整合內容、效標、建構等證據的單一性概念,需要同時呈現上述效度的考驗結果。使用者依據效度資料,判斷評量是否能夠達到其預期的結果,例如:是否能客觀呈現學生的學習成就、是否有助於學生瞭解自己的學習狀況等。

 效度的類型

測驗的效度具有多種類型,可分別由測驗內容、內在結構、與其他變項的關係、測驗的結果(consequences),以及反應的過程等五方面來獲得效度的證據(葉重新,2016)。傳統上效度只從內容、構念及效標三方面的證據來區分效度的類別,並未考慮到評量結果及反應的過程。以下分別從這五方面來說明效度的類型(葉重新,2016、2017;涂金堂,2009;周新富,2016):

一、內容效度

內容效度(content validity)或稱內容關聯效度(content-related validity),是指抽樣的測驗試題樣本內容是否具有教學目標與教材代表性或適當

性程度的一種指標。例如：教師給學生作一份國語文成就測驗，若該測驗的試題涵蓋國語文教學所要達成的各項教學目標及教材的重要內容，則此測驗具有國語文的內容效度。

學校內所用的學業成就測驗特別注重內容效度，其主要目的在測量學生在某一學科中學習的結果，因此試題必須切合教材內容，並依據教學目標及命題原則來編製。第五章會提到雙向細目表，且其架構愈能顧及教材內容與教學目標，教師若依此來命題，則內容效度將愈高，表示測驗愈能測出擬測量的教材內容與教學目標。因驗證內容效度必須對測驗內容進行詳細的邏輯分析與比較，故內容效度又稱為邏輯效度（logical validity）。另外有一種專家效度（expert validity），亦屬於內容效度的一種，是邀請與量表測量構念領域相關的專家學者，評估量表題目的適切性。

由評量的內容會延伸出一種「表面效度」（face validity），這是效度的基本形式，但不能算是一種真正的效度指標。是指當受試者略讀測驗的題目，這些題目看起來像所要考的測驗，可能測驗內容並未配合教學目標，但我們主觀認定這個測驗是適當的。所以表面效度顧名思義，即是從測驗的表面來看是有效的，但是缺乏系統地邏輯分析。測驗必須讓學生看起來是要在測量某些內容，如此才可提高學生的考試動機，也才會認真作答。假如教師給學生看一幅墨跡圖，說要測量智力，學生必定不會相信墨跡可以測量智力，而且不會認真回答問題，故用墨跡測量智力是不具表面效度。但如果教師用數學問題、字彙應用及物體在空間的排列問題來測量智力，學生就會相信這項測驗在測量智力，而且會認真作答。

二、建構效度

建構效度（construct validity）或稱構念效度，指測驗能夠測量到理論上（心理學或社會學）的建構或特質的程度，亦即根據心理學或社會學的理論建構，對測驗分數的意義加以分析和解釋即稱為建構效度。理論是一個邏輯上合理化的解釋，能說明一組變項間的互動關係，依據不同種類的理論來編製測驗即可決定該測驗的建構效度。例如：某智力測驗測得的結

果，如果與該測驗所依據的智力理論相符合，那麼這個智力測驗就具有建構效度。

　　通常建構效度的建立都要經過一定的步驟和過程來完成，並且都已經被視為發展測驗工具的標準化程序。首先是依據理論來編製問卷，接著實施預試，等蒐集資料之後進行統計分析，其方法有：1. 以相關係數進行內部一致性分析或外在效標分析；2. 以因素分析法進行試題的共同結構（共同因素）探討；3. 多特質－多方法分析，如果自編國文成就測驗與在校學業成績的關聯性很高，我們稱為聚斂效度（convergent validity）；若自編國文成就測驗與空間推理能力低相關或沒有相關性，則稱為區別效度（discriminant validity）。

　　雖然構念效度常用在測量理論性的構念，但構念代表不足，以及與構念無關的變異也可適用到成就測驗及教師自編測驗。例如：當教師針對天氣此一單元進行命題時，先要設計出雙向細目表，考慮到效度的內容基礎時，就必須處理構念代表性不足的問題，如果在評量中缺少有關雲的知識和理解的試題，這樣評量的效度即產生問題。在構念無關變異對效度的危害方面，應該要想到次要技巧對學生表現所造成的影響。例如：數學科的評量上，閱讀能力不是評量所要測量的主要特質，數學題目如果文字太多，對於閱讀困難的學生，將測量不出其數學能力。

三、效標關聯效度

　　效標關聯效度（criterion-related validity）是指以實證分析方法研究測驗分數與外在效標間關聯性的指標，因此又稱為統計效度（statistical validity）。所謂外在效標（external criteria）即是指測驗所要預測的某些行為或表現標準，例如：學業成就、評定成績、實際工作表現、特殊訓練的表現等。如果學生的測驗分數與外在效標的相關係數愈高，即表示效標關聯效度愈高，即測驗分數愈能有效解釋及預測外在效標行為，例如：學業性向測驗常以學業成績作為效標。

　　效標關聯效度可分為同時效度（concurrent validity）及預測效度（predictive validity）兩類，前者指測驗分數與外在效標的取得約在同一時間內連續完成。例如：「三年級數學成就測驗」已使用多時，但施測時間費時60 分鐘，某教師發展一份只須施測 20 分鐘的「精簡版三年級數學成就測驗」，對同一群學生施測兩種版本的測驗，並且計算出兩個測驗分數間的相關。如果有高相關，則此精簡版測驗具有良好的同時效度。

預測效度是指測驗能預測考試者未來某行為的程度，通常測驗分數與外在效標的取得是相隔一段時間，測驗分數的取得在先，外在效標在後，然後計算兩項資料的相關係數即代表該測驗的預測效度。例如：學術性向測驗（SAT）常被用來決定一個人是否應該進入大學就讀，如果它能有效預測一個人在大學就讀的成功，則它是一個好測驗。

然而在從事效標關聯效度考驗時，常遭遇到的困難問題是如何獲得適當的效標資料，適當的效標具有四項特性：適切性、可靠性、客觀性及可用性，因此一般常用的效標為學業成就、評定成績、實際工作表現、特殊訓練的表現、先前的有效測驗等。

四、依測驗後果考量的證據

評量的本意是用來改善學生的學習，但是評量做到了嗎？且評量對教學產生了何種影響？效度概念的延伸應考量使用和解釋評量後所可能導致的後果。例如：當對十二年級學生的閱讀評量發現某位學生只具有五年級的閱讀水準，這時教師要如何因應？如果校方提供有效的補救教學，如此評量結果即得到正向效果。有時候評量的使用會導致負面的效果，例如：目前以選擇題為主的標準化成就測驗受到廣泛使用，很容易造成窄化教學的現象，教師可能只教測驗要考的部分，甚至僅強調記憶力的教學，學生問題解決能力的培養即被犧牲。因此在分析這方面的證據時，教師必須要思考以下問題：評量作業是否與重要的學習目標相配合？評量能否激勵學生努力用功？評量是否會限制學生學習的重點？評量是否阻礙學生探索和創造力的表現？這些因素的考量對於真實評量、表現本位的評量更加重要。

五、依反應過程的證據

評量並非僅看測驗分數，分析作答者反應亦為驗證評量效度的方式之一。施測者可利用分析作答者反應來檢驗評量向度是否與受試者所展現出的表現相符合，例如：當某測驗欲測量受試者的數學推理能力時，便應留意受試者於作答時是否展現相關的能力或僅使用基礎的運算能力。施測者可蒐集以下與作答者反應相關的資訊：受試者的作答策略、受試者對於某些試題的反應、其他的作答反應（例如：眼球運動、作答時間等）、不同族群受試者的作答反應等。如果測驗需倚賴觀察者或專家來評定受試者的表現時，真實評量的評分者是否以適當的標準來評分，即成為檢驗評量效度的重要根據（王德蕙、李奕璇、曾芬蘭、宋曜廷，2013）。

 ## 參　影響效度的因素

影響效度的因素相當多，有些因素顯而易見，有些因素則不易察覺，通常以下的因素會影響到效度的高低（葉重新，2017；鄒慧英譯，2003；Airasian, 2000; Kubiszyn & Borich, 2007）：

一、測驗或評量本身的因素

這是指評量本身的品質不佳，因而影響到效度。這些因素包含指導語不清楚、用語太艱澀、題目太難或太容易、作答時間不足、試題太少、題目品質不佳、題目和所測量的能力不符、過度強調簡單的事實記憶性內容等。

二、測驗或評量的實施情況

施測情境的因素如燈光、溫度、通風、安靜等，均會影響效度。此外，施測者對於指導語的說明、時間的限制、給予學生的協助及計分的誤差等，都會降低評量的效度。

三、學生的反應

學生的身心狀況也是影響效度的重要因素，有些學生因情緒干擾而影響其表現，例如：考試焦慮，有些學生因缺乏作答動機而草率作答，這些限制均會降低效度。

四、團體與效標的影響

測驗與評量均有其適用對象，不同的受試團體會影響測驗結果的效度，例如：將適用普通班的測驗應用到資優班學生。如同信度係數一樣，團體的異質性愈大，則效度係數愈高。在進行效標關聯效度時，如果所選的效標與測驗具有相同的性質，則其效度愈高。

五、評量作業或教學歷程的影響

評量作業是否適合評量學生的學習狀況，也會影響測驗結果的效度，這點已於前文提及，即評量的內容能否代表所欲測量的構念、評量的後果為何等。而所謂教學歷程的影響則是指評量的題目，教師是否在教學歷程中已教導過？如果是的話，評量所測得的只是記憶能力，而非高層次的認知能力。

 ## 肆　效度與信度的關係

信度是對測量一致性程度的估計，而效度是對測量準確程度的估計。一個測驗要具有效度之前必須先有信度，因為當測驗分數本身都不可靠時，更不用談它的正確性。但是有信度的測驗卻未必有效度，然而有效度的測驗可以保證某種程度的信度，效度與信度間的關係可以合理推論為：信度低，效度一定低，但信度高，效度不一定高；效度高，信度一定高，但效度低，信度不一定低（涂金堂，2009；葉重新，2016）。

自我評量 ....

一、選擇題

(　　) 1. 老師教導學生應試技巧，在時間不夠且沒有倒扣的情況下，作答選擇題時，要對所有未寫完的題目猜同一個答案「C」。如果學生皆採此種作法，將對測驗結果的信效度有何影響？　(A) 提高信度、提高效度　(B) 提高信度、降低效度　(C) 降低信度、提高效度　(D) 降低信度、降低效度

(　　) 2. 孫老師對全校學生實施音樂性向測驗，擬以音樂成績作為效標，所得出效標關聯效度係數為 .40。若以音樂資優班學生為施測對象時，所得到的效標關聯效度係數最可能是下列何者？　(A) 小於 .40　(B) 大於 .40　(C) 等於 .40　(D) 無從判斷

(　　) 3. 王老師編製一份五年級數學測驗提供段考使用，下列哪一項措施最有助於證明此測驗具有良好效度？　(A) 優先將同一單元的試題組合在一起，以方便學生作答　(B) 找一班五年級學生施測兩次，再求兩次分數之間的積差相關　(C) 找一班五年級學生進行施測，計算各題目之間相關係數的平均值　(D) 列出考試範圍所有目標，找幾位數學教師檢查試題與目標之間的一致性

(　　) 4. 論及考試與教學的關係時，常聽到有人說：「考試領導教學」。此一說法主要探討下列哪一個效度層面？　(A) 專家效度　(B) 同時效度　(C) 預測效度　(D) 後果效度

(　　) 5. 某校師培中心認為師資生自我肯定的程度，會影響其未來教師甄試是否通過。於是該中心決定編製一份自我肯定測驗，作為遴選師資生的工具之一。在信度證據上，宜優先考量下列何者？　(A) 題目內容一致性　(B) 評分人員一致性　(C) 與師資生學業成績的相關　(D) 與教師資格考試成績的相關

(　　) 6. 郭老師同時使用一份自編的「自我概念」自陳量表，以及一份教師對學生的「自我概念」標準化評定量表，量測學生的自我概念，然後計算學生分別在兩份量表得分間的相關。郭老師在蒐集「自我概念」自陳量表的何種效度證據？　(A) 內容　(B) 區別　(C) 預測

(D) 聚斂

( ) 7. 八年二班有三十位學生，上學期的資訊成績沒有受到社經地位的影響。林老師在這次段考中考了一題關於平板電腦操作的問題，在試題分析時，發現「高社經地位」學生在此題的答對比率為「低社經地位」學生的 3 倍。該發現顯示此試題最可能有下列何種問題？
(A) 信度過低　(B) 效度不足　(C) 測驗偏差　(D) 測驗誤用

( ) 8. 高老師想瞭解九年級自編模擬考的「預測效度」如何，下列哪種效標最為理想？　(A) 學生在會考的成績　(B) 學生平時的作文成績
(C) 學生前一次模擬考的成績　(D) 學生在七年級時的智力測驗成績

( ) 9. 下列哪一項作法最可能提高評量結果的效度？　(A) 在全校段考中以選擇型試題取代開放型試題　(B) 要求申請進入資優班的學生，提出在校成績　(C) 以學生熟悉的歷史故事，測量其閱讀理解能力
(D) 在正式測驗前，協助學生熟練聽力測驗的作答方式

( ) 10. 王同學的數學成績為 65 分，轉換後的 Z 分數為 1。王同學的數學成績約略贏過班上多少比率的同學？　(A)16%　(B)50%　(C)68%
(D)84%

( ) 11. 某標準化測驗包含 30 題試題，若再加入 10 題與原測驗性質相似的新編題目，則對該測驗之信度最可能產生何種影響？　(A) 信度值將會減少　(B) 信度值將會增加　(C) 信度值保持不變　(D) 信度值無法確定

( ) 12. 下列哪一項最不適合作為評估測驗建構效度的方法？　(A) 使用因素分析法來進行分析，看與原本預期的因素結構是否吻合　(B) 計算測驗分數與效標分數的相關性　(C) 對同一群受試者進行重複測量，看兩次測量的結果是否一致　(D) 計算受測者在經過相關實驗處理前後，其測驗分數是否有改變

( ) 13. 若有一個班級學生考試成績大多數人都在 75 分以上，這個班級學生成績的分配型態是屬於哪一種？　(A) 高狹峰　(B) 低闊峰　(C) 右（正）偏態　(D) 左（負）偏態

( ) 14. 編製測驗工具時，最常用來驗證工具的內容效度的是哪一種？

(A) 雙向細目表　(B) 預期表　(C) 常態機率表　(D)P 值與 Δ 值轉換表

(　) 15. 下列關於測量標準誤與信度的敘述何者錯誤？　(A) 測量誤差分配的標準差即為測量標準誤　(B) 信度愈高，測量標準誤愈大　(C) 信度愈高，測驗分數的可靠性愈高　(D) 當信度係數為 1 時，測驗分數則完全是真實分數

(　) 16. 教師編製一份測驗，如果是以李克特（Likert）五點計分的方式來計分，那在求信度係數時會採用哪一種方法？　(A) 庫李法　(B) 折半法　(C) Cronbach α 係數　(D) 相關法

(　)17. 下列有關信度與效度關係的敘述，何者是錯誤的？　(A) 信度高，效度不一定高　(B) 信度低，效度一定低　(C) 效度高，信度一定高　(D) 效度低，信度一定低

(　) 18. 在編製標準化測驗工具求信度係數時，下列哪一個信度係數是可以以一次測驗即可求得的？　(A) 重測信度係數　(B) 穩定係數　(C) 等值與穩定係數　(D) 庫李信度係數

(　) 19. 若某科的成績為常態分配，某生在該科的成績為 90 分，該科測量標準誤為 2 分，則其真分數落在 86-94 分的機率為多少？　(A) 34%　(B) 68%　(C) 95%　(D) 99%

(　) 20. 大地國中七年級學生英語文測驗分數接近常態分配，平均數為 70 分，標準差為 10 分。該科得分介於 60-80 分者，約占所有學生人數的比率為何？　(A) 68%　(B) 78%　(C) 85%　(D) 95%

(　) 21. 林老師發現某次考試各班的「作文」平均得分落差很大，認為可能是各班老師評分標準不一所致，建議學校重新檢討作文的評量規準。請問林老師重視何種信度？　(A) 複本信度　(B) 重測信度　(C) 評分者間信度　(D) 內部一致性信度

(　) 22. 在考試範圍、題目品質都相同的情形下，下列哪一個測驗的信度較高？　(A) 20 題選擇題　(B) 20 題填充題　(C) 30 題選擇題　(D) 30 題填充題

參考答案

1.(B)　2.(A)　3.(D)　4.(D)　5.(A)　6.(D)　7.(C)　8.(A)　9.(D)　10.(D)
11.(B)　12.(C)　13.(D)　14.(A)　15.(B)　16.(C)　17.(D)　18.(D)　19.(C)　20.(A)
21.(C)　22.(D)

二、問答題

1.一位教育學者自編數學成就測驗，試圖用來預測學生在國中會考的數學科成績，但該學者在進行效標關聯效度分析時發現測驗缺乏信度。請問：你會建議他該如何改善測驗缺乏效度的問題？

2.請分別說明影響信度與效度的因素有哪些？請列舉三項。

3.王老師對於原來自編的數學科測驗不滿意，想要透過增加試題數量提高該測驗的品質。此時他應該採用哪些作法，才可以達成提高測驗信度與效度的目標？（針對信度與效度各提出兩項）

4.如果教育部撥一筆經費，請你編製一份適用國中學生的數學能力測驗，預定測驗內容包含 20 題選擇題（四選一）和 3 題非選擇題（應用與問題解決）。試回答下列問題：(1) 你將如何進行效度分析？試舉兩種效度證據說明。(2) 你將如何進行信度分析？試舉兩種信度類型為例說明。

5.仁愛國中在暑假為校內八年級學生辦理為期七天的英語會話班，學校自行設計一份試卷來評估學生的學習成效，在上課的第一天進行前測，上課的最後一天，再使用這份試卷進行後測。

　(1) 學校若想評估這份試卷的信度，應該用哪種信度較為適當？

　(2) 舉出上述作法可能的兩項測量誤差來源。

　(3) 舉出兩種評估該試卷效度的作法。

6.信義國小李老師負責全縣國小作文比賽的評分業務。為了提升此次評分的信度、效度，請協助李老師規劃：

　(1) 提升效度的一項作法，並說明理由。

　(2) 提升信度的一項作法，並說明理由。

7.在編製測驗時需顧及測驗的信度與效度，請說明兩者的關係為何？

第四章

標準化成就測驗的
編製與解釋

　　古典測驗理論雖是測驗編製與解釋之主要依據，然而其理論存在不少的缺點，因而測驗學者發展出試題反應理論（item response theory, IRT），以補古典測驗理論之缺點。古典測驗理論方便於在實際測驗情境實施，尤其是小規模測驗；而試題反應測驗理論雖嚴謹，但理論艱深難懂，僅適用於大規模測驗，所以兩派測驗理論各有所長，在應用上也各有其限制（黃國清、吳寶桂，2006）。在本章之中，將會探討試題反應理論所提出的試題分析（item analysis）模式。試題分析是編製標準化成就測驗的一項重要歷程，作為判斷試題好壞的一項客觀依據。目前標準化成就測驗是美國高關鍵測驗運動（high-stake testing movement），以及推動《沒有兒童落後法案》（No Child Left Behind, NCLB）的績效核心。考試的績效會影響學生的畢業以及升學、教師與校長的考績、學校的經費補助等，雖然這種作法並非絕對適當，但隨著標準化測驗受到廣泛採用，我們必須瞭解這類測驗的優點與限制，以及如何適當地解釋測驗分數（Kubiszyn & Borich, 2007）。在編製標準化測驗的一項重要歷程是建立常模，在本章第三節中將詳細探討常模分數的解釋。

第一節　標準化成就測驗的編製

　　測驗編製可分為兩大類型：教師自編測驗及標準化測驗。教師自編測驗短時間內就可編製出來，然而標準化測驗卻要耗費數年的時間。依內容之不同，標準化測驗包含智力測驗、人格測驗、性向測驗、成就測驗等，其中智力測驗、人格測驗適用在諮商與輔導方面，與教學有密切關係的是成就測驗。

壹　標準化成就測驗的基本概念

　　標準化測驗編製比教師自編測驗嚴謹，標準化測驗之中的標準化成就測驗（standardized achievement tests）及標準化性向測驗（standardized aptitude tests）是最常在學校使用，成就測驗是用來測量先前學習所獲得的知識，而性向測驗是測量一個人去學習和表現某項作業的潛能，例如：智力測驗（林清山譯，2003）。教師不必編製標準化成就測驗，但是要瞭解這類測驗如何施測及解釋。

一、定義及特徵

標準化成就測驗是由學科專家和測驗編製專家依據測驗原理與原則所編製而成，與教師自編測驗一樣要經由雙向細目表來確定測驗所要測量的內容，但是教師自編測驗基於試題保密原則，沒有在考試前進行難度及鑑別度的試題分析，也沒有建立常模來解釋分數，頂多排名次、算平均數，除非是全校性的模擬考會用到百分等級的概念。一般而言，標準化成就測驗是用在大型考試，像國中會考或高中升大學的學測。因標準化成就測驗編製過程相當嚴謹，故具有以下的特徵：1. 有高品質的試題；2. 有實施與計分的指導說明，在施測上有嚴格的要求；3. 有解釋分數的常模，測得的結果可以用來比較；4. 有測驗編製手冊；5. 具有較高的效度和信度。所以，標準化成就測驗適合用在以下的教學目的：1. 評量學生基本的學習技能和各科目的一般成就水準；2. 評量學生學年期間的進步狀況；3. 評量學生成就以作為分班（組）教學之用；4. 診斷學生的學習優點與困難；5. 比較班級、學校或地區的學業性向與一般成就水準（郭生玉，2016；Airasian, 2000）。

二、類型

標準化成就測驗的類型可分為三種：綜合成就測驗、單科成就測驗、診斷測驗。綜合成就測驗係由多種個別學科測驗所組成，例如：「國中新生適用學科成就測驗」包含國文、數學、常識三科；「國中各科成就測驗」包含國文、數學、英語、物理與化學五科。單科成就測驗旨在測量某一特定學科的成就水準，例如：「國中新生國語文能力測驗」、「國小三年級數學科成就測驗」。診斷測驗主要是針對學習困難的學生加以分析原因之所在，以作為補救教學的依據，最普遍的診斷測驗是閱讀和數學兩個

領域，例如：「國語文能力測驗」及「數學能力診斷測驗」（李坤崇，2019；周文欽等，2006；郭生玉，2016）。

三、應用

標準化成就測驗的優點是具有客觀性和可比較性，是評量學生學業成就的重要工具之一，然而國內使用這種評量尚不夠普遍。以美國為例，美國追求標準本位（standards-based）的教育改革可追溯至 1983 年《國家在危機中》報告書，其中建議採取嚴格的畢業要求、延長學習時間，憑藉標準化成就測驗來瞭解學生的表現標準（student performance standards），甚至要求學生學習特定的內容標準（specific content standards）。直到 2001 年《沒有兒童落後法案》頒布實施後，更進一步將測驗分數是否達到預設目標之結果與聯邦經費的補助或懲處結合。各州雖訂有英文、數學、科學、社會（或歷史）此四種科目的標準，不過依據法律的規定，各州可以設定自己的標準和舉辦州測驗，學校需要依據州所訂定的標準，設定閱讀、數學的年度適當進步幅度，以達成目標作為績效證明，因此學校教學偏重於需要測驗的英文閱讀與數學兩種核心課程。有學者就指出這樣的政策會產生負面影響，例如：教師放棄過去正常的教學改進措施改走捷徑、不當準備考試、考試結果作假、考試領導教學、不考的學科不教等缺失（湯維玲，2012）。

 ## 編製過程

標準化成就測驗通常需要經過以下的流程才能編製完成：經由雙向細目表確定測驗的測量內容、依測量內容編寫試題、進行預試、進行難度與鑑別度的分析、挑選試題、進行信度與效度分析、抽樣與正式施測、建立常模、編製指導手冊及出版。其過程繁瑣，非一人之力或短時間可以完成，其詳細過程請參見第五章教師自編成就測驗，本章著重在試題分析的探討。茲以黃國清和吳寶桂（2006）所編製的七年級數學標準化成就測驗為例，說明測驗編製的過程。

一、預試試題準備

依據《九年一貫數學領域課程綱要》所載之能力指標，分別與教學總體目標、階段目標，製成兩份雙向細目分析表，再與任教於國中的三位數學教師，依雙向細目分析表共同草擬試題共 23 題。最後委請數學教育學者檢驗審核試題後，修訂編成預試卷。

二、進行預試

第一次預試以臺南地區國中生為樣本，蒐集有效樣本 402 份的作答結果。第二次預試，共回收 455 份有效樣本作答結果。

三、進行預試測驗之試題分析

1. 量的分析：針對兩次預試結果，進行古典測驗理論之試題分析。
2. 質的分析：分別對於兩次預試，經由量化分析，對於鑑別度較差的試題，經由研究者與受試者訪談的結果，再與任教國中的數學老師討論後，根據雙向細目分析表加以修改試題。

四、編擬正式測驗

在試題經過試題分析後，研究者斟酌挑選適當鑑別度與難度的題目，編訂一份具鑑別度在 0.3 以上、測驗平均難度約為中等之七年級數學領域成就測驗。

五、抽取常模樣本及正式施測

本研究之常模樣本，依據分層隨機系統抽樣的原則，採用叢集抽樣（cluster sampling）的方法，抽出 24 所學校，各再抽出一個班級，總共有 870 人接受施測。依據正式的施測資料，研究者計算出測驗的信度及效度，並且建立常模。

第二節　試題分析

信度與效度是測驗的兩項最重要特徵，而這兩項特徵需視試題品質的優劣而定，而試題的品質可透過試題分析而提高。因此，瞭解試題分析的方法有助於提高教師自編測驗的品質，同時也有助於教師對已出版測驗的評鑑。試題分析有一項重要的價值，即可用來選擇優良試題以建立題庫。在每次段考之後，教師將試題加以分析，選出難度適中、鑑別度高的試題，建立自己的題庫，提供未來考試之用。其主要功能有以下六項：1. 提供回饋給學生，作為學生改進學習方法的參考；2. 提供回饋給教師，作為實施補救教學的依據；3. 增強教師編製測驗的技巧；4. 增進測驗題庫運用的效能（周新富，2021）。以下分別介紹常模參照的試題分析及學生問題表分析。

壹　常模參照的試題分析

試題分析可根據試題的形式與內容做品質分析，也可根據試題的統計特性做數量的分析，前者稱為質性分析（qualitative analysis），後者稱為量化分析（quantitative analysis）。質性分析就試題的內容和形式，從取材的適切性（relevance）與編擬試題的技術方面加以評鑑。郭生玉（2016）認為質性分析可由試題的內容審查、有效命題原則、教學目標等三方面進行邏輯的分析。量化分析則就預試的結果，分析其難度（item difficulty）、鑑別度（item discrimination）與選項誘答力（distraction）（鄭圓鈴，2005）。以下分別探討難度、鑑別度與選項誘答力的分析方式（李坤崇，2006；郭生玉，2016；葉重新，2017；涂金堂，2009；鄭圓鈴，2005）：

一、難度分析

難度（difficulty）指的是題目的難易程度，難度適當的試題是構成優良測驗的必要條件，不應該難到大部分的學生都答錯，也不應該容易到大

部分的學生都答對。試題的難易程度的計算方式有以下兩種：

㈠採用全體受試者的難度計算方式

難度計算是答對某道題目的人數與作答總人數的比例，亦即將答對某道題目的人數除以作答總人數，通常以英文字母大寫 P 來表示，算法如下列公式：

$$P = \frac{R}{N}$$

R 代表該題答對的人數
N 代表該題所有作答的總人數

例如：在某一測驗，第 1 題、第 2 題、第 3 題的通過人數百分比（P）依次為 20%、30%、40%，則第 1 題的難度最高，第 2 題次之，第 3 題最低。數值愈大表示題目愈容易，數值愈小表示題目愈困難。P 值大小的範圍為 $0 \leqq P \leqq 1$，當所有受試者都答對時，P 最大值為 1；當所有受試者都答錯時，P 最小值為 0。

㈡採用高分組與低分組受試者的難度計算方式

由於試題分析包括難度與鑑別度的判斷，而鑑別度指標的計算過程，只關注高低分組受試者的答題情形，而不探討中間分數受試者的答題情形。因此將分數由高至低排列之後，取前 27%（25%、33% 亦可）的學生為高分組，取後 27% 的學生為低分組。在計算難度 P 值時，應改採以下公式：

$$P = \frac{P_H + P_L}{2}$$

P_H 及 P_L 分別代表高分組、低分組受試者答對人數的百分比，其計算公式為全體受試者的難度公式。

㈢合適的難度值大小

題目的難度是相對的，不是絕對的。難度的大小除了和內容或技能本身的難易有關外，還與題目的編製技術和受試者的經驗有關。一個本來很容易的問題，可能因敘述不清楚，或者受測者由於某種原因沒有學過而變難；一個很難的內容也可能因為答案過於明顯，或由於受試者已經學會而變得很容易。

試題的難度 P 值應該多少，才是一道良好的試題呢？這取決於測驗的目的、題目的形式及測驗的性質。如果測驗是用來對學生能力作區分，教師可選二分之一中等程度的題目，難度在 0.5-0.7 之間，四分之一難題，四分之一簡單題，這樣對好、中、差各種學生具有較好的區分能力。若非如此，則 P 值接近 0.5 即能區隔出不同能力的受試者，所以 P 值愈接近 0.5，是屬於比較理想的狀況。通常 P 值介於 0.3-0.7 之間，都是屬於可以接受的範圍值。

以 P 值表示試題難度時，P 值愈小難度愈高，P 值愈大難度愈低，但 P 值是一種次序量尺，其差距單位並不相等，因此無法指出各試題難易度之間差異的大小，例如：在某一測驗中，第 1-3 題的難度分別是：0.6、0.7、0.8，可以說第 1 題難度最高，第 2 題次之，第 3 題最低，但是第 1 題與第 2 題難度的差異量，並不等於第 2 題與第 3 題難度的差異量。

美國教育測驗服務社為克服這項缺點，另創一類具有相等尺度特性的難度指數，以 Δ（delta）表示之，它是以 13 為平均數，4 為標準差，下限為 1，上限為 25 的標準分數。Δ 值愈大難度愈高，值愈小難度愈低，其公式如下：$\Delta = 13 + 4x$，x 的求法是依據答對與答錯某一試題的人數百分比。

二、鑑別度分析

鑑別度（discrimination）是指測驗題目是否具有區別學生能力高低的作用，也就是考量高分組答對人數和低分組答對人數的差異情形。鑑別度有幾種不同的評判方式，其中以鑑別度指數（discrimination index）最為簡

單，它通常以英文字大寫 D 表示。如果某一試題鑑別度很高，則表示它能夠明確區別答對與答錯的學生功能很強；反之，鑑別度很低的試題無法區別出答對與答錯的學生，例如：試題太難或太容易，其鑑別度一定很低。試題鑑別度的用意在讓有能力、會答的學生答對，而沒有能力、不會答的學生答錯，一個良好的測驗試題一定要有較高的鑑別度。

㈠計算方式

鑑別度的估計可分為內部一致性與外在效度兩種，茲以內部一致性的計算方式作一說明。教師先依測驗總分將最高的 27% 受試者列為高分組，最低的 27% 受試者列為低分組，然後分別求出這兩組受試者在個別試題上通過人數之百分比，再以高分組的百分比減去低分組的百分比所得的差數作為鑑別度指數，其值介於 −1 到 +1 之間（−1 ≦ D ≦ 1）。其計算公式如下：

$$D = P_H - P_L$$

D：鑑別度指數
P_H：高分組通過人數百分比
P_L：低分組通過人數百分比

假如高分組通過某試題的百分比為 0.63，低分組通過該試題的百分比為 0.21，其鑑別度指數為 0.63 − 0.21 = 0.42。

㈡合適的鑑別度指數大小

當試題太容易時，全部高分組和低分組學生都答對，此時兩組的答對百分比值都是 1，其間的差值等於零；反之，試題太難，高低分組學生都答錯，其差值等於零，極端容易和困難的試題都不具有鑑別度。負的鑑別度指數代表該試題具有反向的鑑別作用，這類試題應予淘汰；其餘情況鑑別度指數愈高，表示試題的鑑別度愈大，題目則愈優良。一般而言，鑑別度指數在 0.40 或以上為非常優良，0.30-0.39 為優良，0.10-0.29 為尚可，

0.01-0.10 為不佳，負的則可能是錯誤解答或題目曖昧，試題的難度與鑑別度密切相關，測驗的試題具有適當的難度才能發揮鑑別作用，如果試題太難或太容易，均會失去鑑別學生程度的作用。一般而言，試題的難度愈接近 0.50，則其所能發揮的區別作用愈大。

三、選項誘答力分析

選擇題的試題分析，除了以難度和鑑別度的指數作為判斷的依據之外，還可針對正確選項與誘答選項進行分析。這項工作有助於教師瞭解學生的答題狀況，也可協助教師改善命題的技巧。以下列舉誘答力分析的實例作法：

表 4-1

高低分組學生的第 1 題作答情形

題號	組別	選擇題的選項				P 值	D 值	試題品質
		A	B*	C	D			
1	高分組（10 人）	2	5	1	2	0.6	−0.2	極不佳
	低分組（10 人）	1	7	0	2			

資料來源：涂金堂（2009，頁122）

由表 4-1 可知，第 1 題的鑑別度指標 D 值為 −0.2，難度 P 值為 0.6，根據鑑別度的判斷依據，是屬於極不佳的試題。第 1 題的正確選項為 B 選項，高分組選 B 選項的人數只有 5 人，但低分組選 B 選項的卻有 7 人，由於高分組答對人數低於低分組的答對人數，因而產生負的鑑別度指標 D 值，顯示 B 選項可能有問題，命題者應該重新設計 B 選項，才能有機會提高試題的品質。

表 4-2

高低分組學生的第 2 題作答情形

題號	組別	選擇題的選項				P 值	D 值	試題品質
		A	B	C	D*			
2	高分組（10 人）	1	0	0	9	0.5	0.8	極優良
	低分組（10 人）	4	3	2	1			

　　由表 4-2 可知，第 2 題的鑑別度指標 D 值為 0.8，難度 P 值為 0.5，是屬於相當優良的試題。第 2 題的正確選項為 D 選項，高分組有 9 人都選 D，低分組只有 1 人選 D 選項，顯見 D 選項具有很好的區隔效果，而 A、B、C 等三個誘答選項，都有誘使低分組的同學挑選。因此，A、B、C、D 這四個選項，無須進行調整。

　　綜合以上分析，當教師在進行檢視選項的誘答力時，可參照以下原則來進行：1. 依高、低分組在各個選項上選答的次數進行判斷；2. 每項不正確的選項，至少應有一個低分組的受試者選它，如果沒人選，則要修改這個選項；3. 低分組選擇不正確選項的人數應多於高分組；4. 修改選項之前，要仔細考量是題目本身的缺陷，或是學生反應上的錯誤。

 貳　學生問題表分析

　　使用學生問題表（student-problem chart，簡稱 S-P 表）也可用來分析學生在試題上的反應。這種方法是由日本學者佐藤隆博（Takahiro Sato）於 1970 年代所創，後經美國學者的研究與提倡，在美、日中小學進行應用研究，現已成為學習評量及測驗編製的重要工具。其分析方式是將學生在紙筆測驗上的作答反應組型（response pattern）予以「圖形化」表徵出來，其目的是在獲得每位學生的學習診斷資料，以及試題分析的診斷訊息，以當作後續進行補救教學或學習輔導措施之參考。S-P 表可用來診斷學生的作答反應組型，並以差異係數（disparity coefficient）、同質性係數（homogeneity coefficient）、試題注意係數（item caution index），以及學

生注意係數（student caution index）等指標，來診斷學生學習或試題命題有無產生不尋常作答反應組型的狀況，並藉此提供診斷訊息供命題者或教師的參考（余民寧，2016）。以下分別介紹 S-P 表的核心概念如下（余民寧，2016、2017；何英奇，1989；吳明隆，2021）：

一、S-P表的圖形表徵

　　假定教師從任教班級蒐集到一筆 N 名學生在 n 個試題上的作答反應資料，經評分後，答對者給 1，答錯者給 0，稱為「S-P 原始資料表」。圖 4-1 即是一份由 Tester for Windows 程式所繪製出 35 名受試者的 S-P 表，根據圖形所示，S 曲線即是指學生得分的累加分布曲線，用來區隔學生作答組型的區隔線，凡是在線的左邊所出現的作答，即代表理論期望該「答對」的區域，而出現在線的右邊的作答，即代表理論期望該「答錯」的區域。然而，在真實的考試（或測驗）情境裡，在期望「答對」的區域中會出現少數「答錯」的元素，而在期望「答錯」的區域中會出現少數「答對」的元素。這些出現在不該出現區域裡的元素，即被稱作「異常的作答」（aberrant response）。P 曲線是指試題答對人數的累加分布曲線，用來區分試題答對與答錯人數的分界線。排列在 S-P 表左上者，代表能力較好的學生與比較簡單的試題，大多數是被期望答對的試題，因此這個區域出現的數值應該為多數。

　　以圖 4-1 為例，學號 110395 的學生，他在 40 題測驗中答對 39 題（答對率 97.50%），屬於高程度的學生，但他在第 4 題上卻答錯，以他的程度而言，此題絕非是困難的題目，他應該是可以答對的，因為有許多程度比他稍低的學生在此題目上都答對，但他卻答錯，所以這個答錯的訊息即在告訴我們有某種「意涵」（implication）出現在其作答表現的背後。反觀另一位學生，學號 110118 的學生，他在 40 題測驗中僅答對 8 題（答對率 20.00%），屬於該班級中程度最低的學生，但他在第 18 題上卻答對，以他的程度而言，此題絕非是容易的題目，他應該是會答錯的，因為有一些程度比他稍高的學生在此題目上也都答錯，但他卻答對，這個答對的訊息也是在告訴我們有某種「意涵」出現在其作答表現的背後。上述這兩種

學生「異常的作答」，其背後所隱含的「意涵」卻各不相同。

　　當 S 曲線以左或 P 曲線以上全部都「答對」、都出現為 1 時，這種情況即為「完美量尺」（perfect scale）的作答反應組型。但是在實際的考試不太可能會出現的，反而是常見出現在 S 曲線以左或 P 曲線以上的部分有學生答錯的「不完美量尺」情形，這種不完美量尺作答反應組型會使 S 曲線和 P 曲線呈現分離的狀態，而 S 曲線和 P 曲線分離的程度，即可以用「差異係數」來表示。因此 S-P 表分析，即是嘗試以幾種量化指標，指出學生或試題的作答組型是否已偏向異常的情況，以提醒教師或命題者留意此現象，並作為輔導學生、進行補救教學、改進命題技巧，或留意測驗編製良窳的參考資訊之一。

圖 4-1

根據 35 名學生之作答反應組型所繪製的 S-P 表

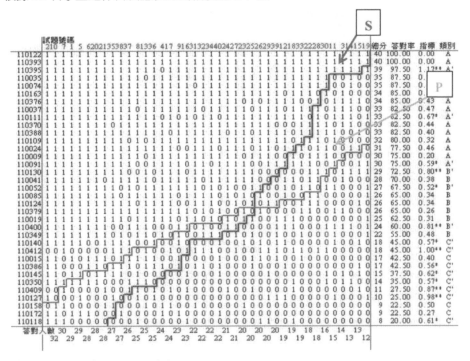

資料來源：余民寧（2016，頁9）

二、S-P 表的特性

S-P 表分析具有教學診斷功能，尤其最適用在形成性與診斷性評量，S-P 表的特性如下：1. 處理、分析方法簡單且容易做到。2. 一見就能判讀，並能把握整體結構。3. 加上統計的分析，使得學習診斷之「質性分析」容易進行。4. 不僅是對學生有關學習的診斷評鑑，且對教學指導、發問之檢討與評鑑兩方面，均有很大的功用。5. S-P 表不只可用於測驗結果之處理、試題的分析，同時對於練習問題、前測（pretest）、後測（posttest）之得分，均可作成 S-P 一覽表予以解釋研判。但其缺點則是需要借助分析軟體來執行，使用者要有某種程度的資訊能力。有關差異係數、同質性係數、試題注意係數，以及學生注意係數等指標的計算，請參閱余民寧（2017）或吳明隆（2021）的著作。學生問題表分析雖然優點很多，但因計算過程複雜，以致在實務應用上較少教師使用，使用最多的還是常模參照的試題分析方式。

第三節　常模

大多數的標準化成就測驗、智力測驗、性向測驗等，均採用常模（norm）參照的方式來解釋測驗結果，測驗的原始分數（raw score），如果沒有參照常模就難以看出其意義。因此常模和標準化測驗時常連用，常模的建立又是測驗標準化過程的一部分。當學校行政單位使用標準化成就測驗對學生施測，施測後如何讓學生及家長瞭解測驗結果？教師即需利用適當時間對學生、家長進行解釋，因此教師需要瞭解標準化測驗的編製過程，以及瞭解常模參照的測驗要如何解釋。本節針對常模的意義、功能、類型及衍生分數（derived score）的建立與解釋作一探討（周新富，2016、2019；郭生玉，2016；鄒慧英譯，2003；葉重新，2017）：

常模的意義與功用

　　常模是解釋測驗分數的依據，常模是指特定參照團體在測驗上所獲得的平均分數。測驗所得的原始分數本身沒有多大意義，為了解釋其意義，測驗編製者都會提供各種常模表，以確定個人的測驗分數在團體中的相對地位。例如：某位學生在一個英文成就測驗上得到 100 分，如將這分數參照常模加以解釋，便可知道這位學生的分數落在參照團體平均數之上或之下。就廣義而言，常模是指將一個團體的測驗原始分數，轉換成衍生分數，由此衍生分數，就可瞭解個人測驗分數在團體中的相對地位。

　　由常模的意義可以得知常模具有兩項功用：1. 表明個人分數在常模團體中的相對位置。2. 提供比較的量數，以比較不同個人或相同個人在不同測驗上的分數。例如：小明在五個學科上的原始分數是國文 88 分、數學 64 分、社會 84 分、英文 70 分、自然 75 分，從原始分數來看，國文成績 88 分最好，社會次之，數學最差；但轉換成百分等級分別為：72、84、77、78、80，從百分等級來看，數學最好，因為贏過 84% 的人；自然其次，英文再其次，而國文最差，因為只贏過 72% 的人。

 常模應具備的條件

　　測驗編製所建立的常模，必須具有以下的條件，這樣測驗使用者在解釋測驗分數時，才不致發生偏差：

一、常模樣本應具代表性

　　測驗分數經常會有兩種誤差，一是測量誤差，一是抽樣誤差。測量誤差已於第三章中探討，本章僅就抽樣誤差說明之。一般而言，樣本愈大抽樣誤差愈小，但建立常模所依據的樣本大小，並不比樣本的代表性重要，最好要能將性別、年級、社經地位、學校規模、區域等因素一併考慮，才能獲得有代表性的常模。例如：全國性常模，不能只限於北部學校的樣本，應兼顧全臺灣各區域。抽樣時應考慮的另一個重要因素是抽樣的方法

和過程，以下兩種抽樣方法是比較常用的：

㈠分層隨機抽樣

當母群體內樣本單位之差異較大，且可依某衡量標準，將母群體區分成若干個不重複的次團體，我們稱之為「層」（strata），且層與層之間有很大的變異性，層內的變異性較小，這時我們就要採用分層隨機抽樣（stratified random sampling）進行抽樣。例如：依據性別可將母群體區分為男性團體及女性團體，這兩個次團體的特徵存在很大的差異性；兒童的智力也存在很大的差異性，有較高智力者，也有較低智力者；其他常用的分層標準有教育程度、社經地位、居住地區等。在樣本差異性大的情形之下，要先將母群體中的次團體區分出「層」來，然後再分別從每個層之中，以隨機方式抽選樣本，這樣的方法稱為分層隨機抽樣。分層隨機抽樣的方法，大約可分為下列幾個步驟：

1. 先決定分層所依據的標準，例如：性別、年級、學院別等。
2. 確定母群體的總人數、每一層（類）的人數和取樣的人數。
3. 計算每一類別所占的人數比例，並以抽樣總人數乘以此比例，以得到每一類別所應抽取的人數。
4. 採用簡單隨機抽樣法，從每一類別中抽取應取的人數。

㈡叢集抽樣

叢集抽樣（cluster sampling）又稱為整群抽樣或群集抽樣。所謂叢集抽樣是將母群體依特質分成若干類，每一類稱為一個團體，再以隨機方式抽取若干小團體，抽中的小團體全體成員均為樣本。例如：從全臺灣所有的國民小學中，隨機抽取 30 所小學全部學生接受學業成就測驗。應用叢集抽樣時，同時要考慮到母群體中的次團體之間是否同質，如果同質性較低就不適合使用，例如：以班級為單位進行叢集抽樣時，如果是常態編班的班級，彼此之間就具有較高的同質性；如果是能力編班的班級，彼此之間的同質性較低，因此就不適用叢集抽樣。

二、常模應具有新近性

　　常模的應用要考慮常模建立的時間點，十幾二十年前所建立的常模是否還能代表現今的狀況？隨著社會環境的變遷，超過十年以上的常模就不適用了，因此測驗發展者需要視情形重新修訂常模。當課程重新修訂而內容改變時，不但常模不再適用，連測驗本身都會過時。教師在使用標準化測驗時，要避免使用年代過久的常模，以免造成比較上的誤差。

三、常模應具有適切性

　　根據各種常模參照團體可以建立不同的常模類型，通常可分為四大類：全國性常模、地區性常模、特殊團體常模、學校平均數常模。全國性常模是依據全國性的代表樣本所建立的常模；地區性常模是參照地區性團體所建立的常模；特殊團體常模的建立可依據身心障礙的類別、特殊職業團體、修讀某一學程的學生等；而學校平均數常模是一所學校想要比較自己學校五年級的學生，在測驗上的平均數是否和其他學校同年級學生一樣或不同，就可以使用學校平均數常模。在使用這些常模解釋分數時，必須詳察常模樣本的性質是否和擬做測驗的對象相類似。例如：有一名國中生就讀於都會地區的國中，適合用來解釋分數的常模，除了全國性常模之外，應該是依都會地區的國中生所建立的常模，而非鄉村地區的常模。任何測驗分數的正確解釋，均需顧及常模團體的性質及常模的類型。

 參　常模的建立方法

　　建立常模的方法通常是將原始分數轉換成相對分數或衍生分數，而衍生分數即是常模的總類，可概分成發展性常模（developmental norms）與組內常模（within-group norms）兩大類。發展性常模是以不同發展階段的人在測驗上的表現，來解釋個人的測驗表現，較常見的發展性常模為心理年齡與年級當量。組內常模是將個人的表現與相似團體的表現相互比較，較常見的組內常模有百分等級與標準分數。以下分別說明四種常模建立的

方法：

一、年齡常模

依年齡當量分數（age equivalent score）而建立，稱為年齡常模（age norm），適用在心理認知能力的測量，是指同一年齡階層上原始分數的平均水準。早期的比西量表是以心理年齡（mental age）與實足年齡（chronological age）的比率，再乘 100，稱為比率智商（ratio intelligence quotient），以此表示智力測驗的結果。其公式為：

$$智力商數\ IQ\,(Intelligence\ Quotient)$$
$$=心智年齡（MA）/ 實足年齡（CA）\times 100$$

例如：一個 8 歲的兒童在某智力測驗上的得分，與 10 歲兒童的平均智商相同，就顯示出其智商高於 8 歲兒童。現在的標準化測驗已經極少使用比率商數，大多以經面積轉換的常態化標準分數為主，例如：以離差智商來表示。年齡常模主要適用於隨年齡而繼續生長的特質，如身高、體重、智力與閱讀能力等。人格特質與年齡無關，即不適用於年齡常模。

二、年級常模

依年級當量分數（grade equivalent score）所建立的常模，稱為年級常模（grade norms），其方法是分別計算每一年級原始分數的平均數，依據各個不同年級的標準化樣本，在測驗上所得的平均數而建立，將學生的學科知識發展程度與各個年級學生的發展程度相互比較，以判斷學生的發展程度是屬於哪一個年級。例如：四年級的標準化樣本在算術測驗上得到平均分數是 32 分，這個分數就是四年級的年級常模。年級常模適用於小學階段的教育成就測驗上，而且只有那些需要連續學習好多年的科目，如語文、數學、閱讀等，才適合建立年級當量常模，對於只上課一年或兩年的科目比較不適用。

　　教師在解釋年級常模時需注意年級常模其實是平均數，有一半的學生會在年級當量之下，另一半在年級當量之上，不能誤解為參照標準。另外要注意的是，不同學科之間的年級常模是不能互相比較，因為不同學科的發展速度並不相同。

三、百分等級

　　百分等級（percentile rank, PR）被廣泛用來描述測驗表現結果，因為容易計算，也容易瞭解。百分等級與百分位數（percentile）雖在定義上有所不同，但經常互用。如果把一個團體分成一百個等分，一個分點稱為百分點，百分等級是指各百分點以下包含有多少百分比的人數，即落在某一個原始分數以下的人數百分比，而百分位數是指各百分點的分數。

　　百分位數表示學生所得的分數，百分等級代表所占的等第。例如：某生的測驗分數是 22 分，百分等級為 88，表示他的分數勝過 88% 的人，只不如 12% 的人，而第 88 百分位數的原始分數是 22。由此分數可知道個人分數在團體的相對地位，可用來與他人比較，但無法瞭解個人學習的精熟程度。百分等級是次序量尺，不可作加、減、乘、除的運算。但百分等級有以下的缺點：靠近分配中央的原始分數本來差異很小，但轉換成百分等級後差異變大了；而接近兩端的原始分數，本來差異很大，轉換成百分等級後差異變小了。例如：得到百分等級 40 與 50 的學生，其測驗分數的差異可能只有 1 分或 2 分，但得到百分等級 90 與 99 的學生，其測驗分數的差異卻相當大，也就是說兩極端分數被壓縮，而趨中分數被擴大的現象，如圖 4-2 所示。以下分別就未歸類資料及歸類資料的公式來說明百分等級的算法：

㈠未歸類資料
　　適用於樣本人數不多時，可先將受試者的分數由高至低排列，並分別給予名次，然後帶入公式。

$$PR = 100 - \frac{(100R - 50)}{N}$$

N：全體人數

R：名次，第一名為 1，第二名為 2，以此類推

例如：5 位學生的測驗分數分別是：75、62、93、46、84。依名次順序排列為：93、84、75、62、46。第一名的百分等級依公式計算則為：

$$PR = 100 - \frac{(100 \times 1 - 50)}{5} = 90$$

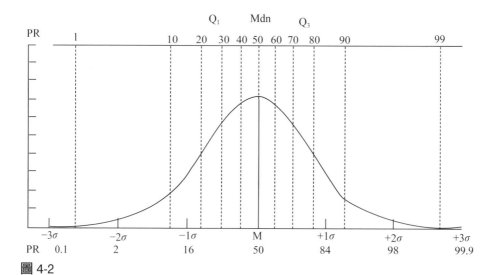

圖 4-2

常態曲線與百分等級的關係

資料來源：郭生玉（1993，頁139）

（二）歸類資料

當樣本人數較多，可先依測驗分數分為幾組，如表 4-3 所示，再將歸類後的次數帶入公式。例如：原始分數 47 共有 4 位學生，其累積次數為 8，得到 PR 為 20。

$$PR = \frac{100}{N} \times \left(cf - \frac{f}{2} \right)$$

N：全體人數

f：次數

cf：累積次數

表 4-3

受試者分數累積次數表

原始總分	次數	累積次數
56	2	30
55	2	28
54	4	26
52	8	22
51	6	14
47	4	8
46	2	4
45	2	2

資料來源：涂金堂（2009，頁195）

四、標準分數

在第三章中有提到標準分數公式及解釋，標準分數的類型可分直線轉換和非直線轉換兩種，前者稱為直線標準分數（linear standard score），後者稱為常態化標準分數（normalized standard scores），以下介紹幾種比較常見的類型：

㈠ T 分數等

為了避免有負值與小數，可用其他直線標準分數的計算方法，用一個常數乘以 z 分數，再加上一個常數。T 分數（T-score）是最普遍的直線標準分數之一，其平均數為 50，標準差為 10，使用上可以避免負數和小數，但缺點是學生和家長不易瞭解其意義。其他的標準分數，如美國陸軍普通分類測驗的 AGCT 分數，以及美國大學入學考試委員會所用的 CEEB 分數，都與 T 分數的原理一樣。原始分數轉換成直線標準分數後，分數

的分配型態仍然維持和原始分數一樣，原始分數是常態，轉換後也是常態；此外，凡原始分數可做的任何計算，直線標準分數也可以。這三種標準分數的轉換公式如下：

$$T = 10z + 50$$
$$AGCT = 20z + 100$$
$$CEEB = 100z + 500$$

㈡離差智商

過去使用比率智商（IQ）的缺點是：假定年齡單位相等和生長速率連續不變，這假定很難成立，因此無法做不同年齡間的比較，因而有離差智商（deviation IQ, DIQ）的產生。離差智商是直線標準分數的一種，指採用標準分數來表示智力的高低，這個標準分數以 100 為平均數，15（魏氏智力量表）或 16（斯比量表）為標準差，其計算公式如下：

$$DIQ = 15z + 100（魏氏智力量表）$$
$$DIQ = 16z + 100（斯比量表）$$

採用離差智商表示 IQ，其優點是標準差的單位相等，所有不同的年齡都有一個共同的標準差，可比較不同年齡者所求得的智商，而且分數易於轉換成百分等級和其他的標準分數。要特別注意的是：若欲比較不同測驗的結果時，需注意所使用的標準差是否相同，相同才可以比較。

㈢標準九

直線標準分數之目的在進行不同測驗分數的比較，但當兩個分數的分配型態很明顯不同時就無法比較，為使不同分配型態的分數可以直接比較，就必須將原始分數都轉換為符合常態分配的標準分數，這種分數稱為常態化標準分數，其類型包括 T 量表分數（T-scaled score）、標準九分數（stanine score）、標準十分數（sten score）、C 量表分數（C-scaled score）等，以下僅就標準九分數介紹之。

　　標準九是將原始分數分成九個等分，從一到九等，每個等分所占的分配比例是固定的，其中最高分是九分，最低分是一分，五分是整個常態分配的中心，除了一分和九分外，其餘每一個分數都包括半個標準差的範圍。因此，標準九是一個平均數為 5，而標準差為 2 的常態分配標準分數，其所含的百分比如表 4-4。標準九不僅適用於成就測驗及性向測驗，其最大優點是任何接近常態分配且可排列高低順序的資料均可使用，其意義也很容易瞭解。但是其缺點為九等分的分法不夠精細，原始分數轉換成標準九很容易產生爭議，例如：95 分的標準九是 8，94 分的標準九是 7，原始分數差 1 分不是很重要，但轉換成標準 8 與 7 之差可能被視為相當重要。

表 4-4

標準九與百分等級的換算

標準九	百分等級範圍	百分比分配範圍（%）
1	4 以下	4（最低）
2	4-10	7
3	11-22	12
4	23-39	17
5	40-59	20
6	60-76	17
7	77-88	12
8	89-95	7
9	96 以上	4（最高）

資料來源：凃金堂（2009，頁205）

自我評量 ·····································

<u>一、選擇題</u>

(　　) 1. 以下是麗雪在國語、數學、自然、社會定期評量的分數,以及全校同年級學生在此四個科目的平均數和標準差。相對於學校其他同學,麗雪在哪一科的表現較好? (A) 國語 (B) 數學 (C) 自然 (D) 社會

科目	國語	數學	自然	社會
麗雪成績	84	80	74	86
平均數	88	71	84	80
標準差	8	6	10	12

(　　) 2. 林老師對其自編的數學成就測驗進行試題分析,結果發現大多數的試題難度 P 值落在 .70 左右,鑑別度 D 值多數約為 .46。下列對此成就測驗的敘述,何者正確? (A) 難度偏易,鑑別度高 (B) 難度偏易,鑑別度低 (C) 難度偏難,鑑別度高 (D) 難度偏難,鑑別度低

(　　) 3. 身高或體重較適合用何種常模? (A) 百分等級 (B) T 分數 (C) 年級常模 (D) 年齡常模

(　　) 4. 成就測驗不宜採用下列何種常模? (A) 年齡常模 (B) 年級常模 (C) 百分位數常模 (D) 標準分數常模

(　　) 5. 以下關於發展性常模中的「年級當量分數」的敘述,何者為是? (A) 只適用於教育成就測驗上 (B) 指某一年齡層的學生在所有測驗上的分數 (C) 用於評量嬰幼兒身心發展 (D) 常模上的分數為該年級學生應達到的標準

(　　) 6. 在常態分配下,離差智商 100,相當於下列哪一項量數? (A) T 分數 60 (B) 百分等級 86 (C) z 分數 0 (D) 標準九 9

(　　) 7. 以下是某班級數學科四個考題其高低分組的答對率。哪一試題的鑑別度最佳? (A) 第 1 題 (B) 第 2 題 (C) 第 3 題 (D) 第 4 題

題號	1	2	3	4
高分組答對率	0.6	0.8	0.7	0.3
低分組答對率	0.4	0.2	0.3	0.3

(　) 8. 樂樂國中九年級 400 位學生接受理化科測驗，其中高分組（全體學生得分的前 25%）與低分組（全體學生得分的後 25%）分別有 40 人與 30 人答對該測驗第十題。下列何者最可能是該題的難度值？
(A) 0.10　(B) 0.18　(C) 0.35　(D) 0.70

(　) 9. 某次數學考試滿分為 50 分，傑倫考了 38 分，其百分等級是 86。傑倫此次考試的分數代表什麼意義？　(A) 表示他勝過 86% 的同學　(B) 換算成第 86 個百分位數的分數是 76 分　(C) 表示第 38 百分位數的原始分數是 86 分　(D) 分數由高到低，他在 100 個人中排在第 86 名

(　) 10. 下表為高、低分組各 40 位學生在一題選擇題四個選項的人數分布，其中 D 為正確答案。下列有關此試題的敘述，何者適切？
(A) 此題難度適中，適合用於常模參照測驗　(B) 此題正確選項的敘述，可能具有暗示性　(C) 此題測量的概念可能尚未教過，學生在猜題　(D) 選項誘答力低，能診斷出學生不清楚的地方

組別＼選項	A	B	C	D
高分組	10	9	11	10
低分組	11	8	12	9

(　) 11. 標準九分數法中，除了一分及九分以外，每一分數的範圍為幾個標準差？　(A) 0.25　(B) 0.5　(C) 1.0　(D) 2.0

(　) 12. 一份心理測驗呈現出常模，代表何種意義？　(A) 它的分數可以定義及格的標準　(B) 它的分數是依人口比例分配的　(C) 它的成績可由原始分數轉變成標準分數　(D) 受試者可以與接受同一測驗的人做比較

( ) 13. 下列關於標準分數與百分等級的敘述，何者錯誤？ (A) 兩者都是代表相對地位的量數 (B) 兩者雖名稱互異，但可以直接互相轉換 (C) 標準分數常被轉換成其他分數，以求解釋方便 (D) 百分等級常模可適用於任何種類的測驗

( ) 14. 小美在第一次段考中，數學得分為 80 分（M = 65，SD = 10），英文得分為 80 分（M = 70，SD = 8）。下列敘述何者正確？ (A) 無法判斷哪一科分數較高 (B) 小美的數學分數相對地位比英文高 (C) 小美的英文分數相對地位比數學高 (D) 小美的英文與數學分數相對地位一樣

( ) 15. 小青在國文科得分為 80 分，班上平均分數為 70 分，標準差為 10 分；在數學科得分為 70 分，班上平均為 60 分，標準差為 5 分。下列哪一個測驗分數的解釋是正確的？ (A) 無法判斷哪一科 T 分數較高 (B) 國文 T 分數比數學 T 分數低 (C) 國文 T 分數比數學 T 分數高 (D) 國文 T 分數與數學 T 分數一樣

( ) 16. 下列何者最能提升選擇題選項的誘答力？ (A) 誘答選項的措詞要簡單 (B) 正確選項的字數要較多 (C) 各選項的內容儘量不一樣 (D) 使用學生常有的錯誤觀念

( ) 17. 東臺國小期末考試數學試題的分析結果中，第五題的鑑別度（D）為 .09，難度（P）為 .51。有關該分析結果的解釋，下列敘述何者最適切？ (A) 大部分的學生都答錯這一題 (B) 低分組的學生幾乎都答錯了 (C) 多數高分組的學生答對此題 (D) 鑑別度太低應重新檢討原因

( ) 18. 如採離差智商的觀點來看，假如一位考生在平均數為 100，標準差為 15 的測驗中得分為 115，請問其 PR 值約為多少？ (A) 66 (B) 75 (C) 84 (D) 93

( ) 19. 根據古典測驗理論，教師進行選擇型試題分析時，常用方法包含難度分析、鑑別度分析及選項分析。下列哪些敘述正確？ 甲、誘答選項宜具有似真性 乙、題目鑑別度等於該題的效度 丙、當難度為 0.5 時，鑑別度最大 丁、難度值會隨著受試群體的能力高低而變動 (A) 甲乙 (B) 甲丁 (C) 乙丙 (D) 丙丁

( ) 20. 有關評量結果之解釋，下列敘述何者正確？ (A) 百分等級精確性高於 z 分數 (B) z 分數值域過小之缺失可透過加上一個常數的方式來克服 (C) P86 = 90 表示有 86% 的學生分數低於 90 分 (D) 為使評量計分公平，z 分數較原始分數適用

參考答案

1.(B)　2.(A)　3.(D)　4.(A)　5.(A)　6.(C)　7.(B)　8.(C)　9.(A)　10.(C)
11.(B)　12.(D)　13.(B)　14.(B)　15.(B)　16.(D)　17.(A)　18.(C)　19.(B)　20.(C)

二、問答題

1. 何謂標準化成就測驗？要如何編製標準化成就測驗？

2. 由於參照團體之不同，常模亦隨之不同，試述常模的主要類型為何？

3. 百分等級和標準分數是解釋常模參照測驗結果最常用的方式，請說明：(1) 百分等級用何種方式來解釋受試者的表現？並說明百分等級的優缺點各一項。(2) 標準分數用何種方式來解釋受試者的表現？並說明標準分數的優缺點各一項。

4. 某國中七年級新生在兩種測驗的原始分數之平均數、中位數、標準差如下：語文能力（M = 35.8、Md = 37、SD = 10.2）、數學能力（M = 26.5、Md = 25、SD = 8.6），語文和數學的積差相關係數為 0.80。「小華在語文能力和數學能力的測驗分數分別是 36 分和 30 分，所以他的語文表現優於數學表現。」試問此一說法是否適當？（請寫出計算過程或說明理由）

5. 試解釋百分等級、標準九的意義，並說明兩者的關係為何？

6. 下表為某試卷第五題高低分組學生作答情形，請回答下列問題：

題號	組別	選擇題的選項			
		A*	B	C	D
5	高分組（10 人）	7	2	0	1
	低分組（10 人）	3	4	0	3

註：*為正確答案

(1) 此試題之難度、鑑別度為多少？

(2) 選擇題的哪個選項的誘答力不佳？

(3) 依據兩項指標請說明這個題目的品質如何？

第五章

教師自編成就測驗

　　前文提到依照編製過程的標準化程度，評量可分為教師自編成就測驗及標準化成就測驗兩類。教師自編成就測驗是教師依自己的教學目標與教學需要而自行編製的測驗，編製程序沒有經過標準的步驟，卻能滿足教師在教室情境中使用，例如：小考（quiz）、段考、月考等由教師自行命題的考試。教師自行命題的評量雖然費時耗力，但優點有：1. 符合教學目標；2. 教學與評量可以緊密結合；3. 試題品質比較穩定。然而國內教師最常使用出版社編製的測驗卷進行平時考，雖然省時省力，但其缺點是評量的試題不一定符合教學目標，而且試題品質良莠不齊，不是偏難就是偏易（周新富，2021）。透過評量引導學生的學習是評量的新趨勢，因此評量的改革成為我國教育改革的重要項目之一。教師在編製試題時，要能針對教學之中有價值的知識、技能來命題，這樣的評量工具才能有效評量學生的學習成就。為使師資能熟悉命題的要領，本章內容就編製成就測驗的原則及流程，以及各種試題的命題技巧這兩項重點詳加探討。

第一節　自編成就測驗的原則及流程

　　測驗編製應遵循一定的程序，以確保測驗內容與測驗目的相符，並降低其他因素對測驗結果的影響，使測驗結果盡可能反映出學生所具備的知識和技能（蕭儒棠、曾建銘、吳慧珉等，2014）。以下分別就編製測驗的原則及流程說明之。

壹　自編成就測驗的基本原則

　　編製一份良好的試題不是一件簡單的工作，命題人員要具備有評量的專業能力，例如：充分瞭解教材、充分瞭解學生、瞭解各種題型的優缺點、良好的文字表達技巧等（郭生玉，2016）。除此之外，教師在編製測驗時，要能掌握編製測驗的三項基本原則（郭生玉，2016；蕭儒棠等，2014）：

一、測驗應反映課程內容與教學目標

　　測驗是為了檢驗學生對課程內容及教學目標的學習狀況，因此測驗應以教學目標為依據。然而測驗並無法涵蓋課程內容中全部的知識和技能，教師所選擇的測驗內容應具有代表性，以充分代表學科的課程內容。雙向細目表（table of specification）是編擬題目的藍圖，以確保試題內容符合教學目標，並具有取樣的代表性。

二、測驗目的應能促進師生的教與學

　　測驗是結合教與學的重要環節，教師可利用測驗結果調整教學，並指導學生學習。對學生而言，測驗的回饋資訊能幫助學生釐清自己對課程內容的掌握狀況，找出學習狀況較薄弱的環節，進而調整學習方法和學習重點，將有限的時間和精力集中於需要加強的內容。測驗結束後，應盡快提供學生測驗的回饋資訊，導正學習的錯誤，並提供正確的答案及合理的解題思路。對教師而言，教學前的測驗，有助於教師瞭解學生的起點行為，規劃適合的教學活動。教學過程中，教師可透過測驗的回饋資訊，隨時檢視學生對課程內容的理解狀況，進而調整教學計畫。

三、試題必須是教材中的重要概念和原則

　　教師在編擬試題時，務必以教材中的重要概念和原則來命題，零碎、片斷、無用的知識不但浪費學生的學習時間，而且學完很快就會遺忘。想要提高試題的效度，最好的方式是測量較高層次的思考能力，如概念或原理原則的理解和應用能力。

貳　編製教學評量的流程

　　為了確保測驗能發揮應有的功能，達成學習評量的目的，教師應熟悉測驗的編製原則和步驟，以編製良好的測驗。以下即針對教師自編評量的步驟作一探討（郭生玉，2016；蕭儒棠等，2014；周新富，2021；

Kubiszyn & Borich, 2007; Wright, 2008）：

一、確定測驗的目的

在第一章提到評量依教學時間先後可分為四種類型，教師會因測驗目的之不同，而使用不同的評量，例如：安置性評量是要決定學生應以何種教學順序為起點來學習；診斷性評量是要決定哪些目標是學生尚未習得且可能導致學生學習障礙的因素，其試題難度不必太高，但試題必須包含學生常犯的錯誤。教學上最常使用的評量還是以形成性評量及總結性評量居多。形成性評量的目的在判斷學生是否專心學習，教師所指定的學習活動是否有效，以及是否需要增刪學習活動，通常這類型的評量實施次數要多，但範圍要小，以此方式鼓勵學生積極學習。總結性評量是決定學生是否達成教學目標，並評定其學業成就，故其試題必須反映教學目標，且試題難度的分布範圍較廣，考試範圍比較大。

二、確定所要測量的教學目標

教學目標引導且決定如何設計測驗，若教學和測驗的內容不一致，即使有高品質的教學，高成就的學生也無法在測驗中有優異的表現。因此，編製試題與施測最主要的依據是教學目標而不是教材內容，妥善運用布魯姆（Bloom）的分類架構，可加強測驗與教學的一致性。一般認為知識屬於較基礎的層次，適合基礎入門的課程或年齡層較低的學生，而理解、應用和分析等較高層次的學習，則以進階課程或較年長的學生為主。確定教學目標不僅是測驗編製計畫中的重要步驟，也是建立評量的內容效度（content validity）的一項重要原則。

三、建立雙向細目表

雙向細目表為編製評量的架構藍圖，以教學目標和教材內容為兩個軸，分別說明評量要測量認知領域的各個層次及要分配多少測驗題目，幫助教師掌握欲評量的教材重點，檢核欲測量的能力向度分布是否恰當、試

題的取材分布是否均勻。一般紙筆成就測驗較適於評量認知領域教學目標，所以橫軸部分依據認知歷程向度的記憶、瞭解、應用、分析、評鑑、創作等六個層次，將各單元適合命題的教學目標作一分類；縱軸部分則列出教材內容或是教學目標，教師再寫出試題的題數及配分，其範例請參見表 5-1。

四、選擇適當題型

測驗題型大約可分成兩大類：選擇反應試題（selected-response item）和建構反應試題（constructed-response item），前者又稱為客觀測驗，包含選擇題、是非題、配合題，後者又稱為主觀測驗，包含簡答題、填充題、論文題等。由於這兩類試題所發揮的評量功能不同，教師宜在編擬試題之前，就確立何種類型的試題最能測量教學所要達成的目標。

五、依據命題原則編擬試題

在實際進行試題的編製時，除了必須依據雙向細目表的規劃，針對特定的內容和教學目標來命題之外，還需充分瞭解各類型試題的優缺點和命題原則，根據自己的學科知識和教學經驗，以靈活生動的創造力來撰寫試題，才能編擬出高品質的試題。一般而言，無論編擬何種類型的試題，均需考慮下列幾項共同的命題原則：

1. 試題的取材應該均勻分配，且具有教材內容的代表性。
2. 試題的敘述應該力求簡明扼要，題意明確。
3. 各個試題宜彼此獨立，互不牽涉，並避免含有暗示答案的線索。
4. 試題宜有公認的正確答案或相對較佳的答案。
5. 試題的敘述宜重新組織，避免直接抄錄課本或習作。
6. 注意試題公平性原則，例如：試題中的訊息不宜是某些群體（種族、性別、居住地區、省籍）所特別熟悉或是比較陌生的，以免造成測驗上的不公平。
7. 涉及政治議題時，要注意避免涉及人身攻擊。
8. 使用書商的題庫光碟命題要加以潤飾修改，以免造成試題的外洩。

表 5-1

教學評量雙向細目表

教材 \ 試題 \ 目標		記憶	瞭解	應用	分析	評鑑	創作	合計
活動一：水中生物的生長環境（四節課）	是非題	8(4)						8
	選擇題							0
	填充題							0
	配合題		12(6)					12
	做做看							0
	簡答題							0
	小 計							20
活動二：水中生物怎麼生活（三節課）	是非題	4(2)						4
	選擇題		4(2)					4
	填充題	4(2)						4
	配合題							0
	做做看							0
	簡答題				3(1)			3
	小 計							15
活動三：水中生物的生長模樣（三節課）	是非題							0
	選擇題							0
	填充題	5(5)	2(2)					7
	配合題	6(6)	3(3)					9
	做做看							0
	簡答題							0
	小 計							16
合計（占分）	是非題	14						14
	選擇題	2	4					6
	填充題	19	2					21
	配合題	6	15					21
	做做看			22			4	26
	簡答題		9		3			12
	小 計	41	30	22	3	0	4	100

註：（　）中的數字為題數

資料來源：李坤崇（2006，頁68-69）

六、審題與修題

　　試題初稿編製完成後，接著要進行試題的審查及修改。審查方式分為邏輯審查及實證審查兩種。邏輯審查又可稱作「形式審查」或「質性審查」，旨在評閱試題與教學目標之間的關聯性。實證審查又可稱作「客觀審查」，旨在評閱學生的答題反應是否符合所期望的數據。由實證審查可確定試題的難度和鑑別度，並比較考生於各個選項的作答反應，以確保試題的品質，作為挑選試題的參考。這部分又稱為試題分析，本書已於標準化成就測驗一章中詳細說明。

　　邏輯審查所關心的重點有以下幾項：1. 試題是否符合雙向細目表的規劃；2. 試題是否代表預期測量的教學目標；3. 試題是否依據試題命題原則編寫；4. 試題的敘述是否能清楚表達題意；5. 試題的呈現方式與作答說明是否適當；6. 試題的敘述是否提供暗示答案的線索。教師可以採用試題共同審查模式進行審題，首先教師組成命題團隊（3-4 人），由一人負責擬定架構，例如：聽讀寫比例、題型、命題重點、主題分配等，組員命題後於考試前一週共同審題，以挑出錯誤題目、不適當題目為優先，但要互相約束不能洩題。審題時若發現不妥的試題，則進行修改。審題這項步驟僅適用於學校的定期評量，日常考查則由任課教師自行處理。

七、編輯評量試題

　　初稿經過審查及修題後，即由負責人彙整編輯及排版。試題編排有兩種方式：1. 依據試題類型來排列，通常是簡單容易的類型在前，複雜困難的類型在後，是非題、選擇題一般均放在最前面，其後為填充題和簡答題，最後為申論題。2. 依據試題難易度來排列，試題應由易而難排列，以增強作答信心，避免浪費時間在前面較困難的試題。在編排試題時，宜注意以下原則：

　　1. 將同類型的試題編排在一起，和其他不同類型的試題分開，避免不同類型交錯造成學生作答困擾。

　　2. 一個試題不應被分割成兩頁。

3. 試題應明確標號，尤其是學生必須將答案填寫於另一張答案紙時，或考卷其他特殊的地方時。

4. 版面安排應易於評分與計算成績，避免造成計分困擾。

5. 直排或橫排應統一，試卷所有試題的排版方向要統一，各層級字體、大小亦要一致。

6. 計算題、申論題應留足夠的空間作答。

教師排妥試題的先後順序後，可在測驗卷上載明施測指導說明，稱之為測驗指導語。測驗的指導語分為整體指導語及各試題類型指導語，整體指導語應包括下列項目：1. 試卷共幾張幾面？是否繳回？2. 答案寫在哪裡？3. 試卷包括幾大題？4. 配分、總分為何？5. 如何作答？是否倒扣？6. 以何種筆、何種顏色作答？7. 試卷、答案紙是否可打草稿？8. 其他，如作答時間多寡、作文必須寫在作文答案卷上否則不計分。另外試卷上也要有個別試題類型指導語，是在補充說明整體指導語之不足，至少應包括下列幾項：1. 題數；2. 配分；3. 總分。例如：選擇題共 44 題，第 1-14 題，每題 1 分；第 15-30 題，每題 2 分：第 31-44 題，每題 3 分；共 88 分。

第二節　選擇反應試題的命題原則

選擇反應試題是指題目本身提供可選擇的項目，讓答題者可以有猜測答案的機會，例如：是非題、選擇題、配合題等。由於每題的配分較少，可以出的試題就比較多，試題也比較有代表性，而且這類試題的評分較為客觀，評分的一致性就比較高。至於選擇反應試題的缺點：只能測量學生較低層次記憶、理解性的知識（涂金堂，2009）。以下分別針對是非題、選擇題及配合題的命題原則說明之。

壹　是非題的命題原則

是非題主要是讓學生判斷一個陳述句的對錯，認為陳述句是對的，則

在空格中填上「○」，或是填上「T」；認為陳述句是錯的，則在空格中填上「×」，或是填上「F」。由於是非題的命題與閱卷都較為簡便，透過是非題的施測，可以快速評估學生對基本概念、事實、術語定義或原理原則的理解程度，所以是非題是中小學教師常採用的考題。採用是非題評量學生的學習成果，具有評量範圍較能涵蓋所學的教材、計分快速及客觀等優點；而是非題則有只能評量低層次的記憶性知識、容易猜對答案等限制（涂金堂，2009）。

一、題目形式

是非題比較常用的形式，包含以下三種（歐滄和，2007）：

㈠簡單型是非題

簡單型是非題是最基本，也是最常用的形式，只呈現單一敘述句，並要求學生判斷對錯。例如：（ ）中華民國的國父是孫中山先生。

㈡改錯式是非題

改錯式是非題又稱為要求更正的是非題，是要求學生對於答「非」的題目，要將括弧或加底線的部分加以更正。優點是可減少猜答的影響，缺點是試題會減少，而計分的主觀性也會增加。例如：（ ）_____花蓮縣位於臺灣的北部區域。

㈢叢集式是非題

這是把性質相近的是非題合併成一個具有共同題幹的是非題組合，不但可以減少閱讀上的負擔，還可增加題數以提高信度。例如：下列節肢動物中，屬於昆蟲的請填○，否則請填 ×：1.（ ）蜘蛛　2.（ ）螞蟻 3.（ ）蜜蜂　4.（ ）獨角仙　5.（ ）蜈蚣。

二、是非題的編寫原則

是非題因命題容易，在學校評量中頗受教師的歡迎，在編寫是非題時為避免出現品質不佳的試題，教師要注意以下事項（郭生玉，2016；李坤

崇，2006；涂金堂，2009；歐滄和，2007）：

(一)文字應簡潔，避免冗長或複雜的敘述

是非題的主要評量目的，是想瞭解受試者對於基礎性概念或原則的理解程度，並非想評量受試者的語文閱讀能力。因此，題目所使用的語句，盡可能簡單易懂，應避免出現複雜難懂的語句。以下為不良試題：（　）溶液的 PH 值很難精確測量，不過還是有些方法可以簡單的測量。例如：將石蕊試紙放入溶液中，若呈現紅色，表示該溶液為酸性。該不良試題中，有些文字敘述是不必要的，應以主要概念敘述為主。應改成：（　）石蕊試紙放入酸性溶液會呈現紅色。

(二)避免使用否定的敘述，尤其是雙重的否定

受試者遇到否定字詞時，比較容易引起作答的焦慮。若是採用雙重否定的字詞，則容易造成受試者閱讀理解上的困難，兩者都容易影響受試者的答題表現。例如：（　）鈍角三角形的三個內角都不是沒有小於 90 度。這個題目為不良試題，應該修正為：（　）鈍角三角形只有一個大於 90 度的內角。

(三)題目只包含一種概念，避免同時評量兩種以上概念

每一題是非題最好只測量一個概念，才能精準的瞭解受試者對此一概念是否有正確的掌握。若同時測量兩個以上的概念，則無法精準的瞭解受試者的錯誤概念。兩個概念的實例如下：（　）中國最大的湖泊是洞庭湖，它位於江蘇省，屬於長江流域。

(四)避免使用特定暗示性的字詞

是非題若出現某些帶有提示性的特定字詞時，容易提高受試者猜題的成功機率。例如：當題目出現「所有」、「絕不」、「總是」等極端肯定的字詞時，是非題的正確答案常常是「×」；若出現「有時」、「通常」、「經常」等不是十分確定的字詞時，則是非題的正確答案常常是「○」。例如：（　）所有液體的沸點都是 100℃，這是不良試題，應修正為：（　）酒精的沸點是 100℃。

㈤對的題目與錯的題目，在字數上應儘量相近

為避免學生由題目字數的多寡作為猜題的線索，不論正確答案對或錯，題目的字數應儘量相近。

㈥避免正確答案呈特定型態出現，或是在數量上的分配不太平均

是非題正確答案的出現應以隨機的型態出現，避免正確答案呈特定型態出現，例如：對錯交互出現、前五題對後五題錯。正確答案的數量也要避免十題全對、十題全錯、九對一錯等情況出現，避免學生因為猜測而獲得高分。

㈦建議使用較多錯誤陳述的題目

受試者在面對錯誤的陳述時，必須清楚瞭解錯誤的地方，才能判斷答案是否正確。因此，命題時可以考慮採用較多的錯誤陳述。

㈧試題應避免直接抄錄課本的文句

教師命題若直接抄錄課文，或僅修改一、兩個字，會鼓勵學生做機械性的記憶，養成死背書的習慣，妨礙理解能力的發展。教師宜就課本內容重新組織，以統整方式來敘述試題。

㈨在因果關係的題型中，結果的敘述必須是對的，而原因的敘述可對可錯

例如：（　　）大理石幾乎不含化石，因為它是一種變質的火成岩。第一句是結果敘述要正確，第二句是原因，可對可錯。

 ## 貳　選擇題的命題原則

選擇題（multiple choice）在國內和國外都是紙筆測驗中最常被使用來當作考題的一種題型，這種題型能夠以簡單的回答方式，有效的測驗出受試者的學習成果與成就。由於選擇題常被運用在國內的考試上，命題者對於選擇題的特徵、優缺點以及命題的原則，都應有所認識與瞭解。選擇題最主要的特徵就是在題目中有一個問題和這個問題可能出現的答

案，這個問題稱為題幹（stem），而這個問題的可能答案稱之為選項（alternatives）。選項則有正確選項（correct choice）與誘答選項（distractor）兩種，正確選項即為正確答案，誘答選項則是錯誤的選項（Linn & Gronlund, 2000）。通常選擇題有一個題幹，且有三到五個選項，受試者從這些選項中選出一項當作正確答案或最佳答案，使試題成為三選一、四選一或是五選一的選擇題。若以題幹的寫法區分，選擇題可分成兩種形式：完全問句（complete question）與不完全敘述句（incomplete statement），前者指題幹呈現完整的問題，受試者閱讀題幹之後，即能清楚瞭解題目的意思；後者是指題幹呈現不完整的問題，作答者必須將題幹與選項閱讀完之後，才能清楚題目的用意。選擇題的優點如下：可以評量低層次與高層次的認知能力、適用各種學科領域、較能涵蓋上課所學的教材、具教學診斷的功能、計分快速、計分客觀。而其限制則有：撰寫品質優良的選擇題相當費時、設計不當只能測得低層次的認知能力、無法避免猜題的干擾（涂金堂，2009）。

一、題目形式

選擇題的種類眾多，最常使用的種類有：單一正確答案題型、最佳答案題型、多重答案題型、關係類推題型、組合反應題型、否定題型。以下分別舉列說明之（郭生玉，2016；蕭儒棠等，2014；簡茂發，1991）：

㈠單一正確答案及最佳答案的題型

學生要從幾個配列的答案中選出一個正確的答案，而最佳答案的選擇題要從沒有完全對錯的答案中，選出一個最正確或最佳的答案，最佳答案選擇題可用於測量理解、應用和解釋資料的學習能力。例如：下列哪一個城市是中華民國的首都？ (A) 臺中 (B) 臺北 (C) 高雄 (D) 臺南。下列哪一項因素是選擇省會最應考慮的？ (A) 位置 (B) 氣候 (C) 公路 (D) 人口。第 1 題屬於單一正確答案類型，第 2 題則屬最佳答案類型。

㈡多重答案題型

此種選擇題的主要特徵是正確的答案不只一個，其優點為可減少猜測

因素的影響，但缺點是增加學生的焦慮。例如：（　）跌倒受傷時，下列何者是最恰當的處理方式？　(A) 以生理食鹽水清洗傷口　(B) 以碘酒擦拭傷口　(C) 以自來水清洗傷口　(D) 以唾液擦拭傷口。這題的正確答案為 (A) 和 (B)。

㈢關係類推題型

關係類推型選擇題常見於語文智力測驗中，這種選擇題要學生依據題目中前兩項的關係，推論後兩項的關係。例如：（　）太陽之於金烏，就如月亮之於「　」。　(A) 嫦娥　(B) 玉兔　(C) 地球　(D) 月光。

㈣組合反應題型

又稱為選項重新組織的選擇題，包括複選式選項、重組題式選項、配合題式選項三種題型。具有多重答案題的優點，又可避免學生作答的困擾，是值得採用的良好命題方式。以下分別是三種題型的例題：

（　）1. (甲) 變形蟲　(乙) 草履蟲　(丙) 海葵　(丁) 青蛙。在上述動物中，消化作用在細胞外進行的是哪兩種？　(A) 甲乙　(B) 乙丙　(C) 丙丁　(D) 甲丁

（　）2. 顯微鏡操作步驟有四項，正確的順序應為下列何者？1. 標本放在玻片上；2. 使用低倍鏡、調整粗調節輪至看清楚標本；3. 調整反光鏡的光線；4. 使用高倍鏡、調整細調節輪至看清楚標本。　(A) 1→2→3→4　(B) 1→2→4→3　(C) 1→3→4→2　(D) 1→4→2→3

（　）3. 在下列國家與首都的配對中，哪一組是錯誤的？　(A) 泰國—曼谷　(B) 法國—倫敦　(C) 日本—東京　(D) 韓國—首爾

㈤否定題型

編擬選擇題時最大的困難之一，是提供具有誘答力的選項。在某些情況下，設計三個或四個正確的答案比設計適當的誘答選項更為容易，這時否定題型就可以使用，但是這種題型是在非常必要時才使用。例如：（　）徐志摩說「數大便是美」，下列何種景色不屬於數大之美？　(A) 碧綠

山坡前的幾千隻綿羊　(B) 一片白茫茫蘆荻　(C) 煙波江上垂釣的老翁
(D) 載著各式白帽的萬頃波浪。

二、選擇題的編寫原則

編寫試題應考慮測驗目的，以達到鑑別考生程度的目的，過程中應
遵守某些編寫原則。選擇題的編寫原則包含「內容」（content）、「格
式」（formatting）、「風格」（style）、「題幹」和「選項」等五個面向
（Haladyna, Downing, & Rodriguez, 2002）。以下僅就比較重要的編寫原則
說明之（涂金堂，2009；歐滄和，2007；蕭儒棠等，2014; Haladyna et al.,
2002）：

㈠內容的編寫原則

「內容」是試題編寫中最重要的面向，學科專家的專業知識是編寫優
良試題的重要因素，關於試題「內容」的編寫原則包括：

1. 試題應根據雙向細目表的規劃，且試題內容應反映重要的學習內
容，避免測驗瑣碎的內容。

2. 若想評量較高層次的思考能力，應避免以課堂上討論過的內容，
作為命題的題材，建議採用學生不熟悉的課外資料作為命題素材。

3. 確保測驗中每道試題的內容彼此獨立，避免提供作答的線索。

4. 避免以意見為主的試題（opinion-based items），因為意見的陳述並
沒有絕對的對錯，若採用意見作為命題的依據，容易造成有爭議性的答
案。

5. 避免陷阱題（trick items），例如：問一些冷僻、不重要的細節問
題。

6. 題目的用字，應該適合學生的語文程度。

㈡格式的編寫原則

1. 少用多重選擇題。

2. 試題應縱向排列，而非橫向排列。橫向的排列是選項 ABCD 相
連，優點是可以節省空間，缺點是容易造成作答者的閱讀干擾。直立的排

列方式，是一個選項獨自成行，其優缺點恰好與橫列的相反。若空間允許的話，建議採用直立的排列方式。

3. 確定試題的文法、標點、字母大小寫，以及拼寫正確無誤。

4. 將每道試題的閱讀量降至最低。

㈢題幹的編寫原則

1. 確保題幹提供明確的指引。

2. 試題的核心概念應於題幹中敘述，而非選項，最好採用完全問句的選擇題來命題。

3. 試題的敘述應簡潔明確，避免非必要的詞句。

4. 題幹應使用肯定語句，避免否定語句，例如：不是、除了等詞句。使用否定語句應謹慎，運用時應以「粗體」或「加底線」標示。

㈣選項的編寫原則

1. 撰寫三至五個有效選項，有些研究顯示三個選項應已足夠。

2. 確定選項中，只有一個是正確答案。

3. 調整正確答案的位置，避免正確答案過度集中某一選項位置，例如：十題中連續五題的答案是 C。

4. 選項位置依邏輯或數值的順序排列，例如：由大而小或由小而大。

5. 確定選項彼此獨立，避免因選項相互重疊而產生兩個答案。

6. 選項的內容應具有同質性，以避免學生很容易排除非同質性之選項，降低誘答選項之功能，例如：選項皆是人名、時間等。

7. 選項的字句長度應相當。

8. 謹慎使用「以上皆非」（none-of-the-above）的選項。

9. 避免使用「以上皆是」（all-of-the-above）的選項。

10. 選項儘量用肯定詞，避免否定詞。

11. 避免提供正確答案的線索，例如：避免題幹中出現與正確選項有關或相近的詞彙、避免顯而易見的正確或錯誤選項、避免荒謬可笑的選項。

12. 提高選項的誘答力，誘答選項必須是合理的，具有「似是而非」

的特質。

13. 根據學生的典型錯誤撰寫誘答選項。

14. 若教師以及學習環境允許,試題中可加入幽默元素。

 ## 參 配合題的命題原則

配合題(match items)是由選擇題變化而來的形式,適用於測量概念與事實之間的關係。此種試題在結構上包括兩部分:一為問題項目或前提項目(premises);另一為反應項目(responses)。通常係由後者中選出與前者相配適之項目,由於項目間之性質難求一致,易提供不適當之暗示,故標準化測驗較少採用。配合題適合應用在需要將人物、事件、地點、時間加以配合的學科,因此在教師自編測驗中,如能顧及以下命題要領,此種試題仍有其測量學生成就之價值(簡茂發,1991)。

一、題目形式

常見的配合題有概念型配合題、圖表式配合題兩種形式,以下分別說明之(郭生玉,2016;歐滄和,2007):

㈠概念型配合題

配合題最常見的形式是左右兩欄都是文字,左邊一欄稱作問題項目,右邊一欄稱作反應項目,此種配合題左右兩邊數目不需要相等,反應項目被選的次數也僅限一次。例題:請在右方選出下列物品的發明者,並將之填入左方空格中。

( )1. 電話   (A) 愛迪生

( )2. 燈泡   (B) 貝爾

( )3. 蒸氣機   (C) 瓦特

( )4. 電報機   (D) 諾貝爾

( )5. 留聲機

㈡圖表式配合題

　　包含圖對圖和圖對文字的配合題，通常使用於幼兒園或國小低年級，作答時只要求學生畫一條線把兩個項目連接起來，而且常採用一對一的方式。中年級以上可以採用圖表、地圖或儀器裝置圖，將其中的主要特徵編上代號，受試者依名稱、功能、位置等加以配合，適用於自然和地理學科的評量。以下為例題：

　　請依右圖（人體圖省略）所標示的 ABCD，選出下列器官的正常位置，並填入左方空格中。（　）1. 心臟（　）2. 肝臟（　）3. 胃（　）4. 盲腸

二、配合題的編寫原則

　　配合題是選擇題的另一種型態，因此選擇題的命題原則也可應用於配合題，不過配合題也有需特別注意的原則，以下分別說明之（李坤崇，2019）：

㈠問題項目及反應項目在性質上應力求相近，且按邏輯次序排列

　　配合題主要是針對類似的概念，評量其對應關係，因此不論問題項目或反應項目，都應具有相同的性質，受試者必須仔細地辨別，才能獲得正確答案。

例題 1：

問題項目	反應項目
（　）1. 美國南北戰爭時的總統	A. 紐約
（　）2. 美國獨立戰爭發生的年代	B. 密西西比河
（　）3. 美國的第一大都市	C. 林肯
（　）4. 美國的第一大河	D. 1776 年

　　上題中問題項目的性質不同，分別問人名、年代、地名與河流，受試者即使缺乏這方面的知識，亦可憑不同性質的反應項目作語意關聯判斷，因而猜對答案，故應改成例題 2 的形式。

例題 2：

問題項目	反應項目
（　）1. 中法戰爭	A. 1891 年
（　）2. 八國聯軍	B. 1884 年
（　）3. 鴉片戰爭	C. 1900 年
（　）4. 甲午戰爭	D. 1840 年
	E. 1850 年

例題 2 的反應項目均屬年代，但題中的年代交錯出現，增加受試者選答困擾，為避免此缺點，宜按年代的先後順序排列。

㈡問題項目與反應項目數量不宜相等

良好的配合題，其反應項目數應多於問題項目數，否則受試者容易猜對答案。以下列例題為例，由於題目的問題項目與反應項目數量相等，受試者只需知道其中兩個項目的答案，即使對第三個項目全然無知，自然可推知答案，而答對所有項目。因此這題的反應項目應增列幾項，以避免上述的缺點。

問題項目	反應項目
（　）1. 我國地理中心的城市	A. 上海
（　）2. 我國第一大商埠	B. 重慶
（　）3. 我國抗戰時期的首都	C. 蘭州

㈢配對項目不可過多或過少，以五項至十項為宜

每個配合題試題中項目不宜過多或過少，以不超過十項為原則。問題項目必須是相似的概念，要出許多問題項目是一件不容易的事，因此數量一般以四至七個最好。反應項目雖要求比問題項目多，但若超過十個項目，會增加學生閱讀的困難。

㈣作答的方法必須予以明確的規定和說明

配合題要有作答指導語，說明所欲評量的主要概念，以及如何作答，也要說明反應項目是否可以重複挑選，讓受試者知道要如何進行配對。

㈤同一組配合題要編排在同一頁上，以免造成作答的困擾

測驗編排時要避免跨欄或跨頁的現象，如此將會造成學生作答時需要不斷地翻頁，也常使得粗心的學生忽略了編排在另一頁的反應項目。

㈥問題項目與反應項目的序號不應相同

左邊的問題項目一般以數字標示，右邊的反應項目則以英文字母、注音符號或甲乙丙丁等標示，以避免造成學生混淆。

第三節　建構反應試題的命題原則

選擇式反應的測驗要求學生必須精熟零碎、片段的孤立知識，才能在考試中獲得高分，這種評量方式限制了學生發展溝通互動和社會參與能力的機會與經驗。建構反應試題包括封閉式建構反應（closed-constructed response）和開放式建構反應（open-constructed response）兩種題型，也通稱為非選擇題。其中開放式建構反應試題能讓學生透過對訊息分析、評估、綜合與組織的歷程，建構或創造知識的意義，也能有助於培養學生的論述能力（董秀蘭，2016），因而受到如大學入學考試等大型考試的重視。建構反應式題型若依據學生能自由發揮程度，可以分成三個層次，從有明確標準答案的簡答題（short answer questions），一直到可以長篇大論的申論題（essay test），或工程浩大的研究計畫。以下分別就這些題型的命題原則作一探討。

壹　填充題與簡答題的命題原則

　　填充題（completion）和簡答題（short answer）都是要求學生寫出具體的重要字詞、數字或符號等，以回答一個問題或完成一個敘述句。在這類題型中受試者雖然可以自由書寫，不受試題所提供選項的限制，但是仍然有客觀的標準答案。此外，因為作答方式的限制，所測得的應該屬於對知識的回憶（recall）能力，而非再認（recognition）的能力（李坤崇，2019）。填充題和簡答題具有以下的優點：題目比較容易編擬、可以減少學生的猜測、可用以評量數學的問題解決、評分的工作比論文題簡單、提供教師瞭解學生知道和不知道的學習內容。至於填充題和簡答題的缺點則有以下幾項：評分上比客觀測驗題來的難、書寫字跡和錯別字會影響計分的客觀性、所測量的能力僅是事實性的記憶（郭生玉，2016）。

一、題目的形式

　　填充題的基本命題格式是從一完整敘述句中，刻意省略重要字詞、片語或重要關鍵概念，再由學生填入，以完成原完整敘述，例如：1. 臺灣最早開發的工業是＿＿＿＿＿。2. 圓柱的側面為曲面，但是展開之後卻是一個＿＿＿＿＿形（歐滄和，2007）。

　　英文科的評量有一種題型稱為固定填空測驗（cloze test），又稱為克漏字，用來測量閱讀理解能力，為了評分的客觀，現在每個空格都提供若干選項由學生選擇，以增加測驗的信、效度（郭生玉，2016）。

　　簡答題是填充題的另一種形式，在問題的表示方法上，填充題通常是使用不完全的敘述句來命題，簡答題則是使用直接的問答句來命題，簡答題和填充題一樣，只適合評量知識與理解層次的學習結果。其題型如下：構成民族的要素有哪些？正三角形的任何一個內角為幾度？簡答題在乍看之下和問答題或申論題非常相似，但細讀內容之後就會發現題目有一定的標準答案，而不像問答題要回答完整的敘述句（歐滄和，2007）。

二、擬題原則

填充題與簡答題都是很容易命題的形式，其原因之一是兩者通常在測量比較簡單的學習結果，雖然如此，教師在命題時，仍要避免違反一些錯誤，以下是在擬題時所要注意的原則（郭生玉，2016；凃金堂，2009；歐滄和，2007；吳明隆，2021）：

㈠填充題單一題目中不可有太多的空格，以免學生無法把握題意

在同一題目中如果有太多的空格，很可能要填的是一些無關緊要的字詞，答題會變成猜謎遊戲。若命題者覺得要填的空格都是重要概念，不妨把題目改成簡答題。例如：出生後即具有（活動能力），並（哺育）其幼兒的（溫血）動物，被稱為（哺乳動物）。這個題目有四個空格，最好改成以下的題目：出生後即具有活動能力，並哺育其幼兒的溫血動物，被稱為（哺乳動物）。

㈡空格中要填的應該是重要的概念

填空題不是默寫，不應該要求學生背誦教材，所以空格中要填的應該是教材中的事實或術語，而不是句子的動詞或形容詞。

㈢題目中所留的空格長度要一致，並放在句子末尾

空格長度應以最長的答案為準，使每一空格保持一致，以免學生依據空格長度來猜測答案。空格放在末端可以使學生更容易把握題意，減少語文理解能力的影響。

㈣儘量使用直接問句，少用未完成語句

使用直接問句可以讓填充題的空格一律放在題目的尾端，這樣不只計分方便，也可以讓學生在看到空格之前就瞭解題意，減少閱讀上的困擾。例如：大洋洲哪一個國家的面積最大？　　　　　　。

㈤若答案為數字時，應該指明答案所用單位和精確度

答案若為數字，應清楚說明填入單位或準確程度，若未事先指明數量所用的單位或精確度，會出現好幾種都可以算對的答案來，徒然增加計分

上的困擾。例如：一個圓形生日蛋糕的周長是 40 公分，請問生日蛋糕的直徑是多長？＿＿＿＿＿＿這個題目在最後面加上「請算到小數第二位」這幾個字。

㈥題目避免直接抄襲上課教材

從課本上原文照抄的試題，只有利於擅長死記硬背的學生。命題者應該將教材重新組織或是換個角度敘述，題目敘述會比較完整，也才可以測到學生的理解能力。

㈦應該備有標準答案及明確的計分標準

填充題與簡答題雖然都屬於建構反應的題型，但計分上仍傾向於客觀計分，所以要事先準備標準答案；有時學生答案可能與標準答案不同但概念相類似，這時教師應該依據其專業判斷決定是否給分。

貳 論文題的命題

論文題（essay question）是最能評量到學生高層次認知能力的題型，主要包括問答題和申論題（extended response type）。問答題又稱為「限制反應的論文題」（restricted response essay questions），它不像簡答題那樣，只需要回答一個或幾個簡單的關鍵名詞，但也不像申論題那樣可以充分自由發揮，而是介於兩者之間。依論文題的問題性質可分為回憶（選擇式或評鑑式）、比較兩事件、因果、贊成或反對、分析、摘要、解釋、分類、提出例證、事實重組、討論、推論思考、應用舊規則於新情境等類型，數學的應用題即屬之。問答題適合用來評量理解、應用、分析層次的學習結果，在綜合、評鑑層次上則無多少價值，在最高兩個層次應以申論題評量更為合適。論文題具有以下的優點：命題比選擇題簡單、不受猜測答案的影響、鼓勵學生進行深層理解及閱讀、容易改成課堂上的口頭問答等。至於此類題型亦具有以下的限制：計分比較複雜及費時、評分結果主觀且不一致、題數少無法兼顧教學內容、評分容易受到寫作能力（筆跡、錯別字、文法）等因素的影響（李坤崇，2019；余民寧，2017；涂金堂，

2009；董秀蘭，2016；吳明隆，2021；謝名娟、程峻，2021）：

一、論文題的形式

　　問答題給予學生自由表達觀念的程度比較小，通常在反應的內容和形式作限制。內容的限制即在問題之內，明確說明或提出「問題情境」以限制學生的思考範圍及方向，也可以在問題之後加一段話，以限定「答案的形式或長度」。問答題的例題如下：1.試簡要說明成文法與不成文法之區別。2.《教師法》規定教師具有哪些權利與義務，試各列舉兩項說明之。

　　申論題又稱為「擴展反應形式」，可提供學生相當大的反應自由，學生可以自由選擇他認為有關的知識，組織符合他最佳判斷的答案，以及整合與評鑑他認為適當的觀念。這種自由使得此類題目不適合測量一些特定的學習成果，且造成評分的困擾。申論題的例題如下：1.何謂教育機會均等？教育政策上應如何規劃才能確保教育機會均等？2.試舉例說明人本心理學在教育上的應用價值。

　　論文題的施測方式還可以使用開卷考試（open-book examination）或是在家考試（take-home examination）的方式。開卷考試是允許學生在答題時可以參閱課本或筆記，至於在家考試除了上述開卷考試的優點之外，還可以減少考試時間壓力，這使得書寫速度慢與筆跡潦草的影響降到最低。然而它也引發另外一個公平性的問題，亦即該試卷可能是經由父母或他人的協助所完成的。

二、論文題的編寫原則

　　要編寫優質的論文題需要深思熟慮，教師也需要瞭解以下的編寫原則，才能編製好的試題，這些原則如下：

(一)較複雜或較高層次學習結果的評量，才需要使用論文題

　　論文題適用於較高認知歷程向度的學習結果，例如：分析、評鑑、創作，當其他題型已不能測得所想要測量的能力時才使用，尤其是著重在學生的批判、問題解決及創造思考能力的評量，更需要使用論文題。

㈡問題與所要測量的學習結果有關聯

論文題的作答，學生有較多的自由決定如何答題，若缺乏適當的設計，常造成無法根據學生的回答內容，評量是否達成學會學習結果。限制反應的問題具較高的結構性，較易測量具體的學習結果；而申論題的結構性較低，學生自由反應的程度較高，較不易測得學習結果。因此在呈現題目時，應同時說明評分標準，例如：何種情況會得到最高分、錯字是否扣分、是否顧及組織性與創造性等。

㈢明確敘述問題，使學生都清楚瞭解問題的要求

題目的用語要具體明確，讓學生能完整明白試題所敘述的內容。當學生能瞭解答題的方向及重點，可避免學生因錯誤的解讀導致答案偏離主題。

㈣標明每一題的作答時間，並給予學生充分作答時間

命題時若在試題說明中或在題號附近加上這些提醒，可以幫助每個學生控制時間，以及掌握答案應有的詳細程度，避免學生在某一題目上浪費太多時間，而影響分數的正確性。論文題因為題數少而作答時間長，教師需要給予學生有充分的時間作答，如果作答時間太短時，學生的書寫速度會成為影響分數的主要因素，那些得高分的通常是字寫得快又好的學生。

㈤以多題短答的限制反應題取代少題長答的申論題

為了能有效評定學習結果，盡可能採用多題短答的限制反應題取代少題長答的申論題，以避免內容範疇抽樣誤差，並且能提高測驗的效度。申論題因為需要長篇大論，在固定時段內不可能出太多題目，因而對於教材內容的代表與完整性稍嫌不足。

㈥儘量避免讓學生從考題中選題作答

不要讓學生使用「自選部分題作答」，以免影響分數評定的公平性與測驗結果的效度。如果學生知道可以挑題作答，學生將只會限制於閱讀教材的部分內容，而不會全面的準備或複習。

三、論文題的計分

論文題最受批評者為評分不夠客觀，為減少評分的主觀性，教師應遵守下列評分原則：

㈠編寫試題時應同時準備好參考答案及計分標準

雖然這類題目並沒有嚴格的「標準答案」，但也不像申論題那樣只有籠統、抽象的評分規準，命題者還是可以列出在答案中應該具有的要點，作為「參考答案」，並列出各要點應給的分數。依據此項評分要點加以評定分數，因有共同標準，評分較為客觀和一致。如果在編擬試題時就準備這項評分標準，對試題敘述的清楚將大有助益。

㈡評分要前後一致

評分者容易在評分前後不一致，剛開始嚴格，之後愈改愈鬆。在評分時如能隨時參照最初所評閱的試卷，則能維持前後的一致性，否則學生得分就需視他的試卷所出現的順序位置了。

㈢使用最適當的評分方法

論文題的評分方法有兩種：一是分析方法，又稱分數法（point method），二是整體方法，或等級法（rating method）。分析方法是依據評分標準內所列的各項答案給予適當的分數；等級法是閱讀所有試卷後，依品質優劣分成幾個等級，如果分成五等級，分數為 10 分，則最高等級給 10分，其餘類推。限制反應題的評分因答案內容有明確規定，故採用分數法較佳，申論題的評分則採用等級法較佳。

㈣避免無關因素影響評分的客觀性

論文題的評分容易受到寫作能力和作答技巧的影響，其他影響因素尚有字跡清晰、錯別字、標點、句子結構和試卷的清潔等。在評分時應力求以答案內容為主，避免筆跡、錯別字等其他因素影響評分的高低，否則就難以代表學習的成就。

㈤一次評閱一個試題

當評分者同時評閱幾個問題時，其評分易受前一個分數高低的影響，前面問題得高分，其他問題也趨向於給高分，反之亦然，這種現象稱為月暈效應（halo effect），為避免這種現象，最好的方式是一次評閱一個試題，待全部改完後再評閱另一試題。

㈥在同一段時間評閱完同一試題

不同時間評分往往容易導致評分的不一致，可能上午評閱與下午評閱的分數不一樣，也可能今天與明天的寬鬆有不一致。因此最好在同一段時間內評閱完同一試題的所有試卷，並且應該避免中途停頓或被打斷，當再度評閱試卷時，也要先翻閱先前評閱過的試卷若干份，以求評分標準的一致。

㈦採用匿名方式評分

教師對學生所形成的印象也是評閱論文題分數的一項偏差來源，即使學生的答案品質一樣，但是教師印象好的學生，教師給的分數通常高於印象差的學生。為避免這種偏差，評閱時最好採用匿名的方式進行，可以請學生只寫學號不寫姓名。

㈧由 2 位獨立評分以平均數表示得分

由 2 位評分者單獨評閱同一份試卷，分數將更為可靠。此種方式適用於重要的考試，如研究所入學考試、國家考試等，2 位評分員評分後，以平均數代表最後的分數，若差距太大時，由第三位評分者再評閱，以中數代表得分。

 ## 參 寫作題的命題原則

寫作能力包含三個成分：計畫、轉譯和回顧，其中計畫包括文章組織的發展，以及內容訊息的產出。轉譯是將意念轉換成文字，它需要依賴諸如書法、拼字、標點、文法等一些機械式技能來建構出完整的句子。回顧

則包括寫作過程及事後的偵查錯誤及修正錯誤。因為寫作能力是基礎的素養，所以高中、大學入學考試，以及國家考試都會透過寫作測驗瞭解學生的寫作素養（王德蕙、李奕璇、曾芬蘭、宋曜廷，2013）。寫作能力的評量最常見的形式是「作文」，作文的評量也可被歸屬於實作評量的範疇，因為具有動手操作的特質，但因寫作都比較偏向認知能力的評量，因此本書歸屬於建構反應試題形式。以下整理相關文獻，列出中小學常見的寫作題的形式、編寫及評分原則（王德蕙等，2013；李清筠，2019；曾佩芬，2017；余民寧，2017；歐滄和，2007）：

一、寫作題的形式

　　寫作題可以使用三類方法來進行：一是直接法，即利用考生的實際寫作樣本來判斷寫作能力的好壞；另一為間接法，即是利用客觀測驗，讓考生辨識何者是有效語句、句子結構和文章組織等是否適當地被運用。至於折衷派則是試圖調和兩者，設計出兩種方式都使用，相互補充的題型。以往高中的升學考試及大學學測的國文非選擇題幾乎以「命題作文」為主，後來逐漸調整成以文章解讀、文章分析、引導寫作三種題型來評量學生的寫作能力。

㈠單句寫作

　　單句寫作是很基礎的寫作技能，它主要是在評量學生對於詞彙、句型和語法的掌握。國小國語的造樣造句、完成語句；英文則包括擴展句子、單句改寫兩種，擴展句子例題如下：請把下面的句子寫完，但你寫的後半句必須要能和前半句有關聯，且不能互相矛盾。The driver and the passengers were lucky to alive, the car＿＿＿＿＿＿＿＿＿＿＿＿＿＿＿.

　　單句改寫的例題如下：請依照所給的字寫出一個完整的句子，但它的意思要和它上面的句子完全一樣。He doesn't like dogs as much as his wife does. His wife likes＿＿＿＿＿＿＿＿＿＿＿＿＿＿＿.

㈡文句重組

　　文句重組是一種客觀計分式的寫作測驗，它是把一個句子或一段文章

拆成幾個片段，弄亂次序，再要求學生重新排列。學生作答時要利用文法知識，運用連接詞來安排訊息的邏輯順序，使之行文自然流暢。

(三)文章解讀

文章解讀、文章分析或文章評論是三種不同的題型，曾是學測、指考的寫作評量方式。文章解讀的題型如下：閱讀下文後，請依據作者的引述與闡釋，說明當人發揮自己的天賦時，如何能產生「自由與踏實的感受」。文長約 100-150 字（約 5-7 行）。文章分析則是閱讀文言文課文的一段，再回答問題，例如：下引〈虬髯客傳〉「紅拂女夜奔李靖」一段文字，回答問題。答案請標明 (一)、(二) 書寫，文長約 250-300 字（約 12-14 行）。文章評論類似解讀，但是評論是「主觀的」，必須放入自己的個人看法。

(四)引導寫作

引導寫作（guided writing）又稱為控制的寫作（controlled writing），其主要方法包括限制內容、段落、體裁、長度等。目前評量寫作能力的方式以此種居多，且其類型又相當多元，以下分為幾項說明：

1.題意引導

即透過文字或圖表，闡釋題意、提供寫作方向、標示寫作要求，可能是全命題、半命題、或沒有題目。例如：在這樣的傳統習俗裡，我看見……。新形式的考題則從生活中的一些事物或現象出發，引導學生感受或思考生活中的事物或現象。以下的寫作方式類似於題意引導：(1) 續寫。題目如下：下列一段文字，是文章的開頭，請續寫完篇，成為一篇記敘文。老師說：「要想寫好作文，就得勤觀察。」我對老師的話半信半疑，心裡想：「不一定吧！」(2) 擴寫。題目如下：試將下列一則短文，擴寫為 300 字左右的一篇文章。陳捷和逸瓊在放學路上，遇上雷陣雨。周老師急忙把雨衣替她們披上。小璐看到周老師卻讓雨淋著，連忙招呼兩人合用雨傘。師生四人高高興興地回家去。(3) 濃縮。提供一篇長文，讓學生縮寫成一段或一則短文的一種命題方式。(4) 仿寫。這是提供一篇範文，讓學生運用自己所掌握的材料，寫成相似或有所創新之作的一種命題方式。

(5) 改寫。這是提供一篇文章，讓學生改變其形式或某些內容，以寫成與原作品關係密切而又互不相同的一種命題方式。

2.資訊判讀、統整與評論

寫作取材與其他學科銜接，藉由文字或圖表的閱讀，引導學生針對特定生活現象、學習情況、生涯規劃、公共議題等事項作分析與解決。例如：對年輕人與銀髮族互動相處模式的看法。看圖寫作亦可歸為此類，學測曾引用模擬李白〈靜夜思〉情境的漫畫作品來命題。

3.情境任務

設想學生學習或生活中可能出現的情境，指派相應任務，讓學生表達想法、發起活動，通常帶有解決問題能力面的檢核，例如：對榮譽考試制度的看法。

4.寓言故事式

此種題目是教師以學生熟悉且具有明顯特徵的事物來命題，題目中要求學生利用象徵、借喻及比擬等手法，寓意於事物之中。或者是要求學生編一則虛構的故事，來比喻某種常見的行為。例如：「蝴蝶」──請寫一篇約 500 字文章，以蝴蝶的生命演化歷程來比喻學習的過程。

5.語詞強迫結合式

此種題目是要求學生在其所寫文章中穿插數個指定的語詞，命題時所用的幾個語詞要屬性不一且毫無關聯，如此才能看出學生聯想力。而自訂題目是有其必要，若不要求學生自訂題目，並使文章與之呼應，則會形成學生硬湊數個短句，造成邏輯不通，整個題目淪為幾個造句罷了。例題如下：請將「臺灣、長頸鹿、空氣汙染、國文、端午節」五個不相關的語詞，合理地穿插到你的文章中，文章長度限 400 字以內，並且要自訂題目。

㈤命題作文

命題作文又稱自由寫作（free writing），長久以來，命題作文作為考察學生語文表達能力的唯一題型，擔負著甄別學生作文程度的重任。作文題目例如：論同情、豐收之前、愛國愛鄉愛人愛己、橋、論汙染、自由與

自律等，皆僅提供寥寥數字的題目，要求學生針對主題表達意見。這種評量方式最明顯的優點是命題簡單，但也因而出現各種劣質的題目，導致學生的文章離題、思維逐漸僵化的缺失。

二、寫作測驗題目的編寫原則

寫作教學的目的，不是培養作家，而是培養學生在生活中運用語文與人溝通的能力。寫作測驗最重要的評量標準，是看學生的表達是否清楚恰當，所謂恰當包括情感的真實、思考的清晰、解讀的正確、情境的符應。因此教師在評估學生寫作能力的發展狀況時，除依據學生的程度及語文基礎之外，也要遵循下列的原則：

㈠確實對應課綱

不同學習階段應具有的寫作能力，在《十二年國教國語文課程綱要》都有詳細敘述，教師需明瞭自己學生所應具有的寫作學習表現能力。以下以第四學習階段為例，說明學生的寫作學習表現：

6-IV-2　依據審題、立意、取材、組織、遣詞造句、修改潤飾，寫出結構完整、主旨明確、文辭優美的文章。

6-IV-3　靈活運用仿寫、改寫等技巧，增進寫作能力。

6-IV-4　依據需求書寫各類文本。

㈡好的作文題目應能符合以下四個標準

1.貼近生活，關注社會脈動

命題應從學生自身出發，結合學生實際生活，選取學生切身的題材，或放在他們未來應關心的事物上，使人人有話可說。

2.開放、多元，尊重學生特色

題材廣泛，限制合理，有較強的開放性。尊重學生經驗與個性，注重思維方式的考察，而非追求固定的結論和答案。

3.立基於觀察體驗，以抒發真實情感

充分考量學生的心理特徵，即站在學生的角度，而不是站在命題者的角度去命題。

4. 明確具體有新意

題目具體清晰，沒有故意設置的陷阱，能引導學生就題發揮，而不致「發散」，亦不能套用舊文。能藉由適當的引導，啟發學生的想像力。

(三)確認題目的公平性

命題取材以普遍經驗、重要課題為原則，命題者要留意學生生活經驗的差異性，例如：城鄉差距、社經地位、宗教、族群等。

(四)考量題目的可操作性

為讓學生能夠發揮寫作能力，設計寫作題目時要注意以下事項：1. 命題的限制不宜過大，讓學生有自由發揮的空間；2. 寫作任務不可太複雜，考量學生實際可書寫的時間；3. 素材可跨領域，但不涉及其他領域的先備知識；4. 素材閱讀量不宜太大、太難、太長的篇章（400 字為上限），需自行改寫。

(五)題意引導類的問題意思要清楚、寫作任務要明確

題意引導類的說明或寫作提示要文字簡潔，清楚闡釋題意，而且能啟發思路、指引學生寫作的方向。

三、寫作題的評分

寫作題的評分除可參照論文題的評分原則外，尚可因測驗目的及用途之不同，而分成兩大類：

(一)整體式評分

教師將寫作能力的評量視為總結性評量，以整體式評分（holistic scoring）將考生的寫作能力由劣至優區分為一至六級分，或是打分數定高低。在一般升學考試或是學校段考的作文測驗，其目的多半在評定學生的寫作成就。

(二)發展一套評分規準

寫作能力的成就評量除了運用整體性評分之外，教師還必須針對立

意取材、結構組織、遣詞造句，以及「錯別字、格式與標點符號」等四向度，提供更多清晰、明確的建議陳述或評語，這樣才能協助學生真正改善其寫作能力。也就是評分者要發展一套評分規準（scoring rubrics），詳細列出寫作能力表現的特徵及品質等第的描述等項目。接著練習使用評分規準，並根據評分規準定義每個級分所應表現之特點，逐一去評定學生的作文表現。教師將寫作評量視為形成性評量，在平常的寫作教學時，選擇幾篇作文以評分規準方式批閱，進而協助學生改善自己的寫作技巧。

在大型的升學考試方面，寫作測驗需要有良好的信效度，寫作測驗的評分者其信度估計方法，通常包含評分一致性、評分者間相關，以及類推性理論等三種方法。以評分一致性為例，評分者在評分前必須經過訓練，除給予機會熟悉評分規準之外，亦應瞭解該測驗欲評量的能力特質為何，以促進評分者間的一致性，當評分完全一致的比率若高於 70%，評分結果才屬可靠。至於影響測驗的內容效度，包含作品的真實性（authenticity）、引導說明的使用、工具與資源的運用等。作品的真實性意指測驗內容不應脫離學生日常生活經驗，引導說明則應針對其所提供的訊息量事先預試，工具與資源（例如：桌子的大小、答案紙的面積、指導語、時間限定等）應具公平性。為確保評分者間能夠達到較為一致的結果，在評分流程中需如同論文題一樣加入複閱的機制。

自我評量 ....

一、選擇題

(　　) 1. 配合題的命題原則，下列何者錯誤？　(A) 前提與反應欄位的數目應相等　(B) 前提所列題目應具同質性　(C) 以邏輯順序安排反應的先後次序　(D) 同一個配合題，所有題項放在同一頁

(　　) 2. 「蝸牛是植物，也是生物」，上述是非題「較不符合」哪項命題原則？　(A) 題目敘述宜明確　(B) 宜避免使用雙重否定　(C) 宜避免使用限定詞　(D) 宜避免含兩種概念

(　　) 3. 關於客觀式測驗題型的功能，下列敘述何者為非？　(A) 選擇題比是非題有較佳的信度　(B) 增多題數可減低是非題易於猜測的缺失　(C) 選擇題比是非題更容易受到反應心向的影響　(D) 配合題有利於在短時間內測出大量相關聯的事實資料

(　　) 4. 以申論題進行學習評量時，下列何者不利於提高其測驗計分的信度？　(A) 閱卷時事先遮住答案卷上的姓名　(B) 使用一個先前已預定好的評分標準　(C) 閱完一位學生所有申論題的答案後，再閱下一位學生的試卷　(D) 發回卷子前，再看一遍所有試卷，並將有矛盾者抽出複閱計分

(　　) 5. 下列何者最能提升選擇題選項的誘答力？　(A) 誘答選項的措詞要簡單　(B) 正確選項的字數要較多　(C) 各選項的內容儘量不一樣　(D) 使用學生常有的錯誤觀念

(　　) 6. 四位老師在編製考卷前，針對選擇題命題原則進行討論。請問，下列哪位老師的看法有誤？　(A) 趙老師：各題目的選項數目要有變化，不要一成不變　(B) 錢老師：題幹敘述要力求完整，不要有語氣未完的感覺　(C) 孫老師：選項中若有共同的文字，宜把它們移到題幹中　(D) 李老師：儘量避免有「以上皆是」或「以上皆非」的選項

(　　) 7. 教師在編輯試卷時，試題排列宜採下列何種方式？　(A) 由易至難　(B) 由難至易　(C) 難易穿插　(D) 隨機排列

(　　) 8. 下列何者最符合論文題型的命題或評分原則？　(A) 同一試題分別在

不同時段進行評閱　(B) 命題最好以多題短答取代少題長答　(C) 多提供試題，讓學生有選擇答題的自由　(D) 教師應知道批改對象，以更瞭解其回答內容

(　) 9. 下表為國文老師在發展段考試題時的雙向細目表，哪一項關於此評量的敘述較適切？　(A) 題型為選擇題　(B) 評量的時間為一節課　(C) 著重高層次認知能力　(D) 各「教材內容」的題數分配不均

認知層次 教材內容	記憶	瞭解	應用	分析	評鑑	創作	合計
詞義	2			3	4		9
段義	1	1	2		2	2	8
篇章義		1	1	4	3		9
成語使用		1		3		4	8
短句寫作			3		2	3	8

(　) 10. 健康國中的社會領域評量，趙老師對七年一班採用選擇題的紙筆測驗，唐老師則對七年四班採用專題報告評量。下列對於兩位老師評量方式的描述，何者較為適切？　(A) 趙老師的評量方式較適合程度高的同學　(B) 唐老師的評量方式較適合程度低的同學　(C) 唐老師的評量方式較容易出現評分的不一致　(D) 趙老師的評量方式較能評估學生的批判思考能力

(　) 11. 編製選擇題時，良好的誘答選項不具有下列哪一種特性？　(A) 選項內容具有高度似真性　(B) 敘述語法合乎題意的邏輯　(C) 選項能有效反映學生的迷思概念　(D) 高分組學生的選答率高於低分組

(　) 12. 下列有關問答題特性的敘述，何者正確？　(A) 誘答設計費心費力　(B) 命題準備較選擇題費力　(C) 沒有學生猜測作答的疑慮　(D) 作答不受學生語文能力的影響

(　) 13. 填空題的編製原則之一是：「若同一題內有超過一個以上的待填空格，則待填空格之長度、大小應一致。」其理由為下列何者？　(A) 降低教師閱卷的困難　(B) 增加考卷編排的便利性　(C) 增加學生閱讀時的流暢度　(D) 避免暗示正確答案的線索

（　）14. 李老師自編一份成就測驗時，為提高測驗的效度，需注意下列哪些事項？甲、命題後請同領域教師審題；乙、測驗題數愈多，效度自然提高；丙、進行預試，刪除鑑別度過高的題目；丁、依據事先訂定的雙向細目表進行檢核　(A) 甲丙　(B) 甲丁　(C) 乙丙　(D) 乙丁

（　）15. 相較於標準化成就測驗，下列何種情形最適合採用教師自編成就測驗？　(A) 必須大量、快速批改與計分時　(B) 所需的測驗必須具備高信度時　(C) 測驗內容要符合課堂教學目標時　(D) 測驗範圍廣泛且測驗題數偏多時

（　）16. 學校的學習評量應該優先重視下列哪一個評量概念？　(A) 內容效度　(B) 預測效度　(C) 同時效度　(D) 內在效度

（　）17. 教師自編成就測驗時，需最先考慮的是？　(A) 確定行為目標　(B) 尋找可用資源　(C) 先前教學形式　(D) 把握命題原則

（　）18. 教師命題時，若有教材內容相關聯性很高，在同一題目中要測量多個相關聯的概念，下列哪一種題型最為合適？　(A) 選擇題　(B) 填充題　(C) 是非題　(D) 配合題

參考答案

1.(A)　2.(D)　3.(C)　4.(C)　5.(D)　6.(A)　7.(A)　8.(B)　9.(C)　10.(C)
11.(D)　12.(D)　13.(D)　14.(B)　15.(C)　16.(A)　17.(A)　18.(D)

二、問答題

1.根據選擇題的命題原則，指出下列試題有待改善之處。（至少三項）

試題：近來由於網路普遍，青少年流連網路世界。一份調查報告指出，青少年平均每天花二個小時以上時間上網。而且許多青少年表示大多利用深夜上網，很晚睡，第一堂課不是起不來，就是打瞌睡，學習效率大打折扣。此係因下列何種原因所引發的問題：(a) 精神官能症、(b) 延遲睡眠症候群、(c) 阿茲海默症、(d) 憂鬱症。

2.教師在編擬選擇題時應注意哪些命題原則，請說出五項。

3.某國中的自然段考試卷中，有 45 題單選題（每題 2 分），4 題問答題（可任

選 2 題作答,每題 5 分),測驗時間為 45 分鐘。其中一道問答題為:「單細胞生物是什麼?」該題目主要根據「能比較單細胞生物與多細胞生物的細胞之異同」此一學習目標而命題。根據以上敘述,該試卷在測驗編製原則上之不合理處,應如何改善?(至少寫出五項)

4. 在大型考試中,評估考生寫作能力的方式包括間接評量與直接評量兩種。間接評量通常會採用選擇題,例如:要求考生選出正確的文法、較佳的修辭,或者挑出錯誤的用法等;而直接評量會要求考生當場寫出一、兩篇作文。試從評量的信度與效度兩個層面,說明上述直接、間接兩種寫作能力評量方式的優缺點及其理由。

5. 請以某一學習領域或學科為範圍,設計用來評量「理解」與「應用」兩個認知層次的試題各一題,並說明其理由。

6. 王老師第一次負責這學期五年級國語科第一次段考的命題工作,請問他要怎麼做才能提高該測驗的效度?請說出三項。

7. 教師在實施教學評量時應注意哪些原則,以確保評量的品質?請針對 (1) 評量工具與方法的設計與選用和 (2) 評量結果的運用兩方面,各提出至少兩項應注意的原則,並說明之。

第六章

多元評量

多元評量（multiple assessments）自 1990 年代之教育改革運動以來，引發各種理論與方法的討論。實務界中的多元評量亦呈現出多樣化的面貌，評量策略有更多的選擇空間，如現場老師常運用的學習單、檢核表、闖關評量、專題報告等。是不是以這種取代那種？或是以「好多種」取代一種，便已達成多元評量所要傳達的開放意義呢？這是值得我們省思的（林怡呈、吳毓瑩，2008）。依據《國民小學及國民中學學生成績評量準則》（2019）第 5 條：「國民中小學學生成績評量……，採取下列適當之多元評量方式：一、紙筆測驗及表單……；二、實作評量……；三、檔案評量……。」依據筆者的觀察，目前國小的評量大多能朝多元評量的方式進行，但是國中因存在著會考，教室內的評量仍然以紙筆測驗為主，只有非考試的學科或領域會採用多元評量的方式。高中階段也是以紙筆測驗為主，但實作評量的比重會有提升。國中小階段要能由傳統紙筆測驗走向多元評量，確實需要花費相當大的力氣，家長重視分數的觀念不改變，教師的評量方式就會受限制。教師如果能夠瞭解多元評量的實施技巧，並試著在形成性評量中使用，如此對提高學生學習的動機與興趣將有所助益。本章首先介紹多元評量的基本理念，其次闡述多元評量的作法，最後探討多元評量如何應用在差異化教學。

第一節　多元評量的基本理念

傳統評量以紙筆測驗為主，這種評量方式有諸多的限制，例如：教師多半傾向使用具有標準答案、計分方便且具公平客觀的測驗方式進行評量，學生必須根據書本或教師所教的答案去回答試題，作答容易僵化。紙筆測驗通常僅能評量到較低層次的認知能力目標（記憶、理解），對於較高層次的認知能力目標（如分析、綜合、應用、評鑑）則比較無法評量。另一限制是過分重視考試和分數，因而被批評為考試領導教學，且會對學生的個性和創造力造成壓抑。因為傳統重視考試的評量已不適合當前的教育環境，因而導致多元評量的興起。

學習評量問題的檢討

　　目前中小學教育由於升學競爭而導致教學未能正常化，尤其是在學習評量方面產生許多的流弊，這些問題值得大家關心、省思和切實的檢討。舉其要者，包括下列各項（簡茂發，1999；姚友雅、黃蕙欣，2013）：

一、偏重智育或學科知識的評量

　　學校的評量過度重視智育方面學科記憶知識的考核，忽略高層次的問題解決和創意。命題方面偏重學習結果，而忽略學習過程的瞭解。

二、考試次數太多

　　考試如上戰場，學生雖身經百戰，想要在大考時求得勝利，但是沒信心、沒把握克敵制勝。在個人方面，課業負擔重，心理壓力大，害怕考試，造成考試焦慮症候群。在人際關係方面，因惡性競爭而對立，存有敵意，猜忌懷疑，彼此疏遠，不能相互尊重與合作。

三、評量方式侷限於筆試

　　中小學常用坊間印行的測驗卷進行評量，筆試內容又常以選擇題為主，而且次數過於頻繁，學生淪為考試的機器，失去學習的意義與興趣。

四、無法充分瞭解考試分數的意義

　　教師無法充分瞭解考試分數的意義及其所隱藏的訊息，以致未能發揮評量的診斷功能，導致人人競逐高分，考試淪為競賽的工具，學生成為考試的機器，結果失敗挫折者居多，考試的負面效應層出不窮，如作弊、抗拒學習等。

五、評量與生活脫節

　　教室內的評量通常為虛假評量（spurious assessments），即使用虛假的測驗題材，並不重視題材的生活化和應用化，只注重表面記憶的習得，

忽略內在深層智能與品格的發展。

六、學生變成被動的學習評量者

以分數結果評量學生的學習成效,但分數無法具體呈現學生真正的學習狀態。僅重視分數與排名的情形之下,使學生未能養成自我評量的習慣,未能對自己的學習負責。

 ## 多元評量的意義與特質

學習評量的新趨勢主張多元評量,強調評量要與實際生活相結合,教師要以多樣化的評量方式來評量學生多方面的表現。所謂多元評量即是評量的多元化,其特色為重視高層次能力的評量、強調使用真實的問題、使用多向度分數、重視歷程勝於結果等(Woolfolk, 2013)。

一、多元評量的意義

多元評量不是一種評量的方式,而是在評量學生學習表現時,要使用兩種或兩種以上的適切方式。郭生玉(2002)認為多元評量的意義是利用不同型態的評量方式,來解決學生學習困難的地方,使學生在各方面的能力都可健全發展,以達到最大的教學效益,且實施多元評量並不是教師教學的最終目的,它是教學活動的方法之一,為的是要達成教師的教學目標。這樣的定義不是只有著眼於評量方法的多樣性,同時也要能評量出學生的多元能力。

多元評量的發展受到「多元智慧理論」(multiple intelligence theory)的影響,迦納(Gardner, 1983)認為人類的智慧包含以下八種:1. 語文智能;2. 邏輯—數學智能;3. 音樂智能;4. 空間智能;5. 肢體—動覺智能;6. 人際智能;7. 內省智能;8. 自然觀察者智能。傳統的評量只注重分數與等第之別,且偏重語文智能與邏輯—數學智能的部分,但迦納認為,每個學生都具有不同的優勢智能,只偏重少數幾項智能的傳統學習評量方式,對於擁有其他優勢智能的學生並不公平。因此提倡教師應認真地考量每個

人的個別差異，在面對不同的學生，教師應該運用更多元化的評量方法，利用更多元的管道來幫助學生發展各項的能力。多元智慧理論的精神不在於探究人類究竟有多少種智能，而是在提醒教育者應該提供更多元的方式與管道，讓具有不同智能的學生都可以有機會施展長才（郎亞琴、劉柏坤，2012）。

二、多元評量的特質

依據李坤崇（2006）的看法，教師在實施多元化的評量時，必須要能掌握以下特質：

㈠專業多元

多元評量的專業素養，不僅應具學科專業素養與掌握教學目標，更應包括教學專業素養、評量專業素養。

㈡內涵多元

教師實施學習評量時，評量內涵除考慮認知、情意、技能外，尚須兼顧學生的學習歷程、生活世界與社會行為。

㈢過程多元

評量過程應顧及安置性評量、形成性評量、診斷性評量、總結性評量。評量不僅是預測學生未來、評定學習成果，更要協助學生在教學歷程獲得最好的學習。

㈣方式多元

評量不限單一客觀的紙筆測驗，應依學習領域內容及活動性質，兼採口試、表演、實作、作業、報告等方式，顯現評量方式多元化、彈性化。

㈤人員多元

參與學習評量人員應可包括教師、學生同儕、自己、家長等，參酌學生自評、同儕互評。除評量人員多元化外，也要顧及互動化原則，教師與家長、學生充分溝通討論評量的方式。

㈥結果呈現多元

教師呈現評量結果宜多元化、適時化、全人化。多數教師呈現評量結果時，僅呈現團體相對位置的常模參照分數或呈現及格與否的標準參照分數，而忽略自我比較的努力分數，也未適時提供學習進步或惡化狀況，致學生頻遭挫折或喪失立即補救時機。

第二節　多元評量的實施方式

美國教育學者瓦欽斯（R. K. Watkins）曾將學校中通常所採用的成績評量措施，歸納為下列九種方法：1. 教師的評判（teacher's judgement）；2. 口頭背誦（oral recitation）；3. 論文考試（essay examination）；4. 標準化客觀測驗（standardized objective test）；5. 教師自編客觀測驗（informal teacher-made objective test）；6. 學生作品的評定（the rating of sampling of products of pupils' work）；7. 操作的評分（performance rating）；8. 非正式記述的評量（informal descriptive evaluation）；9. 機械記錄（mechanical recording）（引自簡茂發，1999）。李坤崇（2006）認為若要將多元評量落實於操作面，可以使用的方式有下列幾種類型：1. 紙筆測驗；2. 實作評量；3. 軼事紀錄；4. 口語評量；5. 檔案評量；6. 遊戲評量；7. 動態評量；8. 其他，例如：參觀報告、鑑賞、技能檢核表、態度評量表、教室觀察紀錄等。提倡多元智慧理論的學者，則提出多元評量的策略，說明為達到認知、情意、技能等目標的評量方式如下：1. 口頭發表；2. 角色扮演；3. 實驗操作；4. 檔案紀錄；5. 攝影拍照；6. 活動學習單；7. 過關遊戲；8. 參觀報告；9. 剪貼心得；10. 紙筆測驗（李平譯，2003；郭俊賢、陳淑惠譯，2000）。實作評量、檔案評量、動態評量、情意評量等新式的評量方法，本書有專章來探討，以下提出幾種適合中小學的評量方式：

壹 學習單

教室裡經常看見教師使用學習單作為作業及評量的工具，統一制式的習作通常不能滿足所有教師的需求，因為不能符合不同地區學生的差異。因此教師針對特殊教學情境、特別需要強調的學科重點、學生的學習情況所設計的學習單（worksheet），更能夠貼近教師教學的需要。學習單的角色定位相當廣泛，它可以是作業的一種，也可以是教學活動的一部分，也可以是教材的補充、教學過程的指引，亦可以是多元評量的一種形式，代表學生在課中、課後學習歷程的記錄（葛康馨，2008）。以下分別就學習單的定義與功能、設計原則說明之（何宜康，2006；葛康馨，2008；張民杰、林昱丞，2017；鄭圓鈴，2013）：

一、學習單的定義與功能

「學習單」為教師在教學活動時所設計的一種活動設計單，此種活動設計兼具教學活動架構與評量的功能。教師要配合教學目標、課程內容，設計問題、表格、圖像，以引導學生即時進行學習內容的記錄、練習、思辨、操作等活動，達到強化學習的效果。

至於學習單在教學上所發揮的功能，則有以下幾項：1. 可以讓教學與學生經驗、社會脈動互相結合；2. 學習單的引導學習可補充課程知識的不足；3. 促進學生參與感和親師生互動；4. 更多元適性地評量學生學習狀況；5. 有助於培養自主學習能力；6. 激發學生的學習興趣；7. 掌握學生平時學習狀況；8. 幫助學生掌握學習內容。

二、學習單的設計原則

教育現場有些教師認為學習單已經氾濫成災，導致學生填寫的意願不高。之所以如此是因為認知型的學習單太多，嚴重侵犯到習作和紙筆測驗的領域。因此教師在設計學習單時，要以引導學生進行自主學習歷程為優先考量，至少應該跳脫現行的窠臼，不把學習單當作紙筆測驗，而是要引導學生完成學習目標，進而學習到整體的補充概念。以下為設計學習單的

一些原則：

(一)以學生學習為中心

學習單的版面設計、指導語的說明、問題的設計等，均需以學生為中心來考量。

(二)以教學目標為依歸

教師需認清學習單的功能，勿將其等同於習作或測驗卷，且必須明確掌握教學目標，因此應儘量避免知識及記憶等低層次的內容，而著重實作評量或高層次的認知學習。

(三)配合教學內容與歷程

多設計探索性和活動性的學習單，也可採開放性的問答，或是要求分析、統整、比較，提升學生的思維能力。

(四)學習順序要分明

學習單肩負著自學引導的角色，故在設計時更應注重學習順序的編排，核心學習內容應由簡而繁、由淺入深，聚焦關鍵部分，凸顯其重要性。

(五)學習指令要清楚

對於如何完成學習單中的內容，必須要有適切的提示說明，例如：活動流程解說、如何配合課程進度、清晰的成果目標等，語意要簡單明瞭。

(六)注重趣味化及生活化

學習單除了有用之外，也要有吸引力，讓學生產生興趣，因此學習單內容要能夠活潑、生動、有趣、多元化。國小階段的學習單，最好能強調遊戲、趣味化的功能。

(七)形式多樣化

除了由學生個別完成外，也可以設計由同儕合作或親子共同完成的學習單，兼重團體學習與個別學習。學習單的活動，也可以包括不同技能的訓練，例如：觀察、寫作、資訊運用、資料分析、訪談、紀錄、繪圖、讀

圖、統計、設計、推理、判斷等，使學生有新鮮感和挑戰性。

㈧事先規劃批改方式

教師在設計學習單之前最好有完善的批改方式規劃，不要造成教師太多的負擔。

貳　遊戲化評量

隨著課程改革的落實，國中小紛紛辦理過關評量、分站評量、填空高手等，因其較傳統評量更具遊戲化，因此有些教師稱之為「遊戲化評量」，李坤崇（2019）則稱之為「系列實作評量」。教師若能設計遊戲化評量，不僅能激發學生參與興趣，更能讓學生在遊戲中成長。

一、實施原則

遊戲化評量適用對象從幼兒到大學生皆可，但是幼兒園及國小階段應用較多。這類評量最常用的形式為通關後蓋章，蒐集四至五張可以兌獎或參加摸彩，對學生而言可以身歷其境，又有增強物可拿，因此廣受學生喜愛。為發揮評量的功能，在實施過關評量或闖關活動時需注意下列原則：

㈠遊戲不可與教學目標脫節

若活動與教學目標脫節，將只是純粹遊戲，無法發揮學習評量功能，因此在設計活動時應指出與教學目標、評量的關係。

㈡以安全為最重要原則

遊戲時容易出現因活動場地、器材設備、同學玩耍、活動本身而產生危險狀況，教師應以活動的安全為最重要原則。

㈢擬定完整的實施計畫

教師實施遊戲評量時，應擬定完整的實施計畫，評量方法、成績計算方式、工作分配、活動位置圖、經費等項目務必詳列，待校長核定後方可實施。

㈣辦理行前講習或事前模擬遊戲

這類活動必須仰賴其他教師、家長或小組長的協助，因此事前的講習相當重要，除發給協助者活動說明單外，最好能輔以口頭說明。為求周詳，教師及協助者宜事前模擬遊戲活動的過程，瞭解可能的問題或危險性。

二、遊戲化評量實例

以下分別列舉幼兒園和國小實施遊戲化評量的實例，來說明實施方式。

㈠幼幼客語闖通關

此評量目的聚焦在幼兒客語的聽、說能力，參與者為滿 4 足歲的幼兒，共設有五個關卡，每一個關卡的闖關時間約 2-3 分鐘，完成五關約需 10-15 分鐘。每個情境關卡均有 2 名成人，1 人為施測員，1 人為計分員。施測員用各關的遊具跟幼兒玩遊戲，每一關卡的桌子上都會提供一個提示板，即計分卡，供施測員參考，每一個關卡亦有一張計分卡，作為計分使用，一位幼兒使用一張計分卡。每一個關卡的遊具不同，為確保幼兒能正確操作，每一個關卡一開始都會有示範題，施測員示範或引導幼兒正確操作一次，此題不計分。幼兒必須依序從第一關到第五關進行闖關，闖完五關才算完成闖關程序。茲以第二關為例，說明其評量方式。第二關的主題是天氣變化及生病，主要是認識天氣、因應天氣要帶／穿什麼，以及幼兒常見的看醫生情境。施測方式是轉扭蛋機，有聽力、口說兩臺扭蛋機，幼兒轉出扭蛋以後，再依照施測員的提示指出正確圖片，以及回答圖卡內容。聽力扭蛋機裡有四套題目，口說扭蛋機裡有兩套題目，施測員依據幼兒轉出的扭蛋紙條內容來提問（謝妃涵，2022）。

㈡國小多元文化闖關活動

臺東縣康樂國民小學實施多元文化闖關活動，全校共設計二十二關，以十二年國教相關議題為教學目標，讓學生在 2 小時內自由到各關卡闖關，達成標準的學生贈送獎勵卡。以下以性別平等教育及安全教育為例，

說明闖關活動之實施方式（康樂國小，2021）：

1. 性別平等教育

站名為「打擊性別刻板印象」，活動為抽籤進行性別刻板印象辯證，念出抽到的刻板印象，說出我不同意，並說出原因。幼兒至三年級主要依提示說出或念出，四至六年級以提出或說出自己的想法為主。

2. 安全教育

站名為「安全——行、不行？」活動方式如下：依年段抽出不同張數的圖卡，高年級 30 張、中年級 16 張、低年級 10 張，再從配對的圖卡中找出不安全的行為並說出正確的行為，高、中、低年級分別說出八個、五個、兩個。接著再抽取題目，依內容說明且示範正確的安全行為。

 ## 參 同儕互評

同儕互評（peer assessment）是指群體中相同年齡、地位、或能力的人，對於某些表現或特質，透過有效的途徑，蒐集不同來源的資料，彼此相互進行數字、語言、或文字上的描述與詮釋。將此概念應用到教室中，同儕互評即為在同一個班級內，學生對彼此的學習成果或行為給予評分，以及改進建議的評量方式。關於同儕互評之概念來源可追溯至皮亞傑（Piaget），他認為互評與觀察是主動學習的一種途徑，另外維果斯基（Vygotsky）的社會建構論認為，同儕之間的言談可相互支持比較而建構知識（許雅涵、吳毓瑩，2004）。

一、同儕互評的方式

同儕互評讓有相同學習背景的同儕，針對彼此的作品／作業，以貼近彼此的語言進行相互評量，藉由同儕互評，學習者在評量同儕的作品時，同時也反思自身的作業，此舉不但可以達到合作學習之效果，也可藉由學習者認知基模之衝突、失調，達到高層次思考的能力。以下為實施同儕互評的方式（張家慧、蔡銘修，2018；于富雲、鄭守杰，2003；王素幸，2009）：

㈠事前告知評分標準

教師應於作業進行前告知評分標準，並於課堂上與學習者討論此評分標準。藉由課堂上的討論，可讓學習者瞭解每個評分向度，如此學習者在構思作品時，可依此評分標準去建構自己的作品，也可依此標準去檢視同儕的作品。事前告知評分標準，有助於引導學習者監控自我學習的歷程。至於評量標準之設定以往多由教師提供，近年來更有學者強調標準可經由自我定義、同儕定義或師生協商合作獲得，好讓學生熟知標準意義。根據社會建構理論，讓學生參與標準的協商與建構，學生應較能清楚明瞭標準的意義，以掌握整個互評過程。而在明確的標準參照下，學生也應較能依照標準給予同儕有效的回饋，進而可能對後設認知策略之運用有不同程度的影響。

㈡以口頭或書面方式進行互評

同儕互評較常應用在口頭發表、作品欣賞、檔案評量等方面，教師發給同儕互評表，上面寫上評分標準，即以口頭或書面的方式進行同儕互評。這種方式將使得同儕之間容易得知評量者或被評量者身分，因而淪於同儕間競爭或排擠的情感效應，也因此使得評量的公平性受到質疑，而教師在使用的意願也往往受到影響。為考量評分的公平性及人際關係的和諧，實施同儕互評時應採匿名評量，或由教師對於評分者加以保密。

㈢互評、教師評分的比重分配

同儕作品互評中，學習者的分數是由互評、教師評分所構成，有些教師會加上自評的分數，這時教師需權衡三者的比重分配。初期實施同儕作業互評，學習者對於運作機制及評分標準尚未完全掌握前，建議教師評分的比重可多占一些。

㈣提供適當的回饋機制

教師除了提供明確的評分標準，讓受評者可看到量化的分數回饋外，教師及評量者可提供質性的評語，一方面可增加學習者的學習動機，另方面可訓練評量者的溝通表達能力。

(五)建立網路同儕互評系統

為解決傳統同儕互評的缺失，可由教師或研究者利用電腦應用軟體而設計出一套互評系統，以使學習者能透過網路進行同儕互評的活動。透過網路來執行評量同儕的工作，除可免去面對面評量，亦可保證匿名並促進評量的意願，而且在互評時間的應用上會更具彈性。最容易實施的方式就是全班組成 LINE 的群組，在平臺上傳作品／作業，同儕評分後回傳給教師，教師經由整理之後再公告。

二、同儕互評的優缺點

學者彙整同儕互評之相關研究，認為同儕互評的主要優點包括以下幾項（鄭守杰，2003；于富雲、鄭守杰，2004）：

(一)促進高層次思考的運作

在評論他人作品時，先要仔細觀摩別人的作品，而批判他人作品之優缺點或比較評分、等第就是進行批判思考（critical thinking）。而在下一輪修改作業時，即在進行自我調整學習（self-regulated learning）。不論是批判思考，抑或自我調整，皆屬高層次思考能力的運作。

(二)增加學習動機

因為評審作業的人包含老師以外的其他同儕，多數學生在有同儕審視與社會評價的額外心理壓力下，常會花較多的心力與時間在成品的完成與修正上，進而對學習動機有所影響。

(三)鼓勵主動學習

同儕互評的學習歷程中，學生要擔任的角色除了學習者之外，還要兼任評審者，雖然工作較多、責任較重，然賦予的權利也較多，此賦權（empowerment）歷程實有利主動學習的進行。

然而，同儕互評在教學運用上可能遇及的問題及相伴隨而來的限制也不少。例如：學習焦慮較高、評量分數或等第未能反應學習成果、評審專

業知識不足因而缺乏建設性的評語等（鄭守杰，2003；于富雲、鄭守杰，2004）。

 ## 肆 自我評量

在第一章中提到三種評量的類型，其中「評量即學習」這個取向中，學生本身不僅對評量和學習歷程有貢獻，而且被視為是重要環結，讓學生主動參與評量，使學生檢視自己所學，並使用這些回饋來調整、適應，甚至改變自己的學習。讓學生自己成為最佳的評量者，是「評量即學習」的終極目標，這也是個人化評量典範的核心主張，此時自我評量是這個取向的核心（江文慈，2007）。成績紀錄在這個取向中是個人事務，學生和教師一起決定什麼是學習的重要證據，學生定期反省他們的工作，並判斷如何做得更好，那麼與別人比較就沒那麼重要了，重要的參照點是學生先前的工作和抱負，以及持續的學習目標（江文慈，2004；賴美言、詹喬雯譯，2011）。以下分別就自我評量的意義、實施與優缺點說明之（江文慈，2004；賴美言、詹喬雯譯，2011）：

(一)自我評量意義

自我評量（self-assessment）是提供學生自我評估的機會，或對他們的學習過程和學習成果，依據他們與教師共同制定的規準（criteria）加以評判。學生在學習時，大部分的學生已經在對他們的工作進行非正式的評估和給予自己回饋，例如：當學生在繳交作業之前會事先校對，試著去更改錯誤之處。雖然在學習過程中，自我評量並未被視為一項技能而實施教學，但是教師仍可經由對學生的鼓勵和賦權，使學生能更有效率地對自己進行評量。自我評量包含雙重角色，一是對學習結果的評量，一是對學習過程的評量，可以促使學生評判自己的能力和表現，也可使學生成為自我調整的學習者（self-regulated learners）。

(二)實施方式

自我評量是一種適合各種教學目標的評量方式，經過審慎評估之後，

可以發現這是用來改善、提升學生學習狀況的良好方式，但是教師卻很少使用這種評量方式，就算使用也不會列入平時成績之中。為改善這種現象，在學習歷程檔案即採用自我學習評量的優點，由教師設計問題引導學生進行反思，例如：我為什麼選擇這件作品，其理由為何？而情意評量之中經常會用到「自我檢核表」，由學生自行勾選自己在教學活動的表現情形。事實上，教師可以應用自我評量的機會是相當多的，當學生寫完作業、學習單、平時考時，教師可以一邊訂正，一邊由學生自行評量，再由教師收回核對。也可使用同儕互評的方式，學生相互核對答案的對錯。經由這樣的歷程，學生可以瞭解自己錯在哪裡，對其學習會有正面的幫助。

(三)優缺點

贊同自我評量者認為，讓學生自己評分是不錯的想法，若學生能誠實地檢討，能夠讓他們更瞭解自己的問題和所擅長與不足的地方。但反對者認為，每位學生對自己的要求與標準不同，難以公平判斷，加上學生會顧及自己的成績，當然會為自己打高的分數。強調自我評量的原本用意，是在促使學生做自我探索、自我反省，並且將評量視為教學的一環，不是在強調分數的競爭。因此對於缺乏公平性、客觀性的批評，學校還有定期評量及教師評量可以評定學生的學習成果。

 伍　觀察評分及軼事紀錄

教師自編測驗比較偏重認知方面的評量，有時候教師需要使用觀察等方法來評量技能與情意範圍的學習結果，例如：學生的興趣、態度、群性、習慣、音樂、美術、舞蹈、動作技能等。這些學習結果雖然不易測量，但卻是教育的主要目標，因此我們不能因為不易測量而放棄，還應設法改善測量的技術，以提高測量工具的信度和效度（臺灣省政府教育廳，1984）。以下分別探討觀察評分及軼事紀錄的實施要領（李坤崇，2006；陳英豪、吳裕益，1998；歐滄和，2007；臺灣省政府教育廳，1984）：

一、觀察的意義及特質

　　所謂觀察就是教師親自觀察學生的行為，受觀察者是一個或兩個以上的學生，觀察的情境可以是在教室內、操場、遊戲場所等。所觀察的是學生外在行為表現，教師可依不同的主題採用不同的紀錄方式，如軼事紀錄（anecdotal records）、評定量表（rating scales）或檢核表，以下會提到軼事紀錄法，其他兩種方式將於情意評量一章中討論。觀察評分所要觀察的重點有以下四項：

　　1. 觀察學生表現並加以描述或判斷，例如：評定一次演講的好壞。

　　2. 觀察並判斷成品的品質，例如：評定書法的好壞。

　　3. 請其同伴來評定，例如：評定學生的社會關係。

　　4. 自我評定，例如：描述自己的興趣。

二、觀察評分的優缺點

　　觀察評分是教師依據教學目標來擬定所要觀察的行為，觀察後並予以妥善記錄，以作為評量學生學習表現或輔導行為之依據。這種評量方式之優缺點分別說明如下：

㈠優點

觀察評分具有下列的優點：

　　1. 每日觀察學生的行為表現，可以隨時檢核學生的成就。當發現學生的錯誤時，也可隨時予以糾正。

　　2. 觀察評分可在不影響正常教學和訓練的情況下，來評定某些重要的教學結果。

　　3. 觀察評分可廣泛使用到非學術性方面，例如：合作、主動、熱心，以及各學科進步情形的評量。

㈡缺點

　　觀察評分的缺點主要是使用技術的問題，而非觀察工具本身沒有使用的價值。其缺點有以下三項：

1.不易擬定觀察計畫

教師必須考慮到各課程和單元的主要目標，並找出有哪些學習目標最適合採用觀察法來評分，再指出最能代表學生達成目標的外顯特質，來作為觀察的焦點，因此要做有系統的觀察計畫有其困難存在。

2.不易提高觀察結果的可靠性

觀察評分易受到下列因素的影響：(1) 易受到學生過去的紀錄和行為表現的影響；(2) 易將所有的學生評定相同的等第，喪失區分學生程度的作用；(3) 易受月暈效應的影響，例如：生性活潑的學生，不但受同學的歡迎，也受教師的喜愛。

3.觀察與教學不易協調

有時候教師要在教學時同時進行觀察，這樣容易手忙腳亂，觀察的可靠性不高，教師需妥善運用非教學的時間來實施觀察。

三、觀察的紀錄法

觀察評分的種類可以分為自然觀察法（field observation）、時間樣本法（time sampling technique）、情境樣本法（situational sampling technique）、真相觀察法及實驗觀察法，前三種方法比較常應用在教室觀察。自然觀察就是日常生活觀察的意思，由於範圍很廣，所以只能就大而特殊的行為表現加以注意。時間樣本法是在時間樣本內觀察記錄欲觀察的行為，例如：觀察一名學生在教室的擾人行為，每隔 30 分鐘觀察 5 分鐘。情境樣本法是指在一個真實或模擬性的工作情境中，有系統的觀察學生某一行為特質或事項，例如：觀察受試者在勞作、遊戲中的合作性。教學經驗豐富的教師常能將觀察學生的所得結果銘記在心，但是人的記憶究竟有限，加上學生多，若要全憑記憶實在不可能，教師最好有計畫的準備表格，隨時記錄以免遺忘。以下僅就軼事紀錄法的使用加以說明。

㈠軼事紀錄法性質

在觀察學生行為時，將有意義事件做有系統的記錄，稱為軼事紀錄法。每一偶發事件在發生後即作簡短的記錄，以此軼事紀錄作為評量佐證

資料。教師平常應準備一張張的個別卡片或是筆記本作為記錄事件之用，其格式如表 6-1。在撰寫記錄時，要能遵守五項原則：1. 敘述簡單、具體，勿過於冗長；2. 簡明描述學生事件發生的情境；3. 勿撰寫類推性的描述軼事；4. 勿撰寫評鑑式的軼事，即不作價值判斷；5. 不解釋學生行為的原因。軼事紀錄應客觀描述事件，與行為意義的解釋分開敘述，每一軼事紀錄應分開記錄於不同卡片，便於往後依據行為發生順序或類別作整理。

表 6-1

軼事紀錄範例

姓名：李小華		時間：2000 年 9 月 27 日 10 時
地點：教室		觀察者：歐老師
事件	上課時，老師請各組討論班級公約的內容，討論後各組派一名代表報告，小華代表該組報告，他遲疑地說：「要遵守校規、要遵守班級規定，……」其他組員紛紛提出質疑，小華站在臺上開始覺得不知所措，接不上話。老師適時伸出援手，請他繼續說出小組討論的內容，他繼續慢慢地說：「愛惜公物、友愛同學、尊敬師長。」報告完後面帶笑容走回座位。	
解釋	小華平時上課發言的機會不多，很少主動發表意見，小組討論參與度也不高，今天難得被小組指派代表上臺報告，站在臺上就有點退縮，經老師鼓勵增強，才完成報告的工作。此事件顯示小華能逐漸明確表達，團體或自己的想法和感受。	

資料來源：李坤崇（2006，頁371）

㈡使用軼事紀錄法的注意事項

軼事紀錄法所受的詬病有：記錄費時費力、難保持客觀態度、難以取得具代表性的行為樣本等。當教師在使用軼事紀錄時，若能留意以下的注意原則，對於上述缺失的改善必能有所助益。這些原則說明如下：

1. 要事先決定所要觀察的行為，但對於不尋常的行為要特別警覺。
2. 要詳細記錄各種行為的情境資料，使所觀察的行為具有意義。
3. 盡可能在事件一發生後即作記錄。
4. 正面和負面的行為事件均應記錄。
5. 每一項軼事紀錄限於對某一單一特殊事件的簡要敘述。
6. 需蒐集足夠的軼事紀錄後，才可推論學生的行為型態。

7. 進行真正的軼事紀錄之前，要先有充分練習的機會。

 ## 陸 口頭問答

　　口頭問答是師生之間面對面，由教師口頭提出問題，再要求學生當場以語言作反應，因此基本上是個別化評量的方式，口頭問答形式可以分成晤談、口試、課堂問答和口語表達測驗（歐滄和，2007）。在語言相關課程的評量方面，經常會用到口試（oral examination），例如：演說、辯論、朗讀、看圖說故事等。近來教師喜歡用合作學習法進行教學，其中的各組口頭發表即屬評量的形式，再與同儕互評相結合。因此，有學者即將演講、口頭發表等評量列為實作評量。以下所介紹的口頭問答形式，比較著重於形成性評量。

一、晤談

　　晤談（interview）是一種有目的之雙向溝通，通常是一對一，或採小組形式，以面對面的方式進行溝通。教師可以用晤談來瞭解學生對於學科的興趣、學習態度、學習困難、人際關係等，所以晤談比較適合用來做學習困難診斷或情意方面的評量。在認知方面，適合採用放聲思考方式，請學生在解決問題時，將其思考歷程表達出來，教師以此理解學生的思考歷程。除直接與學生晤談外，亦可由家長、手足、同學等相關人物的晤談，瞭解學生的家庭狀況或行為發展的背景。至於晤談資料的記錄與整理，當場可記錄要點，等晤談結束後，再將晤談內容加以整理（周新富，2019）。

二、口試

　　口試是指要求學生以口頭回答問題，其應用相當廣泛，例如：論文口試、求職的口試等。口試除了能評量溝通表達能力外，也能瞭解受測者的應變能力、人格特質等。在中小學方面，口試適合應用在小學低年級或有讀寫障礙的學生；學科方面，國語的說話、外語、地方語言、表演藝術

等，都很適合使用口試進行評量（歐滄和，2007）。例如：班級內的演講比賽，臺灣通常由教師直接點名班上口語表達及臺風較優異的學生代表參賽，接受指導的只是少數的精英學生。為達到國民教育的普遍性原則，教師可在班上辦理演講比賽，先說明評分規準，並示範優良與不良的行為，再讓學生上臺演講，演講完後，由同學及教師給予回饋（田耐青、吳麗君、張心容，2020）。

三、課堂問答

課堂問答即是「問問題」（questions），教師於教學過程中，常會以問題對學生發問，但是教師較少將問問題納入教學評量之中。如果要將發問列為評量項目，教師可以在上課前先擬定所要發問的問題，在發問時要讓學生瞭解問題的重心；當指名學生回答時，應允許學生有足夠的時間做準備。當學生回答完畢之後，要記得記錄學生答案的對錯。

四、口語表達測驗

口語表達測驗（oral expression test）在形式上和口試、課堂問答非常相似，可以在教學過程中進行，也可以像口試以一對一的方式實施，這種評量方式主要應用在語言相關的學科。其方式簡述如下（歐滄和，2007；謝名娟，2016）：

㈠複誦

教師播放錄音檔或光碟，要求學生念出他所聽到的單字、片詞和句子。

㈡朗讀

教學時通常教師會讓全班齊讀、輪讀或默讀課文，若作為評量用途，可以要求學生在教師面前將指定的教材大聲讀出來，藉以評量學生的聲音、語調及整篇文章抑揚頓挫的表現。

㈢看圖說話

看圖說話時只提供圖片，沒有文字，因此學生要自己構思內容，難度比較高，又可細分為看圖造句、看圖說故事、看圖討論。

㈣短講

教師可事先要求學生就某一主題準備一篇講稿，然後以 3-5 分鐘時間在同學面前作一短講（short talk）。短講的題目要切合學生的生活經驗，讓學生有興趣且有話可說。

柒　概念構圖評量

概念構圖評量屬於認知層面的評量，是實作評量的一種類型。概念構圖（concept mapping）是美國康乃爾（Cornell）大學學者諾瓦克（Novak）和其同僚於 1972 年左右，為了驗證奧斯貝爾（Ausubel）的「有意義的學習」（meaningful learning）理論，乃研究出概念構圖的方式，來表徵所欲學習的概念間有意義的關係，作為教學、學習及評量的方法使用（余民寧，2005）。

一、概念構圖的定義及形式

概念構圖是由學習者將所學習的教材或文章中的概念，以一個個概念節點（concept node）及概念與概念之間的關係連結（relation link）用圖示的方式表現出來。也就是學生將教材內容的概念及其節點、鏈結，以及表達節點之間關聯的文字標注，畫成概念圖。教師首先要進行概念構圖的教學，教導學生如何使用概念圖進行學習。當學生學會之後，即可依據學生所畫的概念圖進行評量。依據概念圖呈現格式的不同，可分成蜘蛛網狀式概念圖（spider concept map）、階層式概念圖（hierarchy concept map）、流程圖式概念圖（flowchart concept map）和系統式概念圖（system concept map）。有些教材的概念比較複雜，因此適用圖 6-1 這種複雜化的蛛網圖。其特徵是將中心概念放至中間，再將與中心概念相關的子概念放置周

圖 6-1

複雜化的蛛網圖

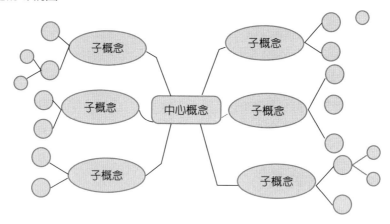

資料來源：曹惠菁、徐偉民（2012，頁58）

邊，並以連接線連接，針對所聯想到的子概念，嘗試以舉例或文字說明的方式，讓子概念能更清楚、明確的呈現（周新富，2021）。

二、概念構圖的教學

要讓學生熟悉概念圖的繪製，先要教導學生如何選擇文章中的主要概念及延伸出的子概念，而各相關概念之間要如何連結，這些技巧都需要由教師以教學的方式詳加說明。以概念構圖訓練課程來引導學生繪製概念圖時，將採用以下幾個步驟（周新富，2021）：

1. 閱讀：學生先個別閱讀教師欲教學的單元，並找出重要概念。

2. 提問：師生共同討論文章中的問題。

3. 選擇：列出概念，並以分組方式共同討論，確定主要概念與次要概念。

4. 歸類與排序：透過團體或小組討論，將概念依屬性分類，並加以排序。將屬性相似的概念歸類，並將概括性的概念排在上層，至最後排列特殊化的概念為止。

5. 連結及連結語：師生共同將相關聯的任何兩個概念間，用一直線

來連結，以形成一道有意義的命題，再加上適當的連結語以說明這兩個概念的關係及意義。

6. 交叉連結（cross linking）：師生共同找出不同核心概念群間具有相關連結者，並以連結線將其連結，再標示適當的連結語，以顯示不同概念群集間的關係，讓不同群集建立交叉連結。

7. 舉例（exampling）：最後請學生將文章中所舉的例子，列於相關概念之下。

8. 檢視與修訂：概念圖初步完成後，學生就自己或別人的概念圖有疑惑的部分共同檢討與修正。

三、概念構圖的評量

概念構圖的評量可以根據個別的需求研擬適合自己教學的評分法，但評分策略可以參考諾瓦克和高文（Novak & Gowin, 1984）所設計之「結構評分法」。其方式是將學生的概念圖分成四個項目：關係（relation-ships）、階層（hierarchy）、交叉連結（cross links）、舉例（exampling），並依此設計給予分數，在同一概念圖的評分原則下，分數愈高者，即代表學生的概念結構愈系統化、層次化、組織化，也表示其學習成果愈好，對教材內容的理解度愈高。其評量方式說明如下（蕭立人、高巧汶，2008）：

(一)關係

在此也可稱為命題（propositions），係指兩個概念之間的連結關係是否有意義而言，且此連結關係是否有效，當此兩者成立時則給予 1 分，至於語意模糊甚至錯誤的連結關係將不予計分，亦不予扣分。

(二)階層

概念圖以階層式方式出現，且每一個附屬概念都比它上一層的階層更特定、更不具概括化。若存在一個有效的階層關係，給予 5 分。

(三)交叉連結

階層概念的部分與另一部分呈現出有意義的連結，此連結屬於創造力的指標，更能代表學生有意義的學習，故有效的交叉連結給 10 分，有效但無法將相關概念命題加以組合者則給予 2 分。

(四)舉例

經由學習者透過自己的理解，以特定的事件或物體來說明概念的意義，有效者則給予 1 分。

四、概念構圖評量範例

茲以圖 6-2 為例，說明概念構圖如何評分。在本範例中，共有四個階層，每個階層以 5 分計算，共得 20 分。有效且重要的連結關係共有十三

圖 6-2

概念構圖計分範例

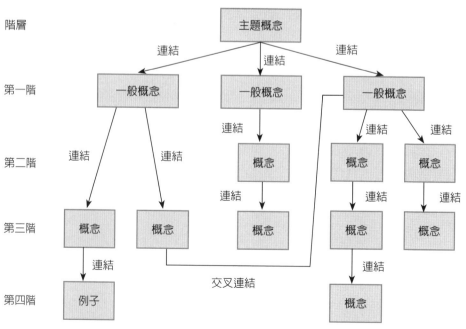

資料來源：楊明儒（2009）

個，每個以 1 分計算，共得 13 分。其中交叉連結有一項，每項以 10 分計，共得 10 分。本範例中的舉例只有一個，每個 1 分，共得 1 分。將四項分數相加，總共得到 44 分，便代表這個範例的評量分數。本範例各分項的得分，請見表 6-2。

表 6-2

概念圖計分表

項目	計分	個數	得分
關係	1分	13	13
階層	5分	4	20
交叉連結	10分	1	10
舉例	1分	1	1
總分			44

資料來源：楊明儒（2009）

第三節　差異化教學與多元評量

在十二年國民基本教育強調差異化教學，教師要如何將多元評量融入差異化教學？教師必須瞭解各種評量方式的內涵，以及考量將這些方式運用在差異化教學的適切性，並從「教學」與「評量」彼此間互為需求的角度，來搭配教學與評量。差異化教學的主要目的是為了有效率地照顧不同程度的學習者，而多元評量是要激發學生的學習動機與學習成效，因此差異化教學與多元評量兩者之間確實具有相互支援的關係，如何具體將多元評量落實在差異化教學上，便成為教師的重要專業能力指標（龔心怡，2016）。本節主要在敘述實施差異化教學的教室內，教師會如何使用多元評量來評量學生的學習結果。

壹 差異化教學的意涵

差異化教學（differentiated instruction, DI）是指針對學生的學習準備度、學習興趣、學習風格、智力水平，以及愛好等，在教學上彈性調整學習內容、教學過程及產品形式，其最終目的是讓學生在原有的基礎上得到充分的發展。其中學習風格可細分為聽覺型、視覺型、或者是觸覺／動覺型。另根據迦納（Gardner, 1983）的多元智能理論，學生在八種智能亦皆有所差異，教師的教學或評量亦可因應調整。湯姆林森（Tomlinson, 2001）指出，差異化教學在於因應學生多元學習準備度和學習興趣，持續運用各種教學方法，以調整教學內容、教學過程及教學成果。教師在班級教學中的調整策略，除了讓大部分能力中等的學生受益外，也要同時兼顧能力中上及能力較低學生的教育需求。

傳統的教學忽略學生的個別差異，且採用相同教學策略、相同教材、相同評量進行教學，頂多能做到對低成就學生的補救教學。差異化教學即是針對傳統教學形式的缺失，進而提出的改革建議。

 貳 以學習為主的差異化教學策略

差異化教學的中心思想是根據學生不同的需求，提供區分性的課程。在實施過程中，因課程目標與教學內容有本質上的差異，因此教學方法與評量方式也會隨之不同。以下分別從學習內容、學習過程、學習成果、學習環境等四個關鍵要素來探究，以學習為主的差異化教學策略（林佩璇、李俊湖、詹惠雪，2018；周新富，2021）：

一、學習內容

學習內容為學生學習的課程知識，即教學內容。差異化教學強調以學生為中心，因此課程設計應以學生的需求為出發，教師需依學生個別差異調整學習內容，以達學習內容差異化。學習內容的差異化可呈現在教學內容的調整，有些學生可聚焦在最重要的概念、技能、歷程，有些學生可以

增加學習的複雜度，有些學生需要較多的教學與練習。教師依據學生的學習狀況，至少可以將學生分為三組，對於學習緩慢者可刪減學習內容，學習較快者可以加快學習速度並提供補充教材，學習適中者則依正常速度教學。

二、學習過程

學習過程亦是學習活動歷程，是學生理解的展現，也是教師運用所設計的教學活動或策略。在差異化教學的課堂中，教師可進行彈性分組、合作學習、個別化教學、增加練習的機會，或設計不同層次的學習任務，以回應學生的需求，幫助學生學習。

三、學習成果

學習成果包括作業和評量，反映出學生對於知識的理解與運用能力，也直接顯示出學生是否確實擁有該課程知識。學習成果可以是口語的，如課堂討論、上臺發表等；可以是有形的，如書面報告、工藝作品、立體模型等；可以是動作的，如戲劇表演、舞蹈演出等，其評分標準應就學生個別差異而調整。

四、學習環境

學習環境的差異是指學習空間、學習時間、教具支援等，依據教學內容與學生的不同，教師在教學時應考量學習空間的差異、學習時間的不同、使用不同的教具呈現教學內容等，其目的在於給予學生最佳的學習環境。

 ## 參 差異化教學的評量

在一個強調差異化教學的教室中，教師首先應察覺到學生的個別差異，並依據這些個別差異，為不同學生訂定清楚的學習目標與結果，因此在教學前先施以診斷性評量，利用前測的資料，來理解學生學習的基礎及

準備度。在教學過程中，教師要善用形成性評量的資料去掌握學生學習的進步情形，並且改變不同的教學策略，以因應每位學生的學習問題。為確認學生學習結果，以及研判與預期目標的差異程度，因此需要實施總結性評量。在總結性評量時教師應提供多元評量的方式，讓學生有選擇的機會，能利用差異性評量展示其優勢與興趣，以此來證明其學習成果（龔心怡，2016）。以下分別說明差異化教學的評量特質與實例。

一、差異化教學評量的特質

為落實「促進學習的評量」與「評量即學習」的理念，教師在差異化教學所實施的評量應依循以下原則（林佩璇等，2018）：

㈠評量不應侷限於考試範圍

學生可以運用多種方式來展示他們理解的內容，因此教師宜避免採單一的評量策略，應超越考試，以多元評量方式去瞭解學生理解哪些內容。有些學生考試表現不理想，教師應允許學生使用其他方式展現學習成果，例如：提出重要想法、畫出概念圖、角色扮演等方式。

㈡差異化教學評量不只是評分

評量能尊重學生潛力，並盡可能地協助學生發展，因此評量不是只有評分，回饋學生比評分更能幫助學生，教師要借助評量引導學生成功學習。

㈢差異化教學的評量是非正式的

教師常藉著觀察學生學習之過程，瞭解其參與及理解程度。例如：教師走動觀察或與學生交談所蒐集的資料，就是屬於非正式評量的一部分。

㈣差異化教學評量是教學計畫的一部分

教師進行教學計畫時，必須確切地知道學生的需要，以及瞭解學生的期望，因此能在計畫中提供符合學生需要的學習策略與教學方式；其次，在教學計畫中，也要能規劃形成性評量的方式，因為評量是為了改善教學，是成功學習的重要夥伴。

二、差異化教學評量的實例

以下分別就診斷性評量、形成性評量及總結性評量三種類型，說明在實施差異化教學所使用的評量方式（林佩璇等，2018）：

㈠診斷性評量

診斷性評量是瞭解學生的能力、先備知識基礎的方式之一，可行的作法有以下幾種方式：

1. K-W-L表

評量背景知識可採用 K-W-L 圖表來進行，如表 6-3 所示。學生在 K 欄內寫下其所瞭解有關學習主題的內容；在 W 欄內填入問題，代表學生想學的內容；教完本主題後，再於 L 欄內寫下已學到的內容。

表 6-3

K-W-L 表

已知（Know）	想要知道（Want to know）	已學到（Learned）

資料來源：林佩璇等（2018，頁77）

2. 檢核表

教師設計一份自我檢核表，由學生自行填寫。以下舉表 6-4 為例，用來瞭解學生學習設計多媒體計畫之前已具備的能力。

3. 回應卡

學生可使用紙卡回應教師所提出的問題，紙卡一面寫「是」、一面寫「否」，教導新單元時，教師提出問題，學生舉牌回答「是」與「否」，教師就很容易理解學生對新主題的瞭解程度。

表 6-4

自我檢核表

科技技巧：多媒體 學生能夠設計多媒體計畫 並進行說明	程度： 1. 低度；2. 中度；3. 低度			說明
能選擇適當的版面	1	2	3	
能選擇適當的內容	1	2	3	
能提出多媒體計畫	1	2	3	
能加入詳細文本	1	2	3	
…				

資料來源：林佩璇等（2018，頁79）

(二)形成性評量

形成性評量的資料，是教師調整學習教材、學習時間及主題深度的參考，當發現部分學生學習落後，要即時提供適當支持與引導。常用的形成性評量方式有提問、圖像組織、家庭作業、學習單、隨堂測驗、習作等。其中圖像組織類似概念構圖，教師提出某個主題或問題，由學生用圖像方式完成。

(三)總結性評量

總結性評量在於瞭解學生學習結果的精熟程度，其目的是讓學生獲得成功的經驗及展現其成就。常用的評量是傳統的紙筆測驗，在差異化教學中，也可使用表現取向（performance-oriented）評量方式，例如：口頭報告、寫作、作品、實驗、表演等。

以下列舉澳洲墨爾本 Parkmore 小學的多元評量實例：一位教師在學生參加完一場露營活動後，設計了八個任務：1. 寫下參加野營中，令你快樂的一件事；2. 在 A3 紙上畫下營區的鳥瞰圖，盡可能的畫下圖中的所有特點；3. 利用電腦網絡中的相關照片，製作 PowerPoint；4. 選擇野營中的一部分，並做口頭報告；5. 從野營中選擇一個活動，並敘說過程，如攀岩、划獨木舟等；6. 寫一封信給你自己，並且寫下你在野營中不想說的有

趣祕密；7. 用 30 個字寫下 Camp Nillahcootie 的文字搜尋；8. 利用 A4 或 A3 紙，畫下野營中詳細的局部或畫八格漫畫圖。每一項任務皆列舉詳細的說明，以第一項任務為例，學生必須寫下細節，並使用正確標點符號，篇幅至少一頁（A4大小），學生要利用電腦打字，並加上適當的插圖（莊育琇，2011）。

自我評量 ....

一、選擇題

( ) 1. 老師在教學過程中使用簡短的評量內容（如口頭問答、習作練習檢視）來瞭解學生個人目前學習的狀況（到底學會了什麼），前述包含哪兩種學習評量的性質？ (A) 形成性與常模參照 (B) 總結性與標準參照 (C) 形成性與標準參照 (D) 總結性與常模參照

( ) 2. 下列哪些對於多元評量的觀點較為適切？甲、每個教學單元宜設計多種評量方式來瞭解學生的學習表現；乙、由於強調多元評量精神，故教學評量應避免使用紙筆測驗；丙、多元評量是主觀的評量，無法提供對學生學習客觀的資訊；丁、評量應該要能切合教學目標，並選擇適切的方式進行評量 (A) 甲乙 (B) 甲丁 (C) 乙丙 (D) 丙丁

( ) 3. 下列哪兩種評分方式，最能避免月暈效應的產生？甲、只寫評語，不給分；乙、閱卷之前先擬定評分規準；丙、請兩位老師分別進行評分；丁、批改完一位學生的試卷後，再換下一位學生 (A) 甲乙 (B) 甲丁 (C) 乙丙 (D) 丙丁

( ) 4. 多元評量可以指涉下列何種意義？甲、多元的評量目的；乙、多元能力的評量；丙、多元的評量方式；丁、多元文化的評量 (A) 甲乙丙 (B) 甲丙丁 (C) 甲乙丁 (D) 乙丙丁

( ) 5. 關於多元評量的理念，下列敘述何者正確？ (A) 評量採用的方法愈多元，愈能客觀瞭解學生的學習成效 (B) 多元評量強調學生學習歷程的重要，但不重視學習結果 (C) 多元評量把評量的概念擴大，用以取代傳統的評量方式 (D) 多元評量的信度高，可以用來推論學生學習結果的全貌

( ) 6. 下列何者是多元評量的限制？ (A) 較費時且不易掌握重點 (B) 注重學生的學習結果 (C) 排擠傳統的評量方式 (D) 強調學生的學習歷程

( ) 7. 黃老師所設計的學習單，旨在透過問題的呈現，使學生在找答案的過程中，能進一步蒐集課外的資訊，以豐富學習內容。黃老師此種

設計最能凸顯下列哪一種功能？　(A) 補充教材　(B) 學習評量　(C) 延伸探索　(D) 活動指引

(　) 8. 概念圖法對於評量學生何種學習最合適？　(A) 技能　(B) 情意　(C) 理解　(D) 創造

(　) 9. 概念構圖是圖形評量的一種策略，學生能突破同一集群內關係進行思考的原因為何？　(A) 舉例　(B) 選擇　(C) 交叉連結　(D) 歸類排序

(　) 10. 實施多元評量下，觀察也是重要的評量方式之一。對終日忙碌的老師來說，最方便採用的觀察法是哪一個？　(A) 樣本紀錄法　(B) 時間取樣法　(C) 日記紀錄法　(D) 軼事紀錄法

(　) 11. 學校採取闖關活動來評量學生的學習成就，是屬於何種方式的評量？　(A) 真實性評量　(B) 動態評量　(C) 靜態評量　(D) 檔案評量

(　) 12. 關於軼事紀錄法及事件取樣法的敘述，下列何者正確？　(A) 兩者皆屬於非正式的觀察法　(B) 兩者皆是以敘說的形式記錄　(C) 兩者皆不需記錄學生行為發生的脈絡資料　(D) 兩者皆必須事先確認所欲觀察或期待會發生的行為或行為類別

(　) 13. 在學習評量的作法中，強調在真實的情境中，採取多元的方法同時評鑑學習的過程與結果，且納入學生同儕的相互評鑑與自我評鑑，以對學生的學習作整體的評量，稱為：　(A) 變通性評量（alternative assessment）　(B) 教室本位的評量（classroom-based assessment）　(C) 三角檢核評量（triangular assessment）　(D) 情境評量（situational assessment）

(　) 14. 陳老師認為對於學生學習成果的評量，應該重視培養學生成為一位主動學習者，引導學生懂得進行自我目標設定、自我監控與自我調整，陳老師的評量觀點，比較接近 Earl（2003）所主張的何種取向？　(A) 學習的評量（assessment of learning）　(B) 促進學習的評量（assessment for learning）　(C) 評量與學習（assessment and learning）　(D) 評量即是學習（assessment as learning）

(　) 15. 下列情況，何者較不能提升學生的「自我效能」（self-efficacy）？

(A) 採用相對標準而非絕對標準，去評量學生的表現　(B) 讓學生看到條件相似的其他人已辦到了　(C) 幫助學生能成功的應付挑戰　(D) 提供有助學生進步的回饋

(　) 16. 郭老師在評量學生口語表達時，認為外貌較佳者，口語表達通常較好，因此傾向給外貌較佳者較好的分數，此種評量的缺失被稱為下列何者？　(A) 霍桑效應　(B) 強亨利效應　(C) 趨中偏誤　(D) 邏輯謬誤

(　) 17. 下列何者是以觀察為主的教學評量方法？　(A) 檢核表　(B) 概念構圖法　(C) 問卷調查法　(D) 標準化成就測驗

參考答案

1.(C)　2.(B)　3.(C)　4.(A)　5.(A)　6.(A)　7.(C)　8.(C)　9.(C)　10.(D)
11.(A)　12.(B)　13.(A)　14.(D)　15.(A)　16.(D)　17.(A)

二、問答題

1. 試說明多元評量的定義，並針對中小學教室內如何實施多元評量說明之。

2. 《國民小學及國民中學學生成績評量準則》指出，教師應採取適當之多元評量方式，請你就此舉例說明多元評量的五種方法。

3. 請說明「差異化教學」的意義，並以某一學科或領域為例，論述在內容、過程、結果（成果）及學習環境等四個面向，如何進行差異化教學的課程規劃。

4. 何謂概念構圖評量？試說明概念構圖評量的實施方式。

5. 教室內如何實施觀察評分？請舉例說明其實施歷程。

6. 口頭問答是教室內經常實施的一種評量方式，請依你的任教學科說明口頭問答的實施類型及方式。

第七章

實作評量

　　以往教學為了顧及大規模施測的方便性與評分的客觀性，大多是使用選擇題的方式來評量學習成效，但近年來受到認知心理學的影響、不滿傳統的客觀式測驗、傳統測驗對教學的負面影響等三項因素的衝擊，教學目標著重在培養學生獨立思考及解決問題的能力，因此促使實作評量受到教育學者的大力支持與提倡（郭生玉，2016）。例如：傳統的選擇題形式的評量導致教學著重於基礎的記憶性知識，而且測驗內容與生活脫節，學生無法將所學應用在生活中。實作評量有時也可稱為變通性評量（alternative assessment）（或譯為另類評量），或稱為真實評量（authentic assessment）。另類評量主要強調評量方式應有別於傳統評量中的紙筆測驗和客觀性測驗，包括真實評量、實作評量與檔案評量等。但並非所有的實作評量都是真實評量，當評量是在實際的情境脈絡中執行時，它才是一個真實評量（謝如山、謝名娟，2013；單文經等，2006）。教育部所提倡的多元評量是紙筆測驗加上實作評量或檔案評量，避免以紙筆測驗單一評量方式來呈現學生的學習結果。評量方式會影響到教師的教學，紙筆測驗無法培養高層次的認知及技能，實作評量的倡導在改善傳統評量的缺失，期望透過實作評量引導學生在真實或有意義的情境下，應用所學的知識和技能來解決問題，也就是學生不僅要知道，而且還要能做到。因此，實作評量主要應用在以下四種類型的學習目標：1. 深度理解，即知識與技能的應用；2. 推理，即給予一個疑難問題去解決；3. 技能，包含溝通和表演技能，以及動作技能；4. 產品，如論文、報告和計畫等工作的成品（單文經等譯，2006；謝廣全、謝佳懿，2016）。本章分別從實作評量的意義與內涵、類型、實施步驟、優缺點及改善方式等部分來探討。

第一節　實作評量的意義與內涵

　　實作評量一詞出現在 1990 年代初期，其興起的原因主要是因為對傳統紙筆測驗的不滿，因為紙筆測驗主要評量認知能力與記憶成果，其目的

是為學生打分數或評等第，以檢定學生是否通過該科之學習。然而，現今評量的功能，不只是判斷學生是否達到教學目標，還需要兼具教學功能，協助教師改進教學，進而促進學生達到學習目標（柳玉清，2016）。實作評量對於改進傳統的評量方式，有其實質的意義與價值，因此實作評量的實施已日益普遍（張永福，2008）。

 ## 壹　實作評量的意義與內涵

　　實作評量（performance assessment），指的是透過模擬真實情境的活動，觀察與評量學生解決問題的歷程及設計製作的產品（謝如山、謝名娟，2013）。余民寧（2017）認為實作評量介於評量認知能力所用的紙筆測驗和將學習成果應用於真實情境中的兩者之間，在模擬各種不同真實程度的測驗情境之下，提供教師一種有系統的評量學生實作表現的方法。

　　這種評量的重點，通常是放在實際表現的「過程」、「作品」，或這兩者的組合皆可，視實際表現活動的性質而定，例如：溝通技能、心理動作技能、問題解決能力以及情意特質等，強調實際的行為表現，比較無法藉由客觀式紙筆測驗作正確測量，而是需要教師根據學生的表現過程或最後所完成作品的品質來評量。實作評量包含實際操作、口頭報告、科學實驗、數學解題、寫作、作品展示等，形式非常多元，可應用在各種學科。其目的是希望瞭解學生能否將學習結果應用於真實情境的表現，又因為教師提供一模擬真實的測驗情境，以此得以推知學生在真實情境下的實際表現技能為何，故實作評量又有「真實評量」之稱，可以提供更豐富的訊息，且較精確的評量學生學習成果（柳玉清，2016）。

　　但不是所有的實作評量都是真實性評量，真實性（authentic）強調評量題目要符合受評者真實生活的運作之意。真實性評量是指出評量題目應該不能讓學生僅靠記憶背誦、做單純的運算或圈選作答，而應該模仿真實世界的挑戰（真實任務），因為真實世界的挑戰脈絡複雜，需要學生對於問題的脈絡有清楚的理解，然後整合所學運用在解決新的問題上，就如同他們將所學運用在校內或校外的自然情境裡一樣（吳清山、林天祐，

1997；廖鳳瑞、張靜文，2020）。

實作評量與表現評量亦不能視為相同的評量方法，表現評量指的是創造一個讓學生實際參與一個工作或任務，由學生建構答案、創作成品或進行有計畫的方案，以顯示其知識或技巧。在作法上，表現評量要求教師在真實情境的評量活動中，透過觀察、記錄及有系統地蒐集學生能作什麼和如何作的資料，再依據一套標準分析判斷每一位學生的已學會的知能、興趣及需求。其次，表現評量要求教師直接從學生的實際表現來評量其真正的能力，因此通常是在教學活動的過程中進行，而非教學完成後另闢時間或另出題目來進行（廖鳳瑞、張靜文，2020）。

 貳　實作評量的特性

一般以為實作評量必定是要學生實際操作，但這只是學生表現形式的一種，從簡單的肢體操作到複雜的心智活動，例如：完成一篇散文、設計一項方案等學習目標皆可使用。因此，實作評量能測量學生高層認知、歷程、情意、技能與後設認知等複雜且統整的能力，所以經由實作評量能培養學生帶得走的能力。有學者認為實作評量與真實生活相結合，且其作業具意義性與挑戰性、歷程與作品均為評量重點等特性（李靜如，2005）。綜合學者的意見，在與傳統紙筆測驗相較之下，實作評量具有以下的特性（王文中等，2011；彭森明，1996）：

一、實作的表現

學生以實作的方式來表現他們對知識的理解，而實作評量的題目並不強調複雜性，實作的特質主要有：實行並完成一個任務和過程、表現知識的能力、學科應用、注重學習遷移的能力。

二、真實的情境

實作評量講求在日常生活中的運用，讓問題建立在真實情境的脈絡上，使實作評量更具意義，協助學生更加理解與掌握問題的性質。但是要

確定問題的情境符合大多數學生的經驗範圍，避免偏袒某類型的學生。

三、弱結構的問題

為了模擬日常生活中問題模糊不清的特性，實作評量的問題情境應傾向模糊化，問題的設計傾向較不具結構的開放性問題，以測驗學生問題解決的創造性與統合性。

四、重視問題解決的過程與結果

實作評量能從學生操作過程去瞭解學生的思考歷程，也能瞭解學生的操作是否符合程序。實作評量要求的不是唯一正確或最好的答案，而是有系統的敘述問題、思想的組織、證據的整合和原創性等過程的思考。

五、重視小組的互動

在真實的社會情境中，許多問題的解決必須透過社會互動的方式來達成，有些類型的實作工作經由小組互動，能激發彼此間的創造力與問題解決能力，亦能培養學生人際互動的技巧。

六、時間彈性

在極短的時間內評量學生的學習成效，往往過度窄化了學習的結果；通常高品質的答案需要相當的時間思考建構，應該儘量給予充裕的時間來解答，實作評量可以依照情境的需求，等待學生練習充裕之後，再進行測試。

七、多向度的評分

實作評量的內容多元且複雜，所以評量的標準相對複雜，而實作評量的評分系統至少應包含知識的產生、專業的研究及附帶價值等三個層面。這類評量有的是根據學生的書面報告來評分，其他則需針對學生工作時所表現的過程予以評估，評分者都必須有專業訓練，也需有可用的共同標準，多向度的判斷才不致流於拼湊。

第二節　實作評量的類型

實作評量的類型非常多元，包含建構反應題、書面報告、作文、演說、操作、實驗、資料蒐集、作品展示等形式（盧雪梅，1998）。依照評量重點不同來區分實作評量，可分為「過程評量」與「作品評量」兩大類。過程評量即要求學生展現或執行某項歷程，觀察和評分的焦點在表現的過程；作品評量即要求學生創作或製作成品，觀察和評分的焦點在完成的作品（張永福，2008）。但是也有很多實作評量是兼重過程和作品的，例如：烹飪、繪畫等。最常用來區分實作評量的類型是依據限制程度及情境的真實程度兩項標準所作的分類，以下分別說明之（余民寧，2017；郭生玉，2016；陳英豪、吳裕益，1998；謝廣全、謝佳懿，2016；周家卉，2008）。

壹　依限制程度的分類

依實作評量的限制程度所作的區分，可以分為限制反應的實作評量（restricted-response performance tasks）及擴大反應的實作評量（extended-response performance tasks）兩類。

一、限制反應的實作評量

限制反應的實作評量在意義上通常比較狹隘，對反應的形式、內容、情境都有所限制。以下八個實例均屬此類型：1. 寫一封求職信；2. 大聲朗讀一段故事；3. 用五塊直的塑膠片，隨意連結成三角形，並記錄其周長；4. 決定兩個溶液何者含糖，並提出解釋支持此結論的結果；5. 畫出兩城市每月平均降雨量的圖；6. 用法文詢問前往火車站的方向；7. 在未標示國家名稱的歐洲地圖上，寫出幾個國家的名稱；8. 小華知道有一半同學被邀請參加小明的生日聚會，也有一半被邀請到小英的聚會，小華認為這些數目加起來百分之百，所以認為自己一定會被邀請到其中一個聚會。請解釋小

華為什麼錯了，如果可能，使用圖表說明。

這類型的實作評量會以選擇題或簡答題的形式出現，雖為客觀式測驗的延伸，但必須與生活情境相似。這類評量因為具有結構性，在實施上比較節省時間，且能回答較多的問題。然而，無法測量到解決低結構性問題、資料統整和創新的能力。

二、擴大反應的實作評量

擴大反應的實作評量要求學生從不同來源蒐集資訊，例如：到圖書館或網路上蒐集資料、做實驗、問卷調查、進行觀察記錄等。實作過程和結果都是此種評量的重要部分，結果的展現可以使用不同的方式，例如：圖表、照片或圖畫、建構模型等。學生在處理這類作業，需要花費較多時間，但可以自由修改，使學生能展現其選擇、組織、統整和評鑑資訊及想法的能力，因此可評量學生應用知識和技能解決問題的高層次思考能力。這類評量的實例如下：分組規劃一項宣導環保教育的活動、選擇喜歡的總統候選人並蒐集重大政策進行辯論、設計一項實驗來驗證假設、準備並發表保護動物的演講、重新規劃設計學校的停車場。

 依情境的真實程度的分類

依照測驗情境的真實程度來區分，實作評量可分為紙筆表現、辨認測驗、結構化表現測驗、模擬情境的表現、工作樣本等五大類。

一、紙筆的實作測驗

紙筆的實作測驗又稱為紙筆表現，與傳統紙筆測驗最大的差異，在於著重在模擬情境下的知識與技能的應用。應用這種評量，可以獲得教學所期望達成的學習結果，或作為在更真實情境中表現的初步評量。在紙筆的實作測驗中，經常要求學生利用設計、擬定、撰寫、編製、製造、創造等行為動詞。例如：要求學生繪製天候圖、設計電路圖、編製短篇故事、設計實驗計畫等，這些作業要求都是透過紙筆表現，而且都是知識與技能

的應用結果。在某些情況下,紙筆的實作活動可能僅是進入以後實作活動的第一步,例如:在學習操作一個特殊測量工具之前,像是光學電子顯微鏡,最好先讓學生從各種圖片情境中,學會該儀器的各部分裝置名稱及其用法。

二、辨認測驗

辨認測驗(identification test)是指由各種不同真實性程度的測驗情境,所組合成的一種評量方式。通常在某些情境下,可能只要求學生辨認一套工具或裝備的零件,並且指出其功用;而在較複雜的測驗情境裡,則可能會向學生詢問更特殊的表現作業問題,例如:找出電路發生短路的所在,並且讓學生辨認解決該表現作業問題所需要使用到的工具、器具或程序等。而在更複雜的辨認測驗裡,則很可能會要求學生仔細傾聽汽車、鑽孔機等故障機器所發出的故障聲音,然後辨認最有可能的發生原因及修復的正確程序。辨認測驗在工業教育中較被廣泛使用,但生物、化學、外語、數學、音樂、美術等學科也經常會使用到這類評量。

三、結構化表現測驗

結構化表現測驗(structured performance test)可以作為在標準且有控制的情境下進行評量的工具。它的內容也許包括:事先說明測量的範圍、調整一部顯微鏡、遵守安全守則來啟動一部機器,或找出某個電器發生故障的部位等,而測量表現的情境則是非常有結構性的,它要求每位學生都能表現出相同的反應動作。編製這樣的一份結構化表現測驗,所需要遵守的編製原則,也和編製其他類型試題的成就測驗一樣,不過比較複雜些。因為測驗情境很難被完全控制和標準化,因此需要教師花較多的時間去準備和進行施測,並且測驗結果也比較難以評分。當使用結構化表現測驗時,也許需要設定可被接受的最低表現水準是什麼,它可能是有關測量的精確性、適當的步驟和順序、遵守操作規則或表現的速度等。

四、模擬情境的表現

模擬表現（simulated performance）的實作測驗強調正確的工作程序，通常學生需在模擬的情境下，完成與真實作業相同的動作，例如：在體育課程中，要求學生對著想像的球揮棒。在科學和職業課程中，某些技能活動也常被設計用來模擬真實的工作表現，例如：用計算機解決日常生活所遇到的數學問題。同樣地，在社會學科中，學生以角色扮演方式組成陪審團，模擬審判之進行。在汽車駕駛和飛機駕駛的訓練中，特殊設計的模擬儀器可用來訓練和測驗之用，但最後還是要應用到實際表現技能的評量上，例如：駕駛訓練還是要應用到真實汽車的駕駛及以便考取證照。

五、工作樣本

工作樣本（work sample）的實作測驗是真實程度最高的評量方式，要求學生在評量過程中，表現實際作業情境所需的真實技能。通常工作樣本必須包含實際工作中最根本的要素，而且需在控制的條件下去完成這些工作。例如：汽車駕駛技能的測量，學生被要求在標準的場地中練習，此場地即針對正常駕駛時最可能遭遇到的問題情境而設計。學生在標準場地所表現出來的技能，即被認為在實際駕駛情境下，他已具備駕駛汽車的能力。其他使用工作樣本的評量方式尚有：要求學生繕打一封商業書信、要求學生完成一件木器製品的設計等。

第三節　實作評量的實施步驟與評分規準

實作評量不同於傳統之紙筆測驗，強調活潑、真實的特點，為提高實作評量之信、效度，必須注意實施之步驟與評分工具之使用。以下針對實施步驟及評分規準的設計加以探討。

壹　實施步驟

　　實作評量適用的學科範圍非常的廣，例如：聽、說、讀、寫、語文、
數學、自然科和社會科等，都可以採用實作評量；評量的方法也非常多樣
化，包含建構反應題、書面報告、作文、演說、操作、實驗、資料蒐集、
作品展示（盧雪梅，1998）。不同教學單元與學習活動，可採用不同的實
作評量方法，教師可依照「形成性評量」或「總結性評量」之學習歷程，
並根據課程目標、評量目的、評量行為表現、設計作業與設計評分計畫
等層面，設計合適的實作評量計畫（王文中等，2011；鍾怡慧、徐昊杲，
2019；魯俊賢、吳毓瑩，2004；盧雪梅，1998；李靜如，2005；Airasian,
2000）。

一、確立實作評量的目的

　　不同的評量目的會轉換不同形式的評量，因此在使用實作評量前先要
確認評量的目的。通常教室內的實作評量要考量以下理由：1. 符合學科的
主要概念，需要測試學生複雜的認知或技能之過程或結果；2. 實作評量也
必須反映有價值的學科基本概念和原則，主要的思考是以學生有意義的內
容為原則。

二、確認實作評量的表現標準

　　教師確定目的之後，接著要確認實作評量是要測量學生什麼樣的行
為表現，這些行為表現稱為表現標準（performance criteria）。此時教師可
使用「工作分析」，辨認所有真實表現或作品的重要元素，此元素不僅是
可觀察和判斷的，更應該是最重要的、最具代表性的內容與技巧作業。當
我們已辨認出作業中的主要元素，最好能為每一個工作設定一個「表現標
準」，明確列出行為表現的重要層面和各層面表現的評分標準，這些標準
指出通過此項作業的最低要求，例如：作業的精確性、作業的速度、步驟
的正確順序等，很多實作技能的測量同時包括速度與精確兩種標準，例
如：每分鐘打 50 字，且錯誤以不超過 2 字為限。

三、設計實作評量的內容

實作的工作內容要符合所欲測量的教學目標,避免設計與目標無關的工作內容。實作工作和情境的選擇必須具有:1. 個人的意義;2. 挑戰性;3. 學生的真實世界經驗;4. 需要應用學生在課堂之外所得到的知識和技能;5. 評量學生遷移其知識和技能到類似或新活動的能力。在此階段可細分為實施評量的情境和設計工作的形式兩項。

㈠實施評量的情境

表現標準確認後,教師需準備可供進行觀察表現成果之施測情境,這些情境可以是教室內自然發生,也可以是教師特別設計模擬真實的情境,情境可視所要評量的表現或成果而定。如果在自然班級情境下,學生並不一定會表現出某項特定行為,教師便需特別設計某種情境。例如:在正常班級活動中,每位學生很少會有單獨 5 分鐘上臺演講的機會,因此教師必須特別安排和設計,才能讓所有學生有上臺演講的機會。而朗讀則是班級教學常見的活動,在自然情境中可以觀察學生的表現。另一項考量的因素是所要蒐集資料的數量,需要多少資料才能作決定?觀察一次夠嗎?一般而言,多次觀察表現的評量結果是比較可靠的。而觀察表現時,教師要思考蒐集資料的方式,例如:一次蒐集一個行為樣本、一次蒐集多個行為樣本,或者多次蒐集多個樣本?

㈡設計工作的形式

實作的工作有簡單的,也有複雜的,像非正式的口頭報告,對某些學生而言可能難度比較高,教師可以使用不同的方式讓學生呈現資料,例如:圖、表、畫、簡報、展覽等,以適合學生的程度為原則。通常工作愈簡單或數目愈少,則所測得的學習目標愈少,其測量結果的信度愈低,結果解釋的效度也愈低。以下幾項因素在設計時可供參考:

1. 決定的重要性

發給執照、證書或畢業都是屬於高關鍵性的決定,需要多少的評量工作和時間;屬於形成性評量的性質,決定的重要性不高,評量的工作數量

可以較少。

2.學習目標的多寡與複雜性

學習目標愈多或範圍愈大,則實作工作的數量會愈多。而複雜的學習目標需要較長的實作時間,會以較多時間致力於一項工作,但也因而限制了工作的數量,雖然所得到的資料品質較高,但因評量範圍不夠大,效度會有問題。

3.可用的時間

教師在設計工作時,要思考完成一件工作所需的時間,以決定工作的數目,當然也要考慮班級人數的多寡。教師同時也要思考有多少的評量時間可用,若時間較多,工作數目可以多一點。

4.可用的人力資源

如果教師有助手或家長可協助實施實作評量和記分的工作,則工作數量可以多一些。

5.小組或個人方式

一般的評量為了易於觀察與評分,大多採用個人方式進行。事實上,評量也可以鼓勵學生合作,學習共同解決複雜的問題。若使用小組方式,小組人數不宜超過 6 人,最好視題目的難度與需求而彈性調整。

四、設計評分的標準

評分標準亦可稱為評分項目或評分方案,評分標準的設計是發展有效實作評量的重要工作,因為評分標準可以使學生清楚知道學習目標和期望,以引導學生努力的方向和優先順序。通常評分標準的設計是在規劃實作工作時即開始,而且應將評分的項目和標準先和學生充分溝通,使學生能把握學習的重心。

實作評量較常用的評分方式,可分為整體型評分法(holistic scoring)和分析型評分法(analytic scoring)。前者教師只需給予單一的整體分數;若實作評量用於診斷困難與瞭解學生表現水準,則最好使用分析評分法,其記錄方式通常又可分為檢核表、評定量表、軼事紀錄與評分規準(scoring rubrics),檢核表及評定量表的設計方式將於第十一章情意評量中詳

細探討。評分工具是實作評量主要之誤差來源，在編製評分工具時必須反覆檢核，並在實施前公布評分項目。至於評分者人選，主要包含教師或專業人士評分、同學互評，以及由自己評分。無論評分者人選是誰，最好先接受過評分訓練；而在讓學生進行互評或自我評量時，需提供他們事先設計好的測量工具或量表。

 ## 貳　評分規準的設計

前文提到實施實作評量時，教師先要設計評分規準（rubrics），本小節再深入探討評分規準的設計。評分規準或稱為評分量尺，是一套評估能力表現的指引，清楚列明表現標準及評分等級，以及所要評估的特點或範疇。設計良好的評分規準具有以下功能：在教學上，它可以向學生說明教師對於作業所期待的標準，而學生也可以依據它來進行、修改和評鑑自己的作業。在評量上，評分規準可用來提高評分結果的客觀性與公平性（王文中等，2011、歐滄和，2007）。以下分別就評分規準的發展流程，以及整體型和分析型的評分規準內容說明之：

一、評分規準的發展流程

評分規準是三個基本的組成要素：1. 評量的準則（criteria），也就是評分者判斷學習成果優劣的標準；2. 品質的定義，以具體且詳細的敘述，定義學生達成標準的表現程度內涵，以此區分學生實作表現的優劣；3. 計分的方式，根據評量結果轉換成等第或分數（Reddy & Andrade, 2010）。因此在發展評分規準時，可參考以下的流程（國立臺灣師範大學教學發展中心，2020）：

1. 從課程的學習目標來設定評分規準的評量標準，並評估課程適用整體型或分析型評分規準。

2. 建立四至八項定義清楚的評量標準，避免太細瑣或抽象詞彙，例如：句子結構、詞彙選擇、連貫性及內容正確性等，可結合成為「文章品質」標準。

3. 分析型評分規準需列出各項表現標準的評分範圍，通常各標準的權重是不一樣的，此外在用詞上儘量以正向詞彙為主。

4. 尋求同儕回饋，在上課時與學生溝通、確認同學瞭解評估標準，調整修正。

二、整體型評分規準

整體型的評分規準是指針對學生整體反應品質加以判斷的一種評分方式，不需要依評分內容逐項給分，只需給予一個總分。一般來說，有採用三至四層級的分類來評分，例如：高、中、低，或是不佳、普通、優秀。而在兩個向度所構成的每一個細格裡都有說明文字，用來界定每一層級的狀況。這種評分規準容易瞭解、計分快速，適合總結性評量及大規模施測。缺點則是回饋訊息不夠明確，學生可能因不同原因而得到相同分數，故其診斷功能較弱（柳玉清，2016；王文中等，2011）。表 7-1 是由美國國家教育評量計畫（National Assessment of Educational Progress, NAEP）為了評量全美學生寫作所發展出來的寫作評分規準（李坤崇，2019）。

表 7-1

NAEP 寫作的整體型評分規準

分數	描述
6	廣泛細微的：回應顯示出對各種寫作元素的高度控制，與得分 5 的論文相比較，得分 6 的論文也許有相似的內容，但他們的組織較佳，書寫更清晰，且錯誤較少。
5	細微的；發展良好且回應詳細，可能已經超越作業的重要元素。
4	發展的；對作業回應包含必要元素，但其發展可能參差不齊或未仔細推敲。
3	極些微的發展：學生提供的作業回應是簡要的、模糊的，且有些令人混淆的。
2	學生開始以未發展的反應回應作業，但卻是一種相當省略、混淆且不連貫的方式。
1	對主題的回應幾乎無與作業有關的訊息。

資料來源：李坤崇（2019，頁256）

三、分析型評分規準

　　分析型的評量方式，則是學生的學習成果可以區分成幾個特定的、可觀察的標準或指標，雖然評分時比較花時間，但是能產生多向度的評分結果，反映出學生學習成效的輪廓，提供學生瞭解本身學習的優點與不足之處。如果要進行形成性評量，最好採用分析型評量方式，其缺點則是計分費時，較不適合大規模的正式測驗（柳玉清，2016；Reddy & Andrade, 2010），其格式請參見表 7-2。分析的評分也可使用評定量表和檢核表，可以提供學生優缺點的回饋。

表 7-2

報告大綱分析型評分規準

指標表現 評量標準	優 （90-100 分）	良 （75-89 分）	普 （60-74 分）	待改進 （0-59 分）
一、主題與想學習的重點：相關且聚焦與有實際案例（30%）	與本課程有關且聚焦在一特定主題，探討實際機構的制度、案例、實務作法，或是統整研究論文做報告。	與本課程有關且有聚焦相關重點，有案例或整理研究論文。	與本課程有關，但主題缺乏聚焦，或好幾個主題但關聯性不大，未能深入探討。	與本課程不太相關，或範圍太大無重點，沒有實際機構的制度、案例、實務作法，或是沒有整理研究論文做報告。
二、內容：清楚條列與豐富程度（50%）	有組織、有邏輯，清楚條列式的列出報告的重點，內容豐富詳盡。（至少 250 字以上）	有邏輯的條列出報告重點，內容詳盡。（200-250 字左右）	條列出報告重點。（100-200 字）	內容很少，沒有清楚條列出來，敘述沒有組織或無邏輯，或是字數 100 字以下。
三、參考資料來源：數目與符合 APA 格式程度（20%）	依據 APA 格式，清楚條列出參考資料來源至少三項。	與 APA 格式不一致，但有清楚條列出參考資料來源，至少三項；或依據 APA 格式，清楚條列出參考資料來源，至少兩項。	依據 APA 格式條列出參考資料來源，至少一項；或沒有依據 APA 格式，但列出兩項。	沒有列出參考資料來源。

資料來源：柳玉清（2016，頁87）

第四節　實作評量的優點與限制

　　實作評量能廣泛的應用在各個領域，能測量出學生高層次的認知和技能，例如：要求學生以口頭、寫作或完成作品方式進行評量，主要是因為它具有一般傳統紙筆測驗無法達成的優勢，但相對的，它也具有一些需要克服的限制。實作評量應和傳統紙筆評量相互靈活運用，才能發揮最大的教學效果（郭生玉，2016）。

 壹　實作評量的優點

　　實作評量主要是針對舊有的傳統式評量加以改進，例如：要求學生透過實際操作的方式應用所學的知識和技能，並非只是再認或回憶，符合當今建構主義學習與教學的評量方式。加上實作評量的作業具有意義性、挑戰性且與教學活動或實際生活相結合，因此相較於傳統的紙筆評量方式，實作評量具有下列優點：1. 實作評量的進行並非必須獨立於教學時間之外，可將教學、學習與評量緊密結合；2. 訓練學生將知識、技能和正確的學習態度統整、連結，並展現出來，符合杜威做中學的教育理念；3. 評量與真實生活相似，可提升學生學習動機、參與感和投入的程度；4. 實作評量具有正面的後果效度，學生可發展問題解決能力和表達自我的能力，使所學能應用在真實生活中；5. 參與評量的人員可以多元化，除了教師之外，學生亦可參與；6. 實作評量提供更多學生在學習過程中的訊息，教師能隨時發現學生學習問題，進而實施補救教學（王文中等，2011；李坤崇，2019；盧雪梅，1998；曾素秋，2010）。前文所謂的後果效度（consequential validity）是指測驗或評量的使用是否造成一些預期的正面後果，而未造成一些非預期的負面後果，即考量評量對學生個人、老師教學、班級文化或社會的影響（張郁雯，2010）。

實作評量的限制

　　由以上的探討，發現實作評量的優點很多、可行性很高，能應用在中小學的教室中，目前除自然與生活科技及藝術技能方面的學科應用比較多，其他學科仍然以客觀、快速的紙筆測驗為主，追究其原因，實作評量存在著以下的限制：1. 施行上需要較多的時間；2. 評分較困難，費時、費力、較不客觀；3. 和紙筆評量相比，需較多的經費與設備；4. 增加教師負擔與學生作業量；5. 教師缺乏實作評量的專業技術，例如：計分表之設計、施測情境之控制等；6. 評量結果的效度與信度不高，如實作評量之評分者誤差會影響評量結果的信度與效度，誤差來源通常有偏見、月暈作用、評量次數過少等三方面。偏見是指教師對學生有先入為主的觀念存在；月暈效應是指教師根據一般印象來針對學生的實際表現進行評分所造成的不良影響（余民寧，2017；張麗麗，2004；曾素秋，2010）。

 實作評量的改進

　　陳學淵和王國華（2004）以自然生活科技領域教師進行協同合作實作評量的研究，發現教師發展實作評量時常邊做邊修，常常遇到阻力與困難。其中一項阻力是實作評量之標準制定不易，實作評量是一種標準本位之評量方式，計分標準決定了實作評量之成功與否。徐怡詩和王國華（2003）指出在設計與實施實作評量之過程中，就屬於標準項目與標準之制定最為困難，教師若對於學生可能出現的反應不夠瞭解，會造成設計出來之評分表不易落實。因此教師可以先將「標準」說明清楚，說明什麼樣的成品是可以符合這項作業「優良」的程度，以消除學生在受評歷程所感到的疑惑（曾素秋，2010）。

　　教師實施實作評量時，為避免爭議，應思索幾個重要課題：1. 沒有哪一種實作取向是最好的；2. 實作評量系統最重要的是發展優質的評分系統；3. 去除評量歷程之偏見；4. 實施實作評量訓練；5. 實作評量應提供回饋與建構支持系統（曾素秋，2010）。剛開始實施可以試著從比較簡單的

作業設計起步，例如：語文領域教學要同時兼顧聽、說、讀、寫的評量可能很困難，除傳統的閱讀教學外，可以設計聽和說等比較簡單的實作評量，慢慢再發展複雜的實作評量。

至於信、效度的改進方面，研究指出實作評量如果要具有很高的評分者一致性，只要給予明確的評分規範及適度練習，便可達到不錯的一致性信度，使評分更加客觀與標準化。在實作評量的效度方面，由於實作評量的實施方式及時間限制，通常所評量的學生行為表現較傳統測驗少，即評量內容涵蓋範圍較小，不易獲得學生行為的適當表現。致使若單由傳統觀點，意即內容、效標及建構效度三方面觀之，實作評量可能因時間、題目取樣的限制，面臨少量題目能否有效評估欲測量的範圍或內容、題目選取之代表性，以及實作評量能否預測未來表現之程度等議題。因此，實作評量的內容效度顯得更加重要，透過學者專家意見，經由工作分析、任務分析、課程分析等方式編製完善的評量試題，以確定欲測量的能力結構和範圍，或可降低少數試題的代表性及效標關聯效度蘊含之意義等疑慮（潘裕豐、吳清麟，2018）。

自我評量 ....

一、選擇題

(　) 1. 假若駕駛執照的考試，是直接要求考生上路，考官坐在旁邊，依照馬路上的情境出題。這種方式的駕照路考屬於何種評量？ (A) 檔案評量　(B) 實作評量與真實評量　(C) 形成性評量　(D) 預備性評量

(　) 2. 國民中學學生成績評量，依問題解決、技能、參與實踐及言行表現性目標，採書面報告、口頭報告、口語溝通、實際操作、作品製作、展演、行為觀察等方式，稱之為： (A) 實作評量　(B) 檔案評量　(C) 紙筆測驗　(D) 學習單

(　) 3. 如果你想要評量學生將知識、理解化為行動的能力，瞭解他們在相關背景下，能不能善用習得的技能與知識，透過哪一種評量方式較能達到目的？ (A) 口頭提問　(B) 實作評量　(C) 檔案評量　(D) 論文式測驗

(　) 4. 評分規準（rubrics）是許多教師用來評量學生實作表現的工具。依建立評分規準的步驟，下列何種順序較為適切？甲、蒐集多樣的學生表現或作品樣本；乙、針對各個表現面向，找出對應分數的表現或作品樣本，列出各分數等級的描述；丙、把作品樣本分類到不同堆，並寫下分類的理由和特色；丁、歸納出不同的表現面向；戊、反覆觀察並修正評分規準　(A) 甲乙丙丁戊　(B) 甲丙丁乙戊　(C) 甲丁乙丙戊　(D) 甲丁丙乙戊

(　) 5. 評量規準（rubric）提供統一的評分標準，是評量學生學習表現的有效工具之一，下列關於評量規準的敘述何者正確？ (A) 應以自評形式設計　(B) 需參照常模表現訂定　(C) 可診斷學生的迷思概念　(D) 應具備學習引導功能

(　) 6. 某校為了發展藝術作品的評分規準，邀請了兩位藝術領域的專家進行學生作品評量，經分析後發現兩者相關為 .80。這是屬於下列何者？ (A) 內容效度　(B) 折半信度　(C) 效標關聯效度　(D) 評分者間信度

(　) 7. 大山國小負責辦理全國國小學童美術比賽，收到 5,000 張畫作，張老師負責評分的業務。下列何種評分方式最能挑選出優秀作品？
(A) 依照檢核表（checklist）採整體性的計分　(B) 依據檢核表（checklist）進行分析性計分　(C) 依照評分規準（rubrics）採分析性的計分　(D) 選出不同等級的作品作為評分參照依據

(　) 8. 下列何種實作評量的類型，其施測情境的真實性最高？　(A) 辨認測驗（identification test）　(B) 模擬表現（simulated performance）(C) 工作範本（work sample）　(D) 結構化表現測驗（structured performance test）

(　) 9. 下列關於「實作評量」的敘述，何者有誤？　(A) 提供歷程與結果的方法　(B) 無法測量所有學習目標　(C) 評量結果的可推論性較高　(D) 有助於改進教學

(　) 10. 下列何者並非實作評量的優點？　(A) 可以評量統整的能力　(B) 可提供評量歷程與結果的方法　(C) 有助於改進教學　(D) 施測與評分較具客觀性

(　) 11. 實作評量（performance evaluation）是多元評量的方法之一，其特色有哪些？甲、直接判斷表現的評量；乙、重視思考歷程的評量；丙、只適合個別學生；丁、彈性的解題時間；戊、題目結構性完整
(A) 甲乙丙　(B) 乙丙丁　(C) 乙丁戊　(D) 甲乙丁

(　) 12. 有關評量規準（rubrics）的敘述，下列何者為非？　(A) 表現等級愈多愈好　(B) 表現描述愈具體愈好　(C) 可以由師生共同訂定(D) 評量向度需呼應學習目標

(　) 13. 科技領域吳老師想瞭解學生能否運用所學的軟體，設計角色扮演的簡易遊戲。吳老師最適合使用下列何種方式評量學生的學習成效？
(A) 辨認測驗　(B) 紙筆測驗　(C) 實作評量　(D) 動態評量

(　) 14. 有關學習評量，下列敘述何者正確？　(A) 適性評量就是真實評量，強調評量情境的擬真　(B) 師資生在半年教育實習中進行教學演示，屬於實作評量　(C) 動態評量是以皮亞傑的認知發展理論作為基礎，重視實際操作　(D) 教師資格考試力求公正減少誤差，以測得真實能力，屬於真實評量

（　　）15. 郭老師以探討網路不實訊息的主題進行教學設計，師生共同決定拍
攝短片教導民眾分辨不實訊息，並整理不實訊息的資料製作專刊，
最後以展演的方式呈現學習成果。此種作法屬於下列何種評量方
式？　(A) 實作評量　(B) 動態評量　(C) 適性評量　(D) 紙筆測驗

（　　）16. 傳統的紙筆測驗較適合於「內容知識」的檢驗，而過程知識
（procedural knowledge）則較適合以何種評量加以檢視？　(A) 靜
態評量　(B) 紙筆評量　(C) 電腦化評量　(D) 實作評量

（　　）17. 方老師欲以實作評量的方式，瞭解學生充實活動的學習情況，下列
哪一種作法較為適切？　(A) 以辯論比賽來瞭解學生的內省能力
(B) 以對藝術作品的評論來瞭解學生的人際能力　(C) 以模擬孤島
上的一天來瞭解學生自然觀察的能力　(D) 以戲劇演出歷史故事的
方式來瞭解學生語文能力

參考答案

1.(B)　2.(A)　3.(B)　4.(B)　5.(D)　6.(D)　7.(C)　8.(C)　9.(C)　10.(D)

11.(D)　12.(A)　13.(C)　14.(B)　15.(A)　16.(D)　17.(D)

二、問答題

1. 中小學所使用的評量方式是多元化，其中真實評量（authentic assessment）及
實作評量（performance assessment）亦被教師使用，請說明真實評量及實作評
量的意義，並舉一實例說明如何進行真實評量或實作評量。

2. 與傳統的紙筆測驗相比較，實作評量具有哪些特性？

3. 實作評量若依限制程度加以分類可分為哪兩類？試各舉一實例說明之。

4. 若依真實程度加以分類，實作評量可分為五種類型。請至少說明三種實作評
量的方式，並各舉實例說明。

5. 王老師在某數學單元教學後，想運用真實評量來評量學生計算的應用能力。
請從情境、活動流程和評分標準三個層面，舉例說明王老師可以如何設計。

6. 在語言課室中，教師要學生分組討論（3 人一組）進行一項任務，最後上臺做
角色扮演。情境是在一個大風雪的晚上，兩個一起旅行的朋友因為找不到住
的地方，在一家旅館的櫃檯前，請求給予協助。設想你是這位教師，須事先

向學生說明你所採取的評量方式以及評分標準,以利整個活動的進行。請敘述你的評分方式以及評分標準,敘述時也請說明你的理念。

7.試簡要說明實作評量的優點及其限制。

8.影響實作評量的信度與效度的重要因素為何?如何提升其信、效度?

第**八**章

素養導向評量

關注學生學習已成為教育發展的重要課題，「提升教育品質，增進學生有效學習」更成為教育改革的重點，教育改革所思考的方向，如 21 世紀公民需要具備哪些素養？教育如何培養具有素養的公民？都已成為教育政策努力的方向（吳清山，2017）。臺灣於 2014 年提出《十二年國民基本教育課程綱要》（簡稱 108 課綱），係以學生核心素養之養成為標的，並以素養導向為教學實踐的方針，而 108 課綱的「評量」一方面在於檢核學生學習成效達成的程度，另一方面則在促進學生素養的發展與形成（吳璧純，2017）。因此，素養導向的教學與評量成為當前中小學實踐 108 課綱教育目標的重要課題，因為 108 課綱改變傳統學校教育的課程、教學和評量為主的知識學習，轉而朝向核心素養為主的學習架構，以培養學生具備適應現在和未來社會所需的知識、能力和態度（吳清山，2018）。素養導向的評量是源自於經濟合作開發組織（Organization for Economic Cooperation and Development, OECD）所發起的國際學生能力評量計畫（the Programme for International Student Assessment, PISA），臺灣從 2006 年參加開始，15 歲學生在數學和科學素養的表現頗佳，數學分別為第一名及第五名，科學分別為第四名和第十二名，但是閱讀素養則不如數學和科學素養亮眼，在兩次公布的成績中，排名依序為第十六名及第二十三名（洪碧霞、林素微、吳裕益，2011）。PISA 的結果引起了臺灣各界的高度關懷和積極討論，108 課綱納入核心素養，教育部也積極推動素養評量，例如：將 PISA 素養評量的題型納入國中會考、統測及學測等大型考試之中。本章首先探討主要國家或組織推動的核心素養及 PISA 的素養評量架構，其次再探討素養導向評量的內涵，最後則剖析素養題的命題技巧。

第一節　素養導向評量的源起

最近幾年來，學生核心素養概念已成為教育系統中的重要課題。透過素養導向教育，發展學生核心素養，愈來愈受到各國重視（吳清山，

2017）。為探討素養導向評量的起源，本節首先列舉主要國家或組織如聯合國教科文組織、經濟合作開發組織、歐盟、美國、臺灣等所提出的核心素養理念，其次探討經濟合作開發組織所推動的素養導向評量，瞭解如何評量核心素養及如何落實在課程與教學。

 ## 壹　核心素養

　　《十二年國民基本教育領域課程綱要》，強調培育學習者核心素養（key competencies）以及學生為學習主體，培養以人為本的終身學習者觀點出發。國際組織如 2003 年聯合國教育、科學與文化組織（United Nations Educational, Scientific and Cultural Organization, UNESCO，簡稱聯合國教科文組織）、2005 年經濟合作開發組織、2006 年歐盟（European Union, EU），以及 2009 年美國 21 世紀關鍵能力聯盟（Partnership for 21st Century Skills, P21）亦先後提出國民核心素養架構，雖然與臺灣十二年國教新課綱提出的學習者應具備的關鍵能力不完全一致，卻都以學習如何學習為核心（曾靜雯、許瑞強、陳璿文，2018）。以下分別介紹國際組織及我國的核心素養的內涵。

一、聯合國教科文組織

　　隨全球經濟知識與媒體資訊爆發的世代來臨，聯合國教科文組織於 2003 年提出核心素養，其內涵共有五層面：1. 學會求知，包括學習如何學習、專注力、記憶力、思考力等內涵；2. 學會做事，包括職業技能、社會行為、團隊合作、創新進取、冒險精神等內涵；3. 學會共處，包含認識自己的能力、認識他人的能力、同理心、實現共同目標的能力等內涵；4. 學會發展，包括促進自我實現、豐富人格特質、多樣化表達能力、責任承諾等內涵；5. 學會改變，包括接受改變、適應改變、積極改變、引導改變等二十一項內涵（張郁雯，2015）。

二、經濟合作開發組織

經濟合作開發組織在 1997 年開啟了一個名為「定義與選擇國民核心素養」（The Definition and Selection of Competencies: Theoretical and Conceptual Foundations，簡稱 DeSeCo）的研究計畫，歷經六年探究，在 2003 年提出了一個包含三大類九大項的核心素養。三大類核心素養分別為：1. 使用工具互動素養，包含運用語言和符號、運用知識和資訊，以及運用科技互動能力；2. 異質團體中互動素養，包括人際互動、團隊合作，以及衝突處理能力；3. 自主行動素養，包含從大脈絡理解與思慮行為與決策、規劃執行，以及主張維護自身權益、興趣與需求能力。其核心素養特別強調互動的能力，而互動的領域則是溝通工具、異質團體與自我（黃琇屏，2017；OECD, 2005）。

三、歐盟

歐盟執委會於 2005 年發表「終身學習核心素養：歐洲參考架構」，提出終身學習核心素養包括：1. 母語溝通；2. 外語溝通；3. 數學能力及基本科技能力；4. 數位能力；5. 學習如何學習；6. 人際、跨文化與社會能力及公民能力；7. 創業家精神；8. 文化表達等八大核心素養內涵。另有七項主軸在八項核心素養扮演重要角色：批判思考、創造力、主動積極、問題解決、風險評估、做決策、感受的建設性管理。歐盟的核心素養較重視核心學科素養，相較於前兩者，在團體中互動以及自我發展在核心素養所占的分量較低（張郁雯，2015；European Commission, 2005）。

四、21世紀關鍵能力聯盟

21 世紀關鍵能力聯盟由美國蘋果、思科、戴爾、福特汽車、惠普與微軟等企業與聯邦教育部於 2002 年共同建立，致力於探究美國 K-12 學生應養成的關鍵素養。他們提出 21 世紀學生要學會的核心素養首先是核心學科能力，這是各種技能得以施展的基礎，包含語言能力、藝術、數學、經濟、科學、史地、公民等。此外，21 世紀的學生還需擁有三大類技能：

1. 學習與創新技能，包含創造力與創新、批判思考與問題解決、溝通與合作；2. 資訊、媒體與科技能力；3. 生活與生涯能力，包含彈性與適應力、自動自發與自我導向、社會與文化能力、生產力與績效、領導力與責任感。另外，除了核心課程之外，該聯盟認為以下各跨領域的議題也需融入核心學科當中：全球化覺知、金融、經濟、商業、創業素養、公民素養、健康素養以及環境素養（張郁雯，2015；吳清山，2017）。

五、我國 108 課綱

我國 108 課綱對「核心素養」的解釋如下：是指一個人為適應現在生活及面對未來挑戰，所應具備的知識、能力與態度。核心素養強調學習不宜以學科知識及技能為限，而應關注學習與生活的結合，透過實踐力行而彰顯學習者的全人發展。核心素養包含：A 自主行動、B 溝通互動及C 社會參與三大面向，再細分為九大項目：A1 身心素質與自我精進、A2系統思考與解決問題、A3 規劃執行與創新應變、B1 符號運用與溝通表達、B2 科技資訊與媒體素養、B3 藝術涵養與美感素養、C1 道德實踐與公民意識、C2 人際關係與團隊合作、C3 多元文化與國際理解（教育部，2014）。核心素養，將透過各學習階段、各課程類型的規劃，並結合領域綱要，以落實於課程、教學與評量中。茲以表 8-1 國小教育階段為例，說明我國核心素養之內涵。

 素養導向評量的源起

OECD 國家所籌劃主導之國際學生能力評量計畫（PISA），是一種國際標準評量工具，先是採用紙筆測驗，後改為電腦線上評量方式，從評量過程中建立學生基本知識與技能的檔案，瞭解學生、學校特點與長期變化的結果，從報告數據分析，瞭解到各國在各科素養相對的優勢與劣勢，為未來教育提供改善方向（彭開琼、胡榮員，2017）。臺灣的素養導向評量源頭，可以說是來自於 PISA 的命題方式，以下僅就 PISA 評量工作的主旨及評量架構作一說明（吳正新，2019；洪碧霞主編，2021；彭開琼、

表 8-1

國民小學教育階段核心素養內涵

面向	項目	國民小學教育階段核心素養具體內涵
自主行動	身心素質與自我精進	具備良好的生活習慣，促進身心健全發展，並認識個人特質，發展生命潛能。
	系統思考與解決問題	具備探索問題的思考能力，並透過體驗與實踐處理日常生活問題。
	規劃執行與創新應變	具備擬定計畫與實作的能力，並以創新思考方式，因應日常生活情境。
溝通互動	符號運用與溝通表達	具備「聽、說、讀、寫、作」的基本語文素養，並具有生活所需的基礎數理、肢體及藝術等符號知能，能以同理心應用在生活與人際溝通。
	科技資訊與媒體素養	具備科技與資訊應用的基本素養，並理解各類媒體內容的意義與影響。
	藝術涵養與美感素養	具備藝術創作與欣賞的基本素養，促進多元感官的發展，培養生活環境中的美感體驗。
社會參與	道德實踐與公民意識	具備個人生活道德的知識與是非判斷的能力，理解並遵守社會道德規範，培養公民意識，關懷生態環境。
	人際關係與團隊合作	具備理解他人感受，樂於與人互動，並與團隊成員合作之素養。
	多元文化與國際理解	具備理解與關心本土與國際事務的素養，並認識與包容文化的多元性。

資料來源：張郁雯（2015，頁15）

胡榮員，2017；臺灣 PISA 國家研究中心，2023）：

一、PISA評量工作的主旨

　　PISA 是由 OECD 主辦的全球性學生評量，自 2000 年起，每三年舉辦一次，評量對象為 15 歲學生，內容涵蓋閱讀、數學、科學等三個領域的基本素養，以及問卷調查。PISA 的基本關懷主要有兩個層面：1. 瞭解學生面對變動快速之社會的能力，即所謂真實生活的素養（real-life literacy）；2.瞭解處於社經地位弱勢的學生所獲得的教育情形。因此，透過評

量，主要希望能夠回答以下的問題：

1. 學生是否具備足以面對未來世界的素養？

2. 學生表現與個人特質的關係為何？學生是否有良好的學習態度和學習方法？

3. 怎麼樣的學校型態、資源與教學情境對學生學習較為有利？

4. 弱勢的學生是否獲得了最大的教育機會？對於不同背景的學生，我們所提供的教育有多公平？

問題一中提到的「面對未來世界的素養」，具體內涵即閱讀素養、數學素養和科學素養。學生在這三個領域的表現即各國的教育成就。PISA 所取得的資料來自世界各國，因此可以比較國家間教育成就的差異。各國對學校的取樣若是以國內的地理或行政區域來分層，則可比較區域間的差異。PISA 對學校和學生個人所發展的背景問卷，則提供了分析學校層次和個人層次變項的資料，從而得以進一步分析造成學校和學生差異的原因。

二、PISA評量架構

PISA 為評量內容包含閱讀、數學及科學等三個領域的基本素養。每一次的評量，都會著重在其中一個領域。同時自 2012 年起，每年會加考一個其他領域的素養，例如：合作解決問題能力、全球素養、創意思考等。以下以閱讀、數學、科學三個領域說明其評量架構：

(一)閱讀評量架構

PISA 2018 閱讀素養的定義如下：理解、運用、評鑑、省思、投入文本，以實現個人目標、發展個人知識和潛能，並參與社會。PISA 2018 的閱讀素養架構建基於三個主要特徵：

1.文本

評量時讀者所閱讀的素材稱之為文本，PISA 2009 閱讀素養架構將文本依四個向度予以分類：(1) 媒介，分為印刷形式或電子形式；(2) 環境，文本是由單一來源或多重來源文本所組成；(3) 文本形式，分為連續的散

文、非連續的寫作矩陣，或是這兩種形式的混合；(4) 文本類型，主要有六種文本類型，分別是描寫文、記敘文、說明文、論說文、說明指南（指示）、交易協議（兩位對話者的書信或訊息）。PISA 2018 的閱讀採電腦化評量，所有文本都在螢幕上呈現，因此前述的媒介向度不再適用。

2. 歷程

歷程（processes）即認知歷程，指讀者在閱讀時如何處理文本的認知方法。共包含四項認知歷程：(1) 閱讀流暢性，這是指個體能精準與自動化閱讀文字與連結文本，並能表達與處理這些文字與文本，以瞭解文本的整體意義，這是其他三種歷程的基礎。閱讀流暢性評量以多種句子呈現給學生，一次一個句子，然後詢問他們該句子是否有意義。(2) 定位訊息，是閱讀中最簡單的認知歷程，包含兩種認知歷程：瀏覽與定位、搜尋與選擇相關文本。(3) 理解，即讀者必須確認該段落所傳達的意義，理解可區分為兩個認知歷程：表徵字面意義、統整與產生推論。(4) 評鑑與省思，是閱讀素養架構最高的層次，讀者必須超越字面的理解，或者推論文本的意義，以評估其內容和形式的品質與有效性。此一歷程包含三項認知歷程：評估品質與可信度、省思內容與形式、確認與處理衝突。

3. 情境

情境（scenarios）是閱讀文本的背景脈絡或目的。情境中設有作業（tasks），為成功的讀者必須完成的指定目標。PISA 閱讀素養評量旨在透過變化文本（閱讀素材的範圍）和情境（閱讀的背景脈絡或目的）兩個向度，以一個或多個與主題相關的文本來測量學生閱讀歷程（讀者對文本可能的認知方法）的精熟程度。

(二)數學評量架構

PISA 2022 對數學素養的定義為：個體在各種真實世界的情境脈絡中，進行數學推理，並透過形成、應用、詮釋數學以解決問題的能力，包含運用數學概念、程序、事實與工具，來描述、解釋和預測現象。數學素養促進個體瞭解數學在世界中所扮演的角色，並促使個體作出有根據的判斷與決策，此乃成為具建設性、投入性與反思力的 21 世紀公民所需。

PISA 2022 數學評量架構由數學過程、數學內容、情境脈絡與 21 世紀技能四個部分所組成。21 世紀技能即探究、歸納、批判、溝通等能力。PISA 數學素養評量主要是以下列三大向度為主：

1. 數學推理與解決問題

PISA 2022 不僅側重於使用數學來解決現實問題，並將數學推理確定為數學素養的核心地位，強調數學推理在問題解決週期（形成、應用、詮釋）中的任何一環都占有一定的地位。作為積極的問題解決者，利用數學處理問題的歷程可細分為「形成數學情境」、「應用數學概念、事實、程序和推理」、「詮釋、應用及評鑑數學結果」三個階段；在試題分配比例上，各階段數學推理及三階段歷程各占 25%。

2. 數學內容

PISA 試題包含四個數學內容，分別為數量、不確定性與資料、變化與關係、空間與形狀，試題分配比例各為 25%。

3. 真實生活情境中的挑戰

數學素養的一個重要概念就是利用數學來解決生活情境中的問題，依據情境脈絡的不同，PISA 分為個人的、職業相關的、社會的與科學的四種。

(三)科學評量架構

科學議題涵蓋的層面相當廣泛，包括全球、地區與個人層級的問題。PISA 2018 界定科學素養是指交互運用知識和資訊的能力，也就是瞭解科學知識如何改變人與世界互動的方式，以及如何運用科學以達成目標。具有科學素養即能具備參與科學相關議題的能力、具有科學想法，以及成為具反思能力的公民。為評量 15 歲學生的科學素養，PISA 2018 的科學素養評量架構，提出了以下四個相互關聯的向度，並據此發展評量試題：

1. 情境

PISA 的評量試題將以一般生活與學校情境作為架構，其中包括個人（自我、家庭、同儕團體）、社群（地區／國家）、世界各地的生活（全球）等三個面向。所應用的領域涵蓋了健康、自然資源、環境、災害、

科學與技術新領域五大方向。其中值得注意的是，PISA 並非在評量「情境」，而是在評量學生於情境中所展現的能力、知識與態度。

2.科學能力

PISA 科學素養評量學生最需具備的能力為：(1) 科學的解釋現象，即辨識、提供並評估各種大自然現象和科技現象的解釋；(2) 評估及設計科學探究，即辨識、描述並評估科學探究的設計和實施；(3) 科學的解讀資料和證據，即分析和評估各種陳述中科學資訊、主張和論證，並獲得適當的結論。

3.科學知識

科學知識包括：(1) 內容知識，取材自物理、化學、生物、地球與太空科學等主要領域的科學知識；(2) 程序知識，運用於設計、解釋與評估數據的科學過程之知識；(3) 認識論知識，即建構科學探究的基礎概念之後設知識。

4.態度

PISA 以三個面向來評量學生的態度，作為建構科學素養的核心：對科學和技術的興趣、環保意識、對科學探究方法的重視。

第二節　素養導向評量之內涵

　　課程、教學和評量三者，可說息息相關，而課程與教學的成效，有賴合適的學生學習評量，才能發揮其功能。素養導向教育是一種新的教育典範，課程和教學都會隨之調整，學生經過核心素養課程和教學之後，學習成效和效果都需借助於適切的評量系統，才能有效掌握學生核心素養的表現情形。因此及早研發和建置學生的核心素養評量系統，一方面可提供教師教學參考，另一方面亦可用來監控學生核心素養的評估，作為瞭解是否能夠達成政策目標的重要工具（吳清山，2017）。PISA 的素養評量目的與 108 課綱的培育核心素養的目的相似，兩者皆強調運用知識、能力與

態度，重視以跨領域學習來解決生活上的問題，都是關注學生的學習與生活的結合。PISA 的素養評量強調生活應用，其設計理念與素養導向評量相似，因此發展素養導向評量試題時，可以參酌 PISA 的評量架構與試題（吳正新，2019；徐秀婕，2022）。

壹　素養導向評量定義

　　十二年國教強調素養導向，素養導向的課程、教學與評量三者有其相關性。素養導向評量之「導向」兩字，正是期望透過適當的評量設計，引導並落實能夠培養學生核心素養和領域／科目核心素養的課程與教學。素養導向教學強調學生自主學習力的培養，也強調學習成效的達成，因此評量重視形成性評量，也強調總結性評量，兩種評量形式都可以伴隨著教學中的學生學習表現來進行，所以不一定是紙筆評量，而是多元評量。標準本位（standard-based）評量與成效本位（outcome-based）學習互相結合，目的在評量學生的總結性表現（吳璧純，2017）。因此在會考或學測等大型考試中，近幾年均採用素養導向評量的紙筆測驗，檢核學生表現是否達到標準。然而從形成性評量的觀點視之，素養導向學習評量屬於表現評量，是多元評量的一種形式，在多元評量設計實施方面，視場合靈活地使用紙筆評量及各種替代性評量，例如：實作評量或檔案評量（許家驊，2019）。

　　而在設計素養導向評量的紙筆測驗時，應針對真實情境與問題，結合核心素養、學科本質與學習重點去編擬題目（任宗浩，2018）。目前中小學在段考時，都有所謂的素養題和基本題之分；素養題往往採用情境式命題，在培養學生跨領域、跨學科的知識整合應用能力，因此文字題型的題幹敘述往往較長，閱讀素養貫穿各學科的考題，導致教師有一種迷思，好像素養題的題目都要編寫得很長，以致產生一種現象：數學科教師發現學生答錯題目，無法確定該生是缺乏數學基本計算能力，還是無法理解題目（丁毓珊、葉玉珠，2021）。素養題還有一項爭議，2019 年心測中心公布素養導向考題範例，2020 年大學入學考試後，多家媒體揭露素養考題

題幹過長、字數過多，不利於閱讀困難學生作答，考試已分不清是考知識還是考閱讀理解（徐秀婕，2022）。

綜合上述的討論，十二年國教的素養導向評量可歸納出以下幾個特點：1. 不僅評量學生的知識與技能，而且還評量學生對於學習的態度。2. 不單只重視學習結果，也重視學習歷程，同時兼顧總結性與形成性的評量。3. 強調對於學生能整合所學並應用於生活情境的評量（謝名娟、謝進昌，2017）。

貳　標準本位評量

在第一章中提到評量分成「對學習的評量」、「促進學習的評量」、「評量即學習」三種類型（Earl, 2003）。傳統的評量觀念主要是「對學習的評量」，即對學生的學習成果進行評量。而當代對學習評量的觀念逐漸朝向「促進學習的評量」和「評量即學習」發展，教師應該思考如何在教室的評量中落實「促進學習的評量」和「評量即學習」之理念。素養導向評量即是在落實「促進學習的評量」的理念，素養導向評量不只是檢視學生能否掌握學科基礎知識，且引導學生在面對真實情境時，該如何展現或運用核心素養進行思考，以處理和解決真實問題。因此在設計素養導向評量時，若是能透過「評量標準」來搭建，則評量將具有引導學生思考的功能（熊雲偉，2020）。

標準本位評量（standards-based assessment）是「基於標準的評量」，以事先擬定的「評量標準」來設計學習評量，用以檢視學生的表現，並針對其表現給予質性回饋（熊雲偉，2020）。近年來愈來愈多先進國家持續推動以標準為本位的評量，這些國家一方面將標準本位評量應用在外部考試以監控學力，另方面也將其應用於班級評量，透過加強課程綱要、教學與評量三者的緊密對應，促進教師評量專業發展及學生學習成效。標準本位評量與標準參照評量非常相似，兩者皆將學生表現與事先制定的標準或規範相參照，進而提供學生會做什麼與不會什麼的學習成果訊息。標準本位評量可以是學習階段結束後實施的總結性評量（summative assessment），例如：國中教育會考，以評估學生三年來的整體學習概況，也可以是教師於課堂傳授課程內容後的形成性評量，例如：隨堂小考，以評估學生對特定知識的吸收程度，因此標準本位評量可以應用在學校外部大型測驗，也能在學校內部班級中實施（宋曜廷、周業太、曾芬蘭，2014）。

　　我國於 2011 年開始發展「學生學習成就評量標準」（Standards-Based Assessment of Student Achievement，簡稱評量標準），評量標準由內容標準（content standards）與表現標準（performance standards）所構成。內容標準意指希望學生具備的知識與展現的技能，表現標準則是說明在內容標準所條列的學習內容中，學生能展現相關的知識與技能達到何種程度。評量標準的研發工作首先要制定內容標準，將課綱各學習領域的能力指標或學習表現，加以歸納整併，分為不同「主題」，並根據學科屬性與教學內容，在各主題下再分成若干「次主題」。在表現標準部分，由於不同學生在教學活動後可能會呈現出不同的表現程度，因此需設立適當數量的表現等級，如採用五個表現等級，分別是 A（優秀）、B（良好）、C（基礎）、D（不足）與 E（落後），其中 A、B、C 屬「通過」的等級；D、E 則屬「尚未通過」的等級。此外，需針對各個等級撰寫表現等級描述（performance level descriptors, PLDs），讓教師可以進一步瞭解不同等級學生的典型表現或最低門檻水準（曾芬蘭、鍾長宏、陳世玉、張銘秋，2018）。在常模參照中，透過與群體中其他人的測驗分數進行比較，我們可以知道 PR 值為 40 的學生其表現低於群體中六成的學生，但無法指出該生缺乏何種知識或哪些技能需要補強。相對地，在標準本位評量中，對該生表現等級的界定不需要與他人比較，學生的表現能夠稱為「好」，是因為他的表現能達成評量標準所設定的門檻，由表現等級的質性表現描述，教師能指出該生目前具備的知識與技能。因此，以標準為本位的評量方式不但可降低競爭壓力，讓學生專注在提升自身學習成果，更能拓展評量結果的解釋與應用，提供教師與學生更多學習成就的回饋訊息（宋曜廷等，2014）。

　　茲以國小國語文學科培養的口語表達能力為例，說明評量標準之等級設定如何幫助學習。若運用評量標準來評量學生的口語表達，首先要制定如表 8-2 聆聽與口語表達的評分規準，當教師在聆聽學生口語表達的當

下，便可從「內容重點」、「邏輯」和「關鍵細節」等面向來檢視學生的發言是否具有層次，可以清楚掌握其口語表達能力的程度。課後也可針對學生在口語表達中各個面向的表現，給予相對細緻且富有層次感的回饋，幫助學生改善其不足（熊雲偉，2020）。

表 8-2

聆聽與口語表達評分規準

主題	次主題	A 等級	B 等級	C 等級	D 等級	E 等級
聆聽與口語表達	口語表達	能把握說話內容的重點、邏輯與關鍵細節。	能把握說話內容的重點與邏輯。	大致能把握說話內容的重點。	僅能把握說話內容的部分重點。	未達D等級。

資料來源：熊雲偉（2020，頁51）

參　素養導向評量的基本要素

素養導向評量的目的是為了引導素養導向的教學，在形成性評量時，素養題所占的比例多少不是最重要的，重要的是評量試題的品質。素養導向學習評量除了多元評量的評分規準表的編製外，也包含如何編製有效的素養導向試題與進行相關的題庫建置。在進行素養導向評量的命題時，要確實掌握以下兩項基本要素（任宗浩，2018）：

一、布題強調真實的情境與真實的問題

以往的紙筆測驗多著墨於知識和理解層次的評量，素養導向則較強調應用知識與技能解決真實情境脈絡中的問題。除了真實脈絡之外，素養導向試題應盡可能接近真實世界，例如：日常生活情境或是學術探究情境中會發生的問題。

二、評量應強調課綱核心素養、學科本質及學習重點

　　教師在進行素養導向評量的命題時，應強調課綱所列的核心素養、學科本質及學習重點，但要注意以下兩項原則：1. 跨領域／學科的命題，應參照總綱核心素養所定義的三面九項內涵之中的符號運用、多元表徵、資訊媒體識讀與運用，以及系統性思考等共同核心能力，而不是採用跨學科的題材來命題。2. 各領域／科目的素養導向評量的命題，應強調「學習表現」和「學習內容」的結合，並強調應用於理解或解決真實情境脈絡中的問題和能力。然而有些基本知識或技能被視為是素養培育的重要基礎，因此學科評量不一定完全採素養導向的情境題，但需盡可能減少透過機械式記憶與計算練習之題目。

第三節　素養導向評量紙筆測驗的命題實務及示例

　　素養導向評量是基於十二年國教課程與教學中的學習評量，要實施這類型的評量，教師除需具備一般評量的素養內涵之外，尚必須包含對素養導向評量的理解與實踐，教育部亦積極推動新課綱的教學與評量實務，例如：委託國立臺灣師範大學心測中心研發評量標準、編製標準本位評量示例彙編等，讓教師具備編製素養導向試題的知能。本節針對素養導向評量的紙筆測驗，說明其命題技巧。

 壹　傳統評量試題修改為素養導向評量的試題

　　過去傳統試題主要是評量學生的基本知識，而素養導向的試題則是結合生活情境來命題。吳正新（2019）提出兩命題策略，策略一是從學習內容出發，包含三步驟：1. 選定學習內容；2. 結合情境，提升問題的真實性；3. 結合學習表現、領域核心素養，增加問題的實用性與需求性。策略二是

從生活情境出發，包含三步驟：1. 選取與數學相關的生活情境；2. 避免不合理或不適切的情境；3. 結合學習表現、核心素養的提問，避免不合理的問題；4. 根據評量對象，簡化超出範圍的試題。以下我們用一道十年級的數學試題說明傳統試題與素養導向試題的差異，並從試題內容的差異探討素養導向試題的命題方式（吳正新，2019、2020）：

一、傳統評量試題

範例一：請寫出「斜率為 50，y 軸截距為 200」的方程式，並繪製圖形。

範例一是評量直線方程式的傳統試題，傳統試題的特色是評量內容偏重學科知識，特別是著重在未來學習更高階數學的基本數學知識，因此在試題的內容中，通常會使用數學符號、專有名詞，例如：範例一中的斜率、截距、方程式。此外，這些試題的內容多數是簡潔、條件充足的數學問題，不需要額外的情境鋪陳。

二、素養導向評量試題

如要將範例一的傳統評量試題修改成素養題，其步驟如下：

㈠加入真實情境

首先我們需要尋找一個合適的情境，用生活用語取代「斜率」、「截距」、「方程式」等數學用語，並且讓問題轉換成情境中的真實問題。範例二利用國際書展打工的情境來包裝、陳述問題。打工是學生寒暑假可能會接觸的境情，如何計算打工的薪水，是打工時最重要的議題。選取好合適的情境後，原本傳統試題的數學符號、專有名詞便可調整成日常生活中的語詞。

範例二：國際書展的書商正在應徵暑期工讀生，工讀生的薪水是「每小時時薪 200 元，每多銷售一套雜誌多加獎金 50 元。」請寫出工讀生的薪水和販售雜誌份數的關係，並繪製圖形。

〔二〕加入跨領域的核心素養

接著可將範例二進一步修改，就是加入跨領域的核心素養，如此可增加學生發揮比較、判斷或決策的機會。修改的方式如範例三。

範例三：為期六天的國際書展即將在臺北舉辦，小明正在尋找書展的打工機會。以下是兩個書商提供的打工機會：

雜誌商 A：工作六天，每天 8 小時，每小時時薪 200 元，每多販售一套雜誌多加獎金 50 元。

雜誌商 B：工作六天，每天 8 小時，每小時時薪 250 元，每多販售一套雜誌多加獎金 25 元。

1. 請幫小明分析一下，在販售不同雜誌數量時，這兩個打工機會的薪水差異為何？

2. 如果小明的專長是行銷，每天可以推銷 5-10 套雜誌，他應該選擇哪一個工作機會？

範例三增加另一個打工的機會，讓試題情境轉變成比較兩個不同打工機會可獲得的薪水差異，它需要學生進行比較，找出差異原因。為了計算兩份工作的薪水差異，學生很自然的就需要繪製圖形。在分析時，學生必須發揮系統思考（核心素養 A2）、規劃執行（核心素養 A3）的能力，表現出數與式的代數操作，並用於推論及解決問題（學習表現 g-V-4），才能評估兩家書商的薪水差異，同時學生也必須評估自己的能力，才能思考哪一份工作比較符合自己。透過這樣的修改方式，便可將跨領域的核心素養、學科的學習表現融入試題之中。

 ## 貳　素養導向評量命題示例

依教育部 109 年教師資格考試素養導向範例試題的公文，自民國 110 年起教師資格考試亦實施素養導向評量，評量內容新增「綜合題」題型，其題目情境貼近教學現場，對應學習經驗，描述內容增加；試題的題型包括選擇、是非、配合與問答題，係為多元評量題型的概念，並進行跨科目／領域／知識的整合，其中問答題部分，主要是評量考生是否能針對問題情

境提出自己的論述與見解。資格考試的素養題可至臺師大心測中心網站自行下載。學者對於素養導向評量陸續提出見解，素養試題的特色與命題策略包括：以解決生活情境問題為主、題目文字量高、常配合圖表、同時有單題與題組、有選擇題與非選擇題、跨領域與跨學科、要評量表達說明的能力，以提升評量層次（蔡佳禎，2022）。綜合上述，以下分別列舉國語文、數學試題，說明素養題的特色及命題作法。

一、國語文素養題範例

食安題組是適合國中階段的素養題，試題的文本改寫自中央社 2016 年的報導，食品安全此項重要的公共議題近年受到高度重視，和傳統評量知識的題型相較，素養導向試題命題樣式可以更多元，只要適當修改內容，社交平臺訊息或網路新聞都可能是命題素材。學生必須內化新課綱國語文閱讀素養內涵，方能辨析文本意涵，達成新課綱所期待學習與生活結合的核心素養（謝佩蓉，2018）。

㈠「食安」題組範例試題

請閱讀〈食安〉一文，並回答以下三個題目（國家教育研究院，2018）：

1.題幹

(1) 有關糖與脂肪對心臟危害的相關辯論，早在 1960 年代就已經出現。但最新出爐的文件分析指出，美國糖業在當時就開始資助糖在心臟病扮演角色的研究，試圖將部分原因指向脂肪。

(2) 哈佛研究團隊於 1967 年將評論發表在著名醫學期刊《新英格蘭醫學雜誌》，結論指出心臟疾病與糖無關，與膽固醇及脂肪則高度相關，因此要預防心臟病，飲食方面「毫無疑問」只需要降低膽固醇和飽和脂肪的攝取。而後，關於糖類與心臟疾病之間的討論便逐漸平息。然而，哈佛團隊並沒有公開自己的贊助者就是糖研究基金會。

(3) 有不少食品業者都會贊助科學研究，例如：可口可樂、家樂氏業者及農產品團體會定期資助研究，並表示會遵照科學標準。受贊助的研究

人員也覺得，在公家資助競爭日益激烈下，業界的贊助確實十分重要。

　　(4) 不過批評者指出，他們的影響力持續發酵，讓許多低脂肪飲食獲得一些健康權威專家背書，這幾乎可說是不加掩飾地行銷低脂肪、高糖分食品，使得改善公眾健康所做的努力都白費了。長期批判業界資助科學的紐約大學營養學教授奈賽爾說：「不論是不是故意操縱，食品公司的贊助會減低大眾對營養科學的信任。」

　　2. 問題一

　　你認為研究學者與糖業者合作，最有可能是想獲得什麼？　(A) 可信的實驗數據　(B) 充足的研究經費　(C) 更多的實驗參與者　(D) 詳細的食品製造細節（答案 B）

　　3. 問題二

　　下圖（臉書截圖略）是王小明臉書的畫面，請根據下方的留言，你認為哪一個人最有可能是糖業老闆？　(A) 陸仁甲　(B) 洪麻乙　(C) 胡交丙　(D) 羅波丁（答案 B）

　　4. 問題三

　　下面是一則網路上有關奇異果營養素的報導：

　　美國排名第一的大學營養科學研究中心，多年研究發現，奇異果的維生素 C 是檸檬的 3 倍，膳食纖維是香蕉的 1.5 倍，熱量卻只有香蕉的一半。全球銷量最高的前幾名水果中，又以奇異果的營養成分最豐富，最接近人體所需。

　　你覺得這則報導可以相信嗎？請根據你從〈食安〉一文所獲得的啟發，回答你相信（或不相信），並請說明理由。請將答案寫在下方的答案欄中。

　　範例一：我相信，因為＿＿＿＿＿＿＿＿＿＿＿＿＿
　　範例二：我不相信，因為＿＿＿＿＿＿＿＿＿＿＿＿

　　5. 問題三評分準則

　　1 分：回答不相信，並說明理由是需先瞭解該研究是否受企業贊助。例如：學生回答「不相信，因為需要查證研究中心的贊助者是否為奇異果業者」即得 1 分。

0 分：回答相信或回答不相信，但理由並非源自文本所要傳達的主要訊息。如以下三種情況：

(1) 我不相信，因為奇異果不可能完全取代其他食物。

(2) 我相信，因為奇異果是一種含有豐富營養成分的水果。

(3) 我相信，因為依照前一篇的敘述他的研究是有利且客觀的（理由引用錯誤）。

(二)命題說明

問題一沒有超出文本範圍，屬於理解層次的產生推論，主要評量學生能否抓到全文核心宗旨，學生只要能真正理解文意便能回答。問題二設計跨文本閱讀比較評估，藉由學生熟悉的社交平臺介面讓學生比較多文本之間的「立場」，不單純是推論隱含訊息，而必須達成新課綱的期待──「指出寫作的目的與觀點」。問題三亦為跨文本設計，編寫一則網路上常見的報導，讓學生從文本得到啟發後，遷移應用於新情境之中，展現知識的活用性（謝佩蓉，2018）。

二、數學素養題範例

以下引用白雲霞（2020）國小階段傳統數學素養題的範例，說明傳統的數學評量題如何修改為素養題。

傳統數學試題：中秋節到了，王雪晴上網訂購柚子，每箱柚子定價700 元，運費 90 元，若購買 8 箱柚子，則王雪晴應支付多少元？

為符合素養導向評量試題的要素，原試題作以下的修改：

一箱柚子定價 700 元，中秋節到了，大家想上網訂購柚子，一箱柚子的運費 90 元，一次寄 2 箱，2 箱的運費合計為 110 元，但必須一起寄到同一地址。以下為 4 個人想要購買的箱數：

姓名	林莉	傑侖	曉雯	修平
箱數	1	5	3	3

　　1. 為了節省運費，大家決定採團購方式購買，寄到同一個人家裡，並且依照購買箱數平均分擔運費。試問：每個人的柚子與運費分別要付多少錢？

　　2. 是否有其他寄送方式，也可以讓每個人都省下運費？在你提出的方法中，每個人分別要支付多少運費？這樣的寄送方式有什麼優點？

　　素養題是以實際的團購情境問題為基礎，讓學生進行系統的思考，使學生在實際的生活情境中，學習解決數學問題，瞭解數學在生活中的應用，除了寄到同一個人家裡外，亦可以讓學生思考其他寄送方式。而第二小題藉此可以考驗學生反思及後設認知能力，讓學生比較不同的情境可能產生的結果。在此小題中，可以發現並不一定要寄送到同一處，以便讓 4 個人當中的某些人更加便利取得柚子，讓數學的應用亦能兼顧認知、情意、技能三類學習目標。

 ## 素養導向評量命題的注意事項

　　課程、教學和評量是黃金三角的關係，假如評量的資訊可以被適當使用，則教師可以監控學習，學生可以學得更好且投入更多的學習。然而，設計優質的評量也非易事，吾人常不知不覺陷入誤區（王淵智，2021）。如陳柏熹（2019）即指出設計素養導向評量常見的四種迷思，包括題材選擇的迷思、試題設計上的迷思、題目難度的迷思及錯誤邏輯關係與偏差評量範疇的迷思。為改善素養題常見的問題，教師在命題時應注意以下事項（王淵智，2021；白雲霞，2020；國家教育研究院，2019；蔡佳禎，2022）：

　　1. 素養導向評量強調透過選擇合理且適當的問題情境，讓學生瞭解所學與其日常生活或職涯發展的關係，以正向引導學生的學習動機。但應以合理的真實情境及真實問題為依歸，且只提供必要的描述，方不至於混淆評量的結果。

　　2. 有些基本知識或能力被視為是素養培育的重要基礎，因此領域／科目評量不一定完全採素養導向的情境題，尤其是學校內的形成性評量，

應列入一定比例的基本知識、概念、能力的評量題目。

　　3. 數位時代的學習，面對各種未過濾的資訊，必須能夠從中判斷重要的資訊、篩選正確的訊息以解決問題，因此相較於傳統試題，素養導向試題的題目通常會比較長。然而，經適當設計，素養導向的題目也可以利用簡短或少量的訊息，也就是說題幹不見得要很冗長才能稱為素養試題。

　　4. 核心素養的培養應透過多元化的教學與學習情境，例如：實作、合作問題解決、專題研究等，並輔以多元化的評量方式，例如：實作評量、檔案評量、動態評量等，經過長期的培養，並非僅靠紙筆測驗的素養題即能達成。

　　5. 態度是核心素養的重要面向之一，課室中的定期與不定期評量建議應採多元方式進行態度的評量，例如：行為觀察、晤談、檢核表或自評表等方式，惟在高關鍵的紙筆測驗較不容易納入此一部分。

　　6. 教師常設計各式各樣的表現任務，以呈現核心素養教學的具體成效，例如：分組報告、設計作品及製作活動企劃書等，但相對適切的「評量規準」卻不多見。評量規準若品質不佳，甚至未事先設計，則老師只憑「心中的一把尺」便給予分數或等第，學生所能獲得的評量回饋便非常薄弱。

自我評量 ....

一、選擇題

(　　) 1. 十二年國民基本教育課程綱要強調培育國民基本素養，提出了三面九項的核心素養，下列有關核心素養與面向的對應，下列何者為非？　(A) 人際關係與團隊合作，對應問題解決面向　(B) 系統思考與解決問題，對應自主行動面向　(C) 藝術涵養與美感素養，對應溝通互動面向　(D) 道德實踐與公民意識，對應社會參與面向

(　　) 2. 以下對於「核心素養」的敘述何者較正確？　(A) 核心素養強調發展永恆的課程目標　(B) 核心素養係從全人發展的理念出發　(C) 核心素養的理念難以融入領域課程目標中　(D) 核心素養是指國民適應生活應具備的基本學科知識

(　　) 3. 十二年國民基本教育強調「核心素養」，與「自發、互動、共好」的基本理念相連結，培養以人為本的「終身學習者」。最重要的概念就是要培養學生什麼能力？　(A) 閱讀思考的能力　(B) 時間管理的能力　(C) 歸納整理的能力　(D) 自主學習的能力

(　　) 4. 下列關於國際性學生評量計畫（PISA）的敘述，何者錯誤？
(A) 科學素養的評量重視學生在真實情境下理解科學的過程　(B) 閱讀素養的評量依據為學校內部提供學生的所有閱讀素材　(C) 數學素養的評量重視學生在生活環境的數學判斷及應用能力　(D) 此評量計畫的功能包含瞭解學生參與社會未來所需的基本知識和能力

(　　) 5. 以下敘述，何者較不符合我國「十二年國民基本教育新課綱」素養導向評量設計與實施的精神要義？　(A) 實施紙筆測驗應採取素養導向的題目，不再考基本知識與能力　(B) 評量布題宜強調理解或解決真實情境脈絡中的問題　(C) 學習領域或科目的評量不一定完全採取素養導向的情境題型　(D) 評量題目也可以藉由簡短文字或少量的訊息，引發核心素養的練習

(　　) 6. 針對素養導向評量，以下是某實習教師的筆記：①「態度」是核心素養的重要面向之一，需要歷程觀察，難以紙筆測驗來達成；②在素養導向教學或學習活動中，學生該自問的問題就是一個好

的素養導向試題；③評量即是學習（assessment as learning），既呼應考試領導教學的真實情境，也符合新的評量概念；④素養導向評量強調透過選擇合理且適當的問題情境，讓學生瞭解所學與其生活或職涯發展的關係，以正向引導學生的學習動機。就上述「筆記」來判斷，下列組合何者最正確？ (A) ①②③ (B) ①②④ (C) ②③④ (D) ①③④

( ) 7. 請問下列何者較為符合素養導向評量設計之要素？ (A) 素養導向評量紙筆試題應有充分較完整的描述，以反應學生的閱讀素養 (B) 評量試題強調真實的情境與真實問題 (C) 素養導向評量重視素養評量，不需評量基本知識與能力 (D) 為了能夠有效評量學生的素養，題目設計應以題組方式呈現

( ) 8. 因應素養導向課程改革，學校評量也注重素養導向的命題原則。老師們對於學校定期評量之命題方式提出意見，下列何者較為適當？甲、對於低成就學生而言，素養導向評量題目偏難而無法測得其真實能力；乙、採取素養導向評量的題目文字較長，對閱讀理解較弱的學生有失公允；丙、雙向細目表適合於學科內容導向的測驗，不宜運用於素養導向的評量；丁、素養導向評量強調情境連結，經審慎命題的紙筆測驗仍可符合此需求 (A) 甲丙 (B) 甲丁 (C) 乙丙 (D) 乙丁

( ) 9. 有關素養導向的評量，以下敘述何者正確？ (A) 素養導向測驗考驗學生的閱讀能力，題文愈長愈能評量學生的能力 (B) 素養導向命題要符合學生經驗，不宜採用學生未經歷或他人的經驗命題 (C) 素養導向評量以題組的型態命題，會優於單題命題 (D) 各領域或科目的素養導向評量，強調學習表現和學習內容的結合

( ) 10. 下列何者不是素養導向紙筆測驗要素的內容？ (A) 強調知識和理解層次的評量 (B) 重視應用知識與技能解決真實情境脈絡中的問題 (C) 試題應盡可能接近真實世界中會問的問題 (D) 強調總綱核心素養或領域／科目核心素養、學科本質及學習重點

( ) 11. 標準本位評量（standard-based assessment）重視學生學習結果表現的評量，下列何者非其主要可以發揮的功能？ (A) 瞭解學生知識

技能的精熟度　(B) 診斷學生學習的困難　(C) 瞭解教師教學的績效　(D) 設計發展適性的教材

( ) 12. 下列關於標準本位評量的描述何者錯誤？　(A) 標準本位評量是將評量結果與事先預定的標準做比較，然後瞭解評量表現與所訂定標準的差異　(B) 標準本位評量關心的是學生彼此之間學習表現的比較結果　(C)「標準」分成：內容標準（content standards）及表現標準（performance standards）　(D) 內容標準是指學生應理解與具有的能力；表現標準則是指在內容標準的規範下學生表現的水準

( ) 13. 臺灣現行的國中教育會考是採用下列哪一種評量或計分方式？　(A) 常模參照評量（norm-referenced assessment）　(B) 標準參照評量（criterion-referenced assessment）　(C) 形成性評量（formative assessment）　(D) 診斷性評量（diagnostic assessment）

( ) 14. 下列何者非「標準本位評量」（standard-based assessment）的主要目的？　(A) 提供學生學習成果的定位點　(B) 提供學生學習歷程的資訊　(C) 提供教師與學校檢視課程教學適宜性　(D) 使父母得知孩子在校的學習狀況

( ) 15. 關於「學生學習成就標準本位評量」的論述，下列何者不是其核心論點？　(A) 學生表現標準是提供教師教學與評量的參考依據，並非規範教師教學的框架　(B) 教師仍然保有教學的自主權，可參考學生表現標準作為多元教學評量的設計準則　(C) 由政府規劃公平客觀的評量工具，以判斷學生的能力等級　(D) 如透過各種評量方式仍發現學生無法通過門檻表現，建議進行補救教學

( ) 16. 下列何者非十二年國教新課綱中素養導向評量的主要特徵？　(A) 紙筆測驗應增加素養導向試題，也應保留評量重要知識與技能的試題　(B) 評量試題應強調解決真實情境脈絡的問題　(C) 應採實作方式，不應採紙筆測驗　(D) 評量試題可採取簡短文字或少量訊息，引發核心素養的練習

參考答案

1.(A)　2.(B)　3.(D)　4.(B)　5.(A)　6.(B)　7.(B)　8.(D)　9.(D)　10.(A)
11.(D)　12.(B)　13.(B)　14.(B)　15.(C)　16.(C)

二、問答題

1. 十二年國民基本教育課程的理念與目標，以「核心素養」為課程發展之主軸，其主要是培養以人為本的終身學習者，試說明核心素養之意義（4分）。核心素養之下分有三大面向，試說明三大面向內容及概述其意涵（6分）。

2. 近十餘年來有關「核心素養」的論述在國際間及國內廣受重視，十二年國民基本教育也把核心素養的培養列為課程目標。請問，面對核心素養導向的課程、教學與評量，教師需要有哪些新的認識與作為？

3. 試述何謂素養導向評量，並至少列舉三項教師在段考命題時，可符應素養導向評量原理的具體作法。

4. 請說明十二年國教新課綱中，素養導向評量的主要特徵為何？

5. 何謂標準本位評量？試以培養口語表達能力為例，說明如何設計評量標準？

6. 如要將學科傳統的命題方式改成素養導向評量的試題，請問其設計原則為何？試以數學或國文的試題為例說明之。

第九章

檔案評量

學習檔案（learning portfolio）最初是被應用在藝術及寫作方面，用於存放個人作品及創作藝術的地方，並以檔案卷宗儲存的方式來協助瞭解個人創作的成長歷程。而直到 1980 年代末期，學習檔案才開始正式應用於教育的領域上，並成為教育上新興的發展趨勢。不論其應用的學科領域為何，學習檔案在教育上主要應用的功能與重點，是將其作為評量的工具（游光昭、洪國勳，2003）。檔案評量的使用，對於學習過程的瞭解及學習品質的促進都有它正面的功效，同時亦可達到傳統評量方式所不能達到的目的。目前檔案評量的發展，已由傳統紙本式的學習檔案進步到數位化檔案評量（e-portfolio assessment）（張基成、吳炳宏，2012）。檔案評量（portfolio assessment）強調學習與評量的結合，在學生的學習過程中，能真實呈現學生在知識、技能或情意等領域所學到的成果，透過反思的機制，並能培養學生自我省思的能力。檔案評量的發展正好與當代的教育改革相結合，因此受到學者、教師極大的重視，許多教師將此模式融入教學實務之中，除對學生能力的發展有極為完善的紀錄，同時也獲得家長廣大的迴響。本章先從學習檔案的基本概念說起，再探討檔案評量的目的、特色及實施方式，最後探討其優點及限制。

第一節　學習檔案的起源與意涵

檔案（portfolio）通常是指政府機關在依法執行公務過程中所產生的各項紀錄，政府機關對於這些文件資料的管理、開放與使用都制定了一套辦法，在我國稱為《檔案法》，故檔案一詞在法令中界定為泛指經過分類、登錄、編號而予以典藏的文件（張添洲，2004）。檔案在英文字典裡的意義是卷宗、或資料夾，此概念被廣泛的應用於攝影、繪畫、音樂、寫作、建築、工程設計等領域，是一種表現藝術家個人設計風格及領域的作品集（artist's portfolio），例如：記者、攝影師、畫家、設計師等，將歷年最得意的作品，用檔案儲存起來。透過檔案所蒐集到的內容來瞭解自己

的成長歷程及展現長期的努力成果，更可藉由這些真實的資料來評鑑自己在該領域的表現（王文中等，2011）。檔案是有目的、有選擇性的進行蒐集，而並非是漫無目的收錄各種文件，建置檔案主要著眼於瞭解該事件發展的過程，並期待藉由檔案中的文件或證據，找出情境意義與發展的脈絡。檔案的建置結合了過程與結果，也就是反思、選擇、評估的過程及其產物（周新富，2009）。

 壹 教育專業檔案

　　檔案可以區分為歷史檔案、個人檔案及教育專業檔案。歷史檔案這部分主要是由政府機構所收藏，例如：國史館或故宮博物館所收藏的文獻和史料。個人檔案是介紹自己最直接有效的方式，個人檔案所應用的層面最廣，不管是任何人或任何職業，在生活之中，我們都會蒐集與自己成長歷程或與工作有關的資料，將之整理成資料夾。例如：教師為認識或輔導學生，可要求學生撰寫個人檔案紀錄，如：自傳、輔導資料等，其中將檔案應用在教育專業領域即稱為教育專業檔案，這方面的分類方式相當多，有學者分為展示（showcase）、文獻（documentation）、評鑑和過程等四類檔案（Seely, 1996），也有學者分為工作（working）、展示和評量三類型（Danielson & Abrutyn, 1997）。

一、教師檔案

　　教師的個人檔案一般包含個人履歷表、自傳、教育著作、各類獎狀、證書等，履歷表通常包含個人學經歷、專長、社團活動、工作經驗等，教師可將自己在師資培育過程或教學過程中，所有獎狀、證書、聘書、獎勵等條列出來，並附上證明文件。教師平常應養成整理、記錄的習慣，以建立完整與充分的個人檔案（薛瑞君，2001）。此類檔案除可用來記錄自我成長之外，亦可用在教師、校長、主任、師鐸獎等方面的甄選。陳惠萍（1999）依照不同的目的，將教師檔案區分為學習模式、評鑑模式及就業模式。學習檔案是個人作品的集合，其主要目標是協助個人的學習。評鑑

檔案原則是依據特殊標準而蒐集的作品，其主要目標是為了認證、執照或專業發展。而就業型檔案則是教師為了未來工作之獲得而累積的資料，目的在於建立教師在某一專業職位上的適合度，其內容大概包括履歷、證書和推薦函。

二、學生檔案

國外學者（Rolheiser, Bower, & Stevahn, 2000）將有關學生的教育專業檔案分為最佳作品檔案（best work portfolio）和成長檔案（growth portfolio）兩類。前者又稱為展示檔案，對學生而言，這種檔案通常與學生最感自豪或最有成就感的作品相結合，再將其作品與其他同學分享，這類檔案最大的好處是讓學生能選出最高學習成就的作品，並能說明為何所選的作品能代表他們最佳的努力和成就，這類檔案的目的不外是評量學生成就、申請入學許可或呈現自己的能力。成長檔案展示個人的發展和成長情形，通常將焦點聚集在學業、思考技能、內容知識或教師認為重要的主題上，這種檔案的目的主要在讓學習者看到自己的改變，以及與他人相互分享成長歷程。

 ## 貳 學習檔案

學習檔案是一種以學生為中心，適用於許多學習領域和各種年齡階段，其能密切結合教學、評量和學習的一種方式，不僅可以呈現學生的努力、進步、成長和成就，還可以為學生創造出許多有意義的學習機會。以教學的觀點而言，學習檔案這樣的作品集，不僅由學生參與檔案內容的選擇，對選入作品的優劣判斷標準亦有詳細說明，更重要的是納入學生在整個學習過程中的自我反省（鄒慧英，1997）。學習檔案與資料簿的根本差異在於「反省思考」，少了反省思考的檔案，不過是另外一種形式的資料夾。如果賦予學習檔案培養自主的內省學習者的目的，那麼它則有其獨特性及不可取代性，學生才能在生命過程中能不斷檢視、修正、實踐與成長，唯有如此，學習檔案也才值得教師付出這麼多的心力與人力（蔡清

華、張麗麗，1997）。因此，學習檔案的建構必須非常慎重，教師同時要運用多元性的評量，滿足學習的目標，幫助學習者經由反省思考來改進自己的學習。

一、學習檔案的類型

學習檔案依其性質的差異，可分為四種類型（周新富，2009）：

㈠歷程檔案

歷程檔案又稱工作檔案（working portfolios），要求學生蒐集某段期間內的計畫、大綱、未完全成熟的作品及最後成功的作品等。這是依據教學目標蒐集學生某段期間內一切的作品，並定期根據檔案目的和選擇標準，從中挑選具有代表性的樣本整理成紀錄檔案、評鑑檔案或展示檔案。進行檔案與教學密切配合，是學習診斷的重要策略，可協助教師瞭解學生學習上的優點和弱點，以利計畫後續的課程與教學。

㈡成果檔案

成果檔案或稱作品檔案、展示檔案（showcase portfolios），要求學生從其蒐集的作品中挑選出自己最好、最滿意或最喜愛的作品，作為精熟學習的證明。此種檔案常應用在親師懇談會、學校和班級期末學習成果展上，主要目的在分享學生的學習成就。

㈢評量檔案

評量檔案（assessment portfolios）是指教師依照教學目標與教學內容來設計評量的標準、程序，要求學生根據規定的內容選擇或準備作品而做成的檔案，教師再針對學生的檔案進行評量。

㈣生涯檔案

教師要求學生蒐集所參加之各項比賽獎狀、表現獎勵、投稿稿件等，藉此檢視學習生涯中的表現情形，這類檔案可作為未來升學、求職的表現證據。

二、新課綱對學習檔案的規定

　　教育部（2022）為落實《十二年國民基本教育課程綱要總綱》有關高級中等學校應完備學生學習歷程檔案之規定，以蒐集、處理及利用學生學習歷程檔案資料，因此訂定《高級中等學校學生學習歷程檔案作業要點》，規範學生學習歷程檔案資料內容包括下列項目：1. 基本資料；2. 修課紀錄；3. 課程學習成果，如作業、作品等，學生至多勾選六件送中央資料庫；4. 多元表現，如彈性學習時間、團體活動時間之表現。當學生申請就讀大專校院時，以學習歷程檔案作為招生選才之參考資料。也就是將以往學測個人申請入學的備審資料，改成學習歷程檔案。

第二節　　檔案評量的意涵

　　學習檔案是有目的蒐集學習證據的集合，不是檔案夾或卷宗，而是一種有目標與用途的資料文件，可以反應學生的真實表現，紀錄學生的學習過程，以幫助學生做有意義的學習。在學習檔案的製作歷程中，評量是一個相當重要的歷程，透過評量教師能依學生表現的優劣給予成績，同時教師也根據學生蒐集的資料給予學生回饋。

壹　檔案評量的意義

　　學習檔案是一種將學生的學習歷程、紙筆測驗成績、心得、學習單、表演、作品，以及個人自我反省等證據，加以蒐集、分類、整理之後所呈現的檔案，教師如果依據這項檔案加以評分，即屬檔案評量。檔案評量一詞之譯名頗為分歧，或譯為卷宗評量、案卷評量、歷程檔案評量等，它是實作評量的一種形式。所謂檔案評量係指教師指導學生有系統的蒐集其作品，並置於資料夾內，然後教師根據資料夾內的作品予以評量，以瞭解學生之學習過程及結果。因此，整個檔案從內容的放入、選擇的標準、評分

的制定，都應有學生參與，而且還需包括了學生自我反省的證據，而學生依據教學目標與計畫，持續蒐集並做工作成果的彙編，以展現其學習成果（Barton & Collins, 1997）。有些學者將學習檔案與檔案評量畫上等號，學習檔案如果不與教學評量相結合，教師就不會打分數，學生可能不會認真製作檔案。如同 108 課綱實施的學習歷程檔案，要與升大學的學測相結合一樣。檔案評量兼具形成性評量與總結性評量的特性。形成性評量是在檔案製作的過程中，定期地給予學生回饋與意見，形成性評量對學生的指導性更強、更有意義，也更能有效地支援學生的學習。總結性評量一般在檔案蒐集的後期給予一次性評分，評估學生這學期的表現。

貳　檔案評量與傳統評量之差異

　　傳統的教學評量最讓人詬病之處便是其評量內容與情境過於形式化，以至於評量的內容與結果和學生的現實生活嚴重脫節，此種情形國內外的教育皆然。當前美國在教學評量上的問題有：教師們過度依賴常模參照測驗，導致學生為了測驗分數而窄化了學習的內容。由於測驗大都以選擇、是非等題型為主，因此對平常較高階的思考技巧教學產生限制，甚至有「評量引導教學」的情況（歐滄和，1999）。檔案評量與傳統評量存在許多差異，其差異情形可參見表 9-1。其中最大的差異在後者有正確或最佳的答案，計分是以「客觀」的對或錯二元方式計分，而前者則由於學生的表現呈現出不同程度的複雜性或精熟度，因此答案必須仰賴評分者「主觀」的判斷。此時，建立清楚與明確的表現規準來評量學生表現，就成為一件相當重要的工作（張麗麗，2002）。檔案評量的最大特點之一便是「重視學習過程和學生參與的評量方式」，而這也是目前傳統評量所欠缺的（江雪齡，1998）。

表 9-1

檔案評量和傳統評量的差異比較

項目	檔案評量	傳統評量
評量的範圍	以教師上課內容為主，沒有固定的教材範圍。	侷限於教材範圍之內，看不出特優及落後學生能力的全貌。
評量主要的目的	培養學生自我評鑑、自我改進的能力，養成學生學習責任感。	考核學生的學習成果及教師的教學效能。
學生反應的形式	以應用綜合層次的、建構式的反應為主，可以參考資料或共同完成活動來設計。	以知識理解層次的、選出式的反應為主。不可參考資料，且要獨立受測。
適用時機	小班、強調個別化教學。	大班級、有統一教材進度的教學。
個別差異的考慮	活動設計中，已經考慮到學生間的個別差異。	全部學生使用相同的測驗內容。
學生角色	學習者、求助者、自我評量者。	被評量者、被獎懲者。
教師角色	活動設計者、顧問、引導激勵者。	考核者、獎懲者、補救教學者。
師生關係的比喻	像舊式的師徒制。	像工廠的製造者與其產品。
評量結果的說明	學生的努力、進步與成就。	只有學生的成就。
評量的標準	由師生在進行評量前，共同設計。	教師在評量前已有固定的標準答案。
評量的特色	將「教學」與「評量」充分的連結在一起。	將「學習」、「測驗」與「教學」分開。
評量的重點	1. 重視學生的進步、努力和成就。 2. 重視學生間的個別差異，並以衡量學生個別成就為主。	1. 只重視學生學業的表現。 2. 所有的學生以同樣的尺度來評量。
評量的所需時間	一星期、一個月或是一學期。	一、二節課的時間。

資料來源：周新富（2009，頁138）

 參　檔案評量的目的與特性

　　檔案評量的支持者反對採用傳統紙筆測驗的方式來評量學生的能力，強調問題解決的重要性。檔案評量依據多元智慧理論、多學科整合取向，蒐集學生學習的材料，再設計評量的標準來評定學生的學習結果，這種評

量方式均能反映學生的各種能力，並與真實生活的狀況相結合。檔案評量的興起是為改善傳統評量之缺失，讓評量能走向多元化，並且能與教學緊密結合。

一、檔案評量的目的

阿姆斯壯（李平譯，2003）在《經營多元智慧》一書中，提出使用學習檔案的基本目的有五項：讚美學生成就、幫助學生認識自己、分享學生學習進展、促進同儕合作、評量學習成就。綜合學者的看法（吳毓瑩，1995；曾素秋，2022；張基成、陳政川，2010；廖鳳瑞，1995），學習檔案評量的主要目的可以歸結為以下幾點：

㈠養成學生做自我評量的習慣

傳統教學中，學生的作業或作品在交給老師評閱得分後，就失去了其價值，但運用學習檔案之後，學生參考教師的評語，改進修正之後放進檔案內，並給予其他同學做參考，提供了學生參與自我評量的機會。

㈡紀錄學生的發展狀況

當學生的學習過程繼續進行中，教師指導學生將成品存入檔案內，教師及家長可以成品來觀察學生的成長，例如：運用在幼兒園學生的繪畫活動，可以觀察學童在不同月分所畫的線條、所使用的顏色、繪畫內容，從這些資訊可以瞭解學生的生理、認知和社會性的發展。

㈢使學生家長瞭解學生的學習情況

傳統的親師座談會，家長通常會與導師面談，以瞭解學生的學習表現和學業情況。運用學習檔案，家長可以瞭解學生的成長及進步、退步情形，也可以參閱其他學生的檔案以瞭解其子女可以參考改進的方向。藉這種資料可以讓家長有機會從不同角度，以有效且有組織的方式看到子女的學習成就。

㈣增加教師與學生溝通與合作的機會

傳統的教學法中，學生的成績操之在教師手中，教師也很少讓學生瞭

解評量的原則或標準。運用教學檔案之後，教師給予學生建議，容許學生改正，或與學生討論其成品的優缺點，指引學生建立目標，並作自我評估反省。此種師生間的互動，增加了師生間的瞭解，讓教師更能深入學生的學習情況。

㈤提供及訓練學生反思的能力

檔案評量可以增進學生自我反思，並促進後設認知的發展。檔案評量容許學生對自己的作品做篩選的工作，反思自己的學習成果及過程，並且為下一步的學習訂定目標，能培養學生自省、獨立、負責的能力，並進而發展後設認知能力與學習動機。

二、檔案評量的特性

在運用檔案評量之前，有必要洞悉其背後的精神和特色，如此方能在教學中運用自如。戴君佩（2001）歸納檔案評量具有發展性、價值性、選擇性、真實性、反省性、個別性、互動性等特性，其他學者的看法也大同小異。以下歸納學習檔案的特色如下（黃耿鐘，2002；余民寧，2017；戴君佩，2001；李坤崇，2010）：

㈠自我省思

可以幫助學習者反省與檢視自己的改善情形，這樣的改善具有真實的激發動力，也可以促進學習者更加努力。

㈡真實呈現

學習歷程檔案不是追求更多資料，而是強調資料品質；不是隨機選取作品，而是有目的、有系統的蒐集學習作品；不是為學習檔案而累積更多的資料，而是經由學習檔案的省思來自我成長；不是一定要呈現完美的作品，而是可呈現不完美的作品來省思改善。

㈢強調開放與創新

學習歷程檔案被用來刺激學習者，使其能創造出有想像力與創造力的作品，因此學習者是被鼓勵去分析他們的進步及去面臨各種的挑戰。

㈣重視個別差異

學習檔案評量結合教學和評量，重視學習者的歷程，是一種相當能適應學習者個別差異的評量方式。

㈤允許多人參與評量過程

檔案評量提供一個真實的視窗來檢視學習者長期的學習與表現，但是教師並不是唯一的評量者，為提供學習者自我評量的機會，激發同儕合作學習，也可納入學習者本人、家長、同儕來參與評量。尤其納入學習者自我評量，可鼓勵學習者對自己完成的學習檔案，以自我觀點來檢討及評量，也能夠表達製作學習檔案的構想與歷程，以及檢討學習檔案的優缺點等，讓學習者充分省思製作學習檔案前後學習表現的差異。

㈥完整的評量歷程

在評量方面，檔案評量歷程必須包括自主權、省思、回饋評論、合作分享、有利的教室氣氛、資料的蒐集等歷程。

㈦確認學生的優點

檔案評量強調學生學習成果的優點，而非其缺點，在實施過程中，學生會被鼓勵繳交最好的代表性作品，故會強調學生已完成的學習成就部分，而非其尚未完成的缺失部分。

㈧耗費較多心力和時間

檔案評量從規劃、執行、調整到回饋，通常要花費相當大的勞力和時間在定期評閱檔案及與學生面談討論檔案內容，故實施學習檔案會是一件比較耗時費力的事。

第三節　檔案評量的實施流程與注意事項

檔案評量的實施步驟一般可分為計畫、蒐集、選擇、反省四個階段（Danielson & Abrutyn, 1997）。事務性的工作是教師要發給每人一份檔案

夾，或由學生自行準備，檔案可存放於教室，也可由學生自行保管，定期攜帶至教室。評量過程中比較重要的是制定評判學生作品的評分規準，依此規準進行評分，但檔案評量的評分不是只有教師評分，還包括學生自評、同學互評與家長評分等部分。以下就檔案評量的實施流程與注意事項說明如下：

實施流程

　　檔案評量與實作評量的實施方式有些相似之處，需要為評判學生的作業制定出清楚而客觀的標準，稱之為評分規準，這樣可以讓任何看到學習檔案的人清楚學生的情況，例如：檔案中若有寫作方面的作業，也就應當有如何評量寫作作業的具體標準。以下整理相關文獻，說明檔案製作與評量的實施步驟（林素卿、葉順宜，2014；李坤崇，2010；張麗麗，2002；張基成、吳炳宏，2012；曾素秋，2014；周新富，2009）：

一、準備與規劃階段

　　教師首先需要規劃完整的檔案評量計畫，檔案評量從規劃、準備到實施，其步驟有點複雜，而這個階段需要包含三個重要事項：1. 擬定檔案評量實施計畫，包含準備與規劃及實施之相關細節；2. 評析學生製作檔案的先備知識，必要時需加以訓練，以及提供結構性檔案與範例；3. 準備檔案評量所需的事務工作，並應向學生介紹檔案評量的目的、內涵與製作注意事項。

二、確定檔案評量的目的

　　檔案內容會因評量和使用目的不同，而有不同的蒐集重點和組織架構，檔案基本上可分為工作檔案、展示檔案與評量檔案。工作檔案乃依據教學目標蒐集學生某段期間內一切的作品，並根據檔案目的和選擇標準，定期從中挑選具有代表性的樣本整理成紀錄檔案，目的在描述其個人努力、改進和成就，或進行學習診斷。展示檔案係請學生從其蒐集的作品中

挑選出自己最好、最滿意或最喜愛的作品，並附上作品說明和自我省思組織而成的。評量檔案主要是檢視學生的學習成果，學生較少有參與的空間，檔案主要依據教師規定的內容蒐集。

三、決定檔案的項目與內容

根據檔案評量之目的，教師可與學生討論檔案之內容與範圍。如前所述，檔案的內容可包含：1. 背景資料，如個人的各項學習紀錄；2. 過程紀錄，各種有關聯的學習活動歷程資料，如影片、照片、錄音檔等；3. 反省證據，即有關學習活動之反省心得、手札、筆記、講義、日記、週記等；5. 評鑑資料，與各種學習活動有關的書面成果資料，如紙筆作業、學習單、研究報告、實際作品、同儕評語與評分紀錄、教師評語等。亦可將內容分為「一般項目」、「獨特項目」及「其他項目」，以適應不同學習型態的學生，而檔案的內容必須兼顧歷程與結果。

以國中英語實施檔案評量為例，林素卿和葉順宜（2014）所規劃的檔案內容，包含以下的項目：1. 測驗資料，包含各單元的小考、週考及學校段考紀錄，以瞭解學生的學業成就進步或退步情形。2. 學習單（含實作表現），根據各單元的學習內容設計該單元的學習單，單元結束後要求學生填寫。而學習單的內容亦包含實作表現部分，如封面人物系列報導及自我介紹等，讓學生搭配課堂所學實際應用於生活中。3. 反省及回饋單，要求學生在各單元教學結束後填寫，反省自己的學習狀況，並對教師的教學和學習單評量方式進行回饋。4. 自我檢核表，學生個人針對自我平時上課的表現、學習態度、作業書寫與繳交狀況、認真程度與進步情形等的自我檢核，期望從中培養學生自主學習能力。5. 評量紀錄，包括教師評量、同儕評量及自我評量等三部分。

四、訂定清楚明確的評分規準

清楚而明確的評分規準才能提升學生的接受度，也能透過評分規準衡量自己的學習成果，而對個人學習獲得適當回饋。檔案評量評分規準之訂

定應符合如下之原則：1. 應呼應評量之目標；2. 評量向度與規準應力求獨立與周延；3. 師生可共同參與評量規準之訂定。在進行檔案評量時，較常用到三個規準：1. 一般性規準，即反思及進步證據；2. 特定評鑑規準，即學習績效要求的重點；3. 綜合性的規準，即整體品質，每個規準以四至五個等級來表示程度差別。

　　以評量學生的數位化學習歷程檔案為例，共訂定三個規準，分別是：1. 形式，主要在設計與美觀方面；2. 功能與使用性，主要在易於觀看性方面；3. 內容成分，主要在於是否展現出要求的成品。對於每一個項目以四分等第的方式來進行評鑑。再以寫作為例，如果以一至六級分來評定成績，各級分都要列出評分規準，檢視學生的寫作能力落至哪一級，其所列的評分規準包含以下四項：1. 立意取材：能切合題旨，選擇合適素材，表現主題意念。2. 結構組織：能首尾連貫，組織完整篇章。3. 遣詞造句：能精確流暢使用本國語文。4. 錯別字、格式及標點符號：能正確運用文字、格式及標點符號。學生也可以透過評分規準，進行自我調整而改善其表現。表 9-2 為四階段一般評分規準的參考範例。

表 9-2

四階段一般評分規準

評分層次	表現能力
不可接受	學生無法瞭解題意，無法舉出證據說明實驗結果。
需要改進	學生可以瞭解題意，但只能舉出一些證據（實際數目視各個工作項目所定的評分標題數目而定）。
好	基本上大致瞭解題意，知道問題的限制條件，除了一些細微的錯誤之外，沒有重大的損失。
非常好	能夠正確且完整的瞭解問題的條件及限制，能夠舉出實驗的結果與證據相吻合。

資料來源：單文經等（2006）

五、進行師生檔案檢視、省思與對話

　　學生自己的回饋是檔案評量中核心的步驟，藉由自我省思可以培養學生批判思考的能力，但由於學生少有自我省思的機會，所以教師可提供結構性的問題來引導學生省思，例如：作品的優缺點為何、需要加強的地方為何等問題。在師生對談方面，當學生和教師各自省思後，師生可進行個別深入的對談，藉由師生雙向的溝通，教師能掌握學生的執行情況和態度。例如：圖 9-1 為論文檔案評量表，前五個問題是由學生省思該篇論文是否放入檔案中；後面五個層面是教師所制定的評分規準，教師依照學生的論文內容予以評分。

圖 9-1

論文檔案評量表

論文檔案評量表
學生姓名：＿＿＿＿＿＿＿＿
學生應完成的項目：
1. 交出日期：
2. 簡單說明這篇論文的內容。
3. 你最喜歡這篇論文哪個地方？
4. 你希望在下一次文稿中作哪些修改？
5. 假如這是最後一次文稿，你希望把它放入檔案裡嗎？為什麼？
老師應完成的項目（圈在適當的項目上） • 思考的品質 5 非常清楚地說明論文中最喜歡和最不喜歡之處，能詳細說明如何改進作品。 4 清楚地說明論文中最喜歡和最不喜歡之處，能詳細說明如何改進作品。 3 說明論文中最喜歡和最不喜歡之處，但是可以再說清楚改進作品之情形。 2 最喜歡或最不喜歡之處說不清楚，幾乎未針對作品寫出什麼改進意見。 1 對自己的作品未提出任何的反省。

圖 9-1（續）

- 寫作規則
5 寫作規則的應用（含拼字、標點、文法、句子結構）很有效率，沒有明顯的錯誤。
4 寫作規則的應用（含拼字、標點、文法、句子結構）有效率，只有少數錯誤。
3 寫作規則的應用（含拼字、標點、文法、句子結構）有一點效率，錯誤不致影響意義表達。
2 寫作規則使用錯誤，不能順利表達。
1 寫作規則使用錯誤，完全不能表達意思。

- 組織
5 清楚瞭解
4 瞭解
3 大部分瞭解
2 努力但無法瞭解
1 不能瞭解

- 計畫（只適用於第一次文稿）
5 對讀者有清楚的概念，目標清楚明白。
4 對讀者有概念，目標清楚明白。
3 對讀者有一點概念，目標說得不夠清楚。
2 對讀者不清楚，目標也不清楚、沒有計畫。
1 寫作的東西全部不清楚。

- 修訂的品質（只適用於第二次文稿）
5 全部依建議修改，修改部分很有進步。
4 尚能依建議修改，修改後較前次的文稿有進步。
3 只有部分依建議修改，修改後較前次的文稿稍有進步。
2 未依建議修改，修改後未較前次的文稿進步。
1 很少甚至完全沒有修改。

評分總和：＿＿＿＿＿＿＿＿　　平均分數：＿＿＿＿＿＿＿＿
意見：

資料來源：單文經等（2006）

六、發表與展示學生的檔案

此階段透過同儕互評或家長評分等方式，讓學生展示自己的學習檔案，這樣可以讓學生更懂得去欣賞他人的作品，也能培養學生批判思考的

能力，學習提出良性建議。同儕互評主要表現在對作品的評量上，同儕之間的互評可以提高評量結果的可信度，同時在對作品的評量過程中，每個學生既是評量者又是被評量者，透過同儕的交流與討論，可鞏固、發展所學的知識，又可發現他人和自己的長處與不足，從而取長補短。常用的評量方式包括勾選格式化的檢核表或評定量表、填寫開放式的問題和評語等，同儕在看完他人的檔案後，給予評析和回饋，學生可以把這些回饋放入自己的學習檔案，不同評量人員之間也可繼續透過檔案相互溝通和交換評量意見。

　　家長也應該成為檔案評量過程的合作者，從制定標準到選擇收入檔案的內容等步驟，都應該邀請家長參與。家長可以用三種方式參與：1. 作為家庭之中的合作者，提供學生進步的情況；2. 作為學習檔案交流意見的參加者，聽孩子談論自己的學習檔案；3. 作為聽眾和積極建議者，對學生的學習檔案和報告學生進步的方法提出意見。教師應經常告知家長使用學習檔案的目的、程序以及益處，也可以邀請家長來參加家長會，向他們介紹學習檔案在班級裡是怎麼使用的。

七、製作使用說明

　　檔案評量的程序至第六步驟已算完成，本步驟主要在對檔案評量的整個程序製作實施或使用作說明，其內容應包括檔案用途、誰會取得檔案、檔案的內容、評分規準與計分方式等。

 ## 貳　檔案評量的注意事項

　　檔案的種類眾多，並非所有的學習檔案都需要進行評量，像展示型的檔案主要是由學生選擇出來的最好和最喜歡的作品集，自我反思與自我選擇就比評量來的重要。與教學相結合的檔案幾乎都要進行評量工作，若未進行評量，充其量只是資料的蒐集與整理而已。學習檔案可以評量學生真實的能力，為求更適切運用，在實施時要注意以下事項（宋曜廷、劉俊廷，2007；李坤崇，2010；張麗麗，2002；張美玉，2000；Wiggins,

1998）：

一、與教學相結合

　　實施檔案評量不應將學習、測驗與教學予以區隔，應將教學與評量緊密結合。若檔案離開教學，僅是學生個人興趣的蒐集，對教學的意義甚低。如果評量的內容是學生的實驗技能，那麼蒐集的材料就應主要是實驗設計、實驗報告、實驗過程中的觀察紀錄等；如果評量的內容是學生的價值觀，那麼就應蒐集學生的訪談紀錄、調查問卷、行為觀察紀錄等材料；如果是要評價學生的作文，那就要蒐集學生的若干篇作文（包括草稿、修改稿、最後的作品）、在反覆修改過程中學生的反省和自評材料、讀書報告單等。

二、與其他評量並行

　　檔案評量不應作為評量學習結果的唯一評量工具，尚須輔以其他評量方式或工具，如傳統紙筆測驗、口試或公開展示等方式，其中口試能減少學生假手他人或抄襲他人的機會。

三、視情況實施自評及互評

　　如果每次作業都要實施學生自評、同儕互評、教師評分、家長評分，顯然會增加不必要的負擔，甚至使學生的自評和同儕互評成為學生討厭的活動，自我評量、自我反省以及同儕評量的教育功能就無法發揮。教師要考慮教學情況，靈活且有彈性地進行自評及互評等活動。

四、應實施多次、多階段的協助或省思

　　學生在一段長期的資料蒐集過程，若能分成幾個階段，檢視學生的進度與狀況，以階段性方式呈現作品展示、交換同儕心得、引導學生進行省思，並施以立即的協助或評量，當可更精確掌握學生學習歷程，可提高檔案品質、增進學生成長及省思能力。

五、應顧及可使用資源與學生家庭背景的差異

教師實施檔案評量應瞭解家庭、學校、社區之可用資源是否存在差異，若家中電腦網路普及，學生亦具有足夠的資訊能力，則可引導學生建立網路化的學習檔案。另外，檔案製作與學生父母的教育程度、對子女教育關心與投入程度息息相關，父母常會引導、協助檔案的製作，故教師實施評量時應顧及家庭背景的差異。

六、應採漸進引導的模式

學習檔案評量的結果應占學期總分的多大比例，這是一個非常重要但卻沒有固定準則的問題。一般來說，在剛剛開始使用時，由於教師和學生都還缺乏經驗，評量的信度和效度都可能存在較大的問題，所以學習檔案的評分最好只是作為課程評量的一小部分，在學生總分中所占比例不宜太大，例如：20% 至 30%。待積累一定的經驗之後，再逐步提升比例。同時，中小學生製作檔案的經驗甚少，為避免學生茫然摸索或一開始受到嚴重挫折，應採取漸進引導的模式來實施，由觀摩檔案範例、再製作小規模檔案、然後製作較大規模檔案。學校亦可採用由藝能科到主要學科的漸進模式，但不可超出學生可用資源或花費太多時間。

七、事前向學生告知評分規準

若要培養學生自我評量的能力，教師就應該把他用於評量學習結果的評分規準告知學生，並且和學生一起討論，除可提升學生的參與感和責任感外，也可幫助學生瞭解好的作品或表現的特徵為何。這有助於學生設立具體的學習目標和努力方向，培養其自主學習的能力和習慣。

八、教師要做好防偽的措施

學習評量被稱為真實評量，意指能真實地反應學習者在真實情境中的真實能力，也能讓學習者主動參與自我評量及真誠反思。但有時因為教師缺乏防偽的機制，導致學生會有剽竊、抄襲他人作品或委由他人代勞之情

況，以致影響評量結果的可信度。為求評量的公平性，教師要設法預防這個弊端的產生。

九、提高檔案評量的信效度

檔案評量被許多學者認為缺乏信效度，以致在正式的評量效果上令人存疑。當評量的結果具關鍵性影響時，檔案需具相當程度的信效度；當評量的結果不具關鍵性影響，不必花太多的精力在信效度的建立。如果要提高檔案評量的信度，則教師要朝以下方向努力：相同資料來源、建立計分規準及評分指引、訓練評分者、使用一位以上的評分者等。若要提升效度，則要界定檔案計分規準、提高檔案資料的代表性，即資料能代表學生在不同時間、主題的學習表現。

第四節　檔案評量的優點與限制

檔案評量是依據學生個別的差異與教學目標，有系統地蒐集學生的學習歷程，重視學生反省與自我評量，進而激發主動學習的能力。因此，檔案所能反映出的不只是學生的認知能力，還包括學生的努力與反省。再者，檔案評量具有檔案蒐集目標化、檔案內容組織化、學習呈現歷程化、評量方式多元化、學習內省化、實施過程互動化等特色（林素卿、葉順宜，2014）。以下就檔案評量之優點及限制說明如下：

壹　檔案評量的優點

我國自 90 年代以來，學習歷程檔案評量的運用開始蓬勃發展，且跨越了不同的學習階段與不同專業領域。目前國內、外之相關研究，大致將檔案評量與課程進行結合，應用於通識教育、師資培育、國文、英文、數學、自然、音樂、資訊、健康教育、藝術、生涯規劃、幼兒園教育等（曾素秋，2014）。由相關研究發現，檔案評量的優點對提升學習的動機與學

習成就、改善學習的策略、培養反省及批判思考能力、改善班級學習氣氛等都有正面的影響（林素卿、葉順宜，2014）。由相關研究結果，可歸納出檔案評量具有以下之優點（曾素秋，2014；張基成、陳政川，2010）：

一、增進學生良善之學習行為

檔案評量具備的反思機制，使學生學習動機、自我調整能力、自我評鑑能力提升。有研究指出檔案評量能真實呈現學生的學習歷程，有助提升學生溝通能力、呈現多元化的想法，同時對學生學習行為亦有顯著的影響。

二、增加自我省思與督促的機制

對學生而言，檔案評量可以證明自己的努力與存在感、傳達自己的想法，以及建立自己的資料庫，不僅是具體的學習紀錄，亦可作為學生自我反思的依據，例如：明白自己的優劣勢、自我督促。

三、增進親師生間的互動溝通

檔案評量必須呈現更多學生個別化的資料，教師據以瞭解學生的個別特質、學習過程和學習方法，因此能增進教師對學生各項背景的理解，亦能促進師生情感交流。若家長亦參與檔案的製作與評量歷程，更能以真實的眼光看待並參與孩子的成長。

四、提升學生蒐集與統整資料的能力

檔案是有計畫、有系統的累積、整理、組織與呈現個人資料，在檔案建置的過程，學生資料蒐集統整之能力必能增加。

五、檔案評量回饋教師改善教學

檔案評量可以協助教師瞭解學生一段時間以來的學習情況，有助於教師瞭解學生的學習狀況，並且找出教學的盲點，進一步反省教學行為的利弊得失，以幫助教師改善教學。

貳 檔案評量的限制

雖然檔案評量有諸多優點，但與傳統評量相較，檔案評量最大的問題是計分耗費時間且困難，加上教師在這方面的專業素養仍有待加強，因此檔案評量不易普遍地推廣。林素卿和葉順宜（2014）從檔案評量的實施過程中，發現其面臨到的困難與限制包括費時費力、評分缺乏信度與效度、家長參與所造成的不公、學生缺乏反省的能力、模糊評量的目標等。以下綜合相關文獻，歸納出檔案評量之限制如下：

一、耗時費事

若要實施檔案評量必須注意時間之掌控，檔案評量的困擾是花費的時間過多，會增加老師及學生工作量，必須透過教師合作，以突破時間限制及降低工作量。有必要減少一些書面工作，以免模糊評量的目標。

二、亟需克服信效度問題

檔案評量即使制定嚴謹之評分規準，以確立評分項目及給分的等級，但是仍然容易受主觀影響，致使評量結果及信度受到影響；另評分項目必須與評量目標結合，否則也容易失去效度。要克服這項困難，需要在實施之前對學生多加訓練，以客觀方式進行自評及互評，或是降低檔案評量在學期成績的占比。

三、檔案評量時應注意個別差異

研究發現在實施檔案評量的過程中，學生語文能力的強弱、組織和表達方式對其所呈現的內容會有影響，可能因此影響評量結果。除了檔案評量方式，教師也必須以多元方式瞭解學生之學習情形。

四、教師應提升評量的專業素養

為提升檔案評量之品質，教師對檔案評量實施之理念、評量之規準等知識，應有更充分的認識，避免評分不公而引發爭議。

自我評量 ....

一、選擇題

(   ) 1. 藉由有系統的蒐集學生的各類作品，以呈現學生在學科領域的學習過程、進步與成就，是屬於： (A) 真實評量　(B) 動態評量　(C) 實作評量　(D) 檔案評量

(   ) 2. 學校舉辦檔案評量比賽時，採用何種信度估算方法是較合適的？ (A) 再測信度　(B) 複本信度　(C) α係數　(D) 肯德爾（Kendall）和諧係數

(   ) 3. 下列何種評量方法，旨在「有目的、有計畫的蒐集與組織受評者的作品，以呈現作品的品質與進步情形」？ (A) 檔案評量　(B) 軼事紀錄　(C) 實作評量　(D) 歷程評量

(   ) 4. 下列何者並非檔案評量的優點？ (A) 是以學生為中心的評量，可以適應學生的個別需要、興趣與能力　(B) 能長期有系統蒐集學生的相關資料，可以更清楚瞭解學生在各領域的發展或進步情形　(C) 可以增進教學與評量的整合　(D) 評量結果有很高的推論性

(   ) 5. 下列哪一選項是實施檔案評量必要的步驟？甲、擬定評分規準；乙、評量學生起點行為；丙、決定蒐集資料的方法；丁、定期檢視並評估檔案內容 (A) 甲乙丙　(B) 甲乙丁　(C) 甲丙丁　(D) 乙丙丁

(   ) 6. 下列有關檔案評量的敘述，何者為其主要的優點？ (A) 藉由作品呈現，展示精熟學習成果　(B) 能提供學生主動參與及省思的機會　(C) 檔案作品的評定客觀且具有高信度　(D) 由學生自行製作，可節省學校經費

(   ) 7. 下列有關評量之敘述何者正確？ (A) 動態評量主要以行為主義為理論基礎　(B) 檔案評量可用來檢視學生的學習進步情形　(C) 常模參照評量的通過標準通常是事先設定的　(D) 效標參照評量的主要目的在於瞭解學生的個別差異

(   ) 8. 以下哪些符合檔案評量的敘述？甲、透過檔案可做學習歷程的回顧與省思；乙、檔案內的資料應盡可能完整，不須篩選；丙、檔案資

料的呈現方式，結構式比非結構式更好；丁、檔案評量重視質性意義的呈現，而非分數比較　(A) 甲丙　(B) 甲丁　(C) 乙丙　(D) 丙丁

(　) 9. 趙老師打算在閱讀與寫作課讓學生製作學習檔案，以提升其語文能力與興趣。有關學習檔案的規劃與實施，下列作法何者較不適切？　(A) 檔案的內容由教師決定，以利檔案的實施與評分　(B) 事先對學生與家長等相關人士，溝通檔案的目的與目標　(C) 安排學生定期自我評量與省思，檢視成果並訂定下一步計畫　(D) 安排同儕評量活動，讓學生展示個人檔案，彼此觀摩與回饋

(　) 10. 下列有關多元評量特性的敘述，何者正確？　(A) 多元智慧測驗都採多元評量方式　(B) 多元評量重視歷程而非結果　(C) 檔案評量屬於多元評量的一種　(D) 多元評量廢除紙筆測驗

(　) 11. 王教師計畫在學期末運用檔案評量（portfolio assessment）瞭解學生的學習成果。試問下列哪一種參照，最能符合採用此種評量的精神？　(A) 常模參照　(B) 效標參照　(C) 結果參照　(D) 成長參照

(　) 12. 下列有關檔案評量的敘述，何者最為適切？　(A) 檔案評量屬於客觀式評量　(B) 屬於短時間學生作品的蒐集　(C) 可以瞭解學生學習的歷程和成果　(D) 學生在情境中實際參與實驗操作後，進行問題解決

(　) 13. 有關檔案評量（portfolio assessment）的敘述，下列何者較為正確？　(A) 蒐集質性資料，不宜包含量化的資料　(B) 為求評量公平，不宜邀請家長參與評量　(C) 平時就要持續蒐集、分析資料，不屬於總結性評量　(D) 不論是蒐集平面或立體作品的資料，教師都需事先規劃

(　) 14. 陳老師想進行檔案評量，考量檔案評量的特色時，下列哪一項不是檔案評量的主要特色？　(A) 檔案評量可評量到學生動態的成長歷程　(B) 檔案評量可以較精準診斷學生的迷失概念　(C) 檔案評量可以鼓勵學生進行自我省思活動　(D) 檔案評量可以讓教學與評量有較密切的配合

(　) 15. 近年來檔案評量逐漸使用於學生學習情形的評量，請問下列關於檔

案評量的相關敘述，何者比較正確？　(A) 強調思考或成長改變的歷程，而不侷限於學習結果　(B) 自由開放地蒐集學生的資料，不必依據教學目標與計畫　(C) 資料需要專精且單一的，整合起來更能掌握學生學習的個別需求　(D) 以老師為中心，透過班級訪問、會議，或是檔案內容的評語或建議提供豐富的紀錄

(　) 16. 教師在指導學生製作學習歷程檔案的編製程序方面，以下五個步驟：①決定檔案評量的類型；②把檔案規準轉換為檔案項目；③學生實際製作檔案；④訂定檔案實作的規準⑤界定檔案評量的目的，其先後順序應該如何？　(A) ⑤①④②③　(B) ①⑤④②③　(C) ④②⑤①③　(D) ①⑤②④③

(　) 17. 關於「檔案評量」的種類，下列何者為非？　(A) 最佳作品檔案的評量　(B) 成長與學習進步檔案評量　(C) 問題診斷檔案評量　(D) 通過檔案評量

(　) 18. 在實施檔案評量之前，必須清楚設定檔案目的。王老師在班上實施寫作檔案評量，要學生每完成一篇作文後，回答下列問題：「(1)寫這一篇作文時我的策略是什麼？(2) 寫這一篇作文時我遇到最大的困難在哪裡？(3) 我認為這一篇作文寫得不錯的地方有哪些？」下列何者最有可能是該檔案設定的目的？　(A) 評量學生的學習成就　(B) 增進學生自我學習成長　(C) 蒐集對教師的教學回饋　(D) 診斷學生的學習進步情形

(　) 19. 下列關於評量的敘述，何者較正確？　(A) 檔案評量（portfolio assessment）重視總結性評量　(B) 表現評量（performance assessment）是指直接觀察學生的表現或間接的從學生作品去評量　(C) 真實評量（authentic assessment）是指學生學習成就或持續進步訊息的一連串表現　(D) 多元評量（multiple assessment）是依據迦納（Gardner）提出理論所發展的評量

(　) 20. 下列有關實作評量與檔案評量的敘述，何者正確？　(A) 實作評量需要評分規準，但檔案評量不需要　(B) 實作評量可作為檔案，但檔案評量不需實作　(C) 檔案評量與實作評量可包含受評量者的省思　(D) 檔案評量與實作評量都僅適用於質性的評量

參考答案

1.(D) 2.(D) 3.(A) 4.(D) 5.(C) 6.(B) 7.(B) 8.(B) 9.(A) 10.(C)

11.(D) 12.(C) 13.(D) 14.(B) 15.(A) 16.(A) 17.(C) 18.(B) 19.(B) 20.(C)

二、問答題

1.何謂「檔案評量」（portfolio assessment）？其優缺點為何？

2.試述檔案評量（portfolio assessment）的意義，並至少列舉三種類型簡要說明之。

3.良好的學習檔案評量應該具有的特色為何？

4.說明教師可以如何運用檔案評量的結果，寫出五項。

5.試列舉檔案評量的優點五項及其可能的限制三項。

6.吳老師想要在教學中實施檔案評量，請列出並說明至少五種可呈現學生學習成就的資料。

第十章

動態評量

　　教育改革下，多元評量是重要改革目標之一，其中評量的重要發展趨勢，即是如何精緻化評量，且教學與評量相結合，以有效促進學生學習發展。新興的動態評量（dynamic assessment）為達到此目標的方法之一，因為動態評量在評量過程當中給予學生立即中介提示內容的協助，故又稱為「協助式評量」（assisted assessment），透過測驗時的互動過程達到教學效果，並協助學生產生鷹架提升學習潛能，所以動態評量是結合「教學試探」與「診斷評量」於一體的評量程序，在不斷的教學中作診斷評量，在不斷的診斷評量中也作教學試探（許家驊、邱上真、張新仁，2003）。動態評量一詞是由以色列心理學家及教育家弗斯坦（Feuerstein, R.）首先使用，是對以智力和心理計量理論為基礎的靜態評量方式的反動，強調評量的重點不在於評量過去既有的知識、技巧或經驗，而是在於評量學習過程中的改變，以及評量過程中教師的教學介入與學生的回饋反應。十二年國民教育課程綱要的核心訴求，在於培養學生的素養能力，動態評量可促使教師落實「以學生為中心」的適性評量，而能更加細微地去關注其素養能力的發展，輔以師生互動模式，增進學生從教學中獲得素養能力，並幫助他們達到學習遷移之成效（高郁婷，2022a）。本章分別就動態評量的意義、特性、模式及應用加以探討，主要目的在讓讀者瞭解動態評量如何應用在課堂上。

第一節　動態評量的基本概念

　　動態評量是一種源自特殊教育的新興評量方式，強調施測者在評量過程中，配合受試者在解題上的實際需求，不斷的給予必要的協助，以引導受試者成功解題（莊麗娟，2001）。如同「課程本位評量」（curriculum-based assessment）的概念也是源自特殊教育，兩者皆是整合課程、教學與測驗的非標準化評量，是由教師在教學過程中，以實際課程內容為基礎編擬而成之評量，主要是藉由高內容效度（content validity）、簡單易行的經

常性測驗，作為教師及時評估學生學習困難及補救教學方向的評量（王慧豐、陸正威，2001）。本節就動態評量的意義、理論基礎及特性作一論述。

動態評量的意義

提出「動態評量」此一概念的學者（Feuerstein, 1979），將傳統的心理計量測驗稱為「靜態評量」，認為傳統評量有以下的缺失：1. 重視結果忽略過程；2. 解釋分數時忽略社會環境對個人行為的影響；3. 測驗結果無法提供與教育課程有關之訊息；4. 傳統測驗具有文化公平性的爭議；5. 傳統靜態測驗所評量的只是「目前兒童的能力表現」，忽略「未來的學習潛能」。針對上述傳統靜態測驗的缺失，動態評量遂因應而生，然而其在概念上並不反對傳統測驗，而是改進其缺失，其中一項修正方向是當施測者在受試者測驗結果不佳時，給予適當的協助或提示，形成：測驗—介入—再測驗（test-intervene-retest）的評量模式。因此，所謂「動態評量」其意義是指教師以「前測—教學介入—後測」的主動介入模式，對學生的一般認知能力或特定學科領域進行持續性學習歷程的評量。而動態包含兩層意義：1. 瞭解受試者動態認知歷程與確定認知能力的變化情形，著重評量學習歷程與認知改變；2. 著重評量者與受試者的互動關係，強調評量與教學結合（古明峰，1998；莊麗娟，2003）。其中「介入」為評量的重要部分，即在測驗進行中，允許針對受試者獨特的需要提供暗示、線索及協助等教學支持，它的目的是希望透過多階段、多型態的協助，較深入的診斷受試者的認知缺陷與解題障礙，從中評估有效的協助方式。因此，動態評量相當重視充分溝通的互動歷程，並持續評析學生對教學的反應與學習歷程，剖析教學前後學生認知能力的發展與改變，進而提供發展或改變所需的教學介入的評量方法，乃是一種結合教學與診斷的評量模式（古明峰，1998；莊麗娟，2003）。

貳 動態評量的理論基礎

　　動態評量深受蘇聯心理學家維高斯基（Vygotsky, 1978）社會認知發展論的影響。這個理論建構在「社會中介」（social mediation）及「內化」（internalization）兩個觀點上，並提出「近側發展區」（zone of proximal development，簡稱 ZPD）的概念用以評估學習潛能。維高斯基認為社會文化是影響認知發展的要素，個體高層次的認知功能，都是起源於社會互動的結果，起初需要透過中介者，例如：父母、教師或能力較好的同儕之協助，而後漸漸內化這些活動，成為自己認知結構的一部分，最後獨立，不再需要外在的支持。換言之，認知發展係由外而內逐漸內化，由外鑠逐漸轉為內發（莊麗娟，2003）。

　　維高斯基另從近側發展區的理論出發，繼而提出「鷹架」的概念，即別人所給予兒童的協助，稱為「鷹架作用」（scaffolding）。就教學而言，維高斯基反對以兒童既有的發展階段為導向的教學觀點，而主張能喚起和激發生命中潛在功能，使其朝向更成熟方向發展之良好教學。教學不應只是配合實際的發展層次，更應該符合兒童的潛在發展層次，創造兒童的近測發展區，以提升認知發展層次。因此動態評量亦符合維高斯基的近側發展區企圖發展改進認知功能的方法，亦即發展成為協助或激勵個體進行有效學習與成功行為反應的情境和條件（莊筱玉、黎瓊麗、林玫妙，2007）。

　　動態評量另一個理論依據為弗斯坦（Feuerstein, 1979）所強調的認知可改善性，他認為兒童若缺乏適當的中介學習經驗，將使得各種學習作業表現不佳，若給予補償的中介學習經驗，兒童將有更佳的表現。為了驗證其理論，弗斯坦發展了兩個評估工具：學習潛能評估工具（learning potential assessment device, LPAD）和工具性充實方案（instrumental enrichment, IE）。在這兩種評量工具中，主試者所擔任的角色由施測人員變為教學者或訓練者，與受試者之間的關係是互動的（朱經明、蔡玉瑟，2000）。

參　動態評量的特性

　　動態評量屬於有協助的評量或有互動的評量，也就是結合評量與鷹架促進特色，在協助或互動下進行之評量程序（許家驊，2023）。即在測驗進行中，允許給學生提供暗示、線索及協助，以便獲得學生「最大可能操作水準」的資訊，因此有學者（Lidz, 1991）認為主動性（activity）和可變性（modifiability）為動態評量中的主要特色。主動性指的是評量者與被評量者的關係是主動的，即評量者是中介者、學習者為主動參與者時，兩者之間的互動；可變性指的則是評量結果是可變的，即著重於認知功能，並試著改變這些功能。綜合多位學者的觀點，動態評量具有以下特性（黃淑津、鄭麗玉，2004）：

1. 前測─中介─後測的評量過程，結合評量與教學。

2. 兼重鑑定、診斷與處方。

3. 探究學習者的認知發展，重視評量過程甚於結果。

4. 由評量中發現個體認知改變所需介入的程度和方式。

5. 有別於傳統標準化評量只重視既有成果的表現，動態評量是在促進個體的潛能發展，評量個體的最佳表現。

6. 充分的互動、適時的協助。

7. 著重於個別學生學習歷程的確認與評量，而非同儕之間的能力比較。

第二節　動態評量的實施方式

　　近二十幾年來，有關動態評量的研究在世界各地正積極的展開中，各派學者分別設計不同的評量模式，主要可分為學習潛能評量（learning potential assessment, LPA）（Budoff, 1974）、學習潛能評量設計模式（learning potential assessment device, LPAD）（Feuerstein, 1979）、測驗極限評量模式（testing-the-limits assessment）（Carlson & Wield, 1978）、漸進提示的

評量模式（graduated prompting assessment）（Campione & Brown, 1987）、心理計量取向的動態評量模式（psychometric approach）（Embretson, 1987）、連續評量模式（a continuum of assessment）（Vye, Burns, Delclos, & Bransford, 1987）等六類，這些模式皆採「前測一介入一後測」的程序，但在評量中的訓練階段卻各有不同（華國棟、莊筱玉、莊苙惠，2017）。上述模式大致是針對可教育性智能不足兒童及低成就學生而設計，國內的使用大多針對國小學生及補救教學而設計，但自 2000 年以來在國外廣泛運用於第二外語學習領域，受到這股風潮的影響，臺灣也運用於高中以上階段的語言學習場域。近年來也發展成電腦化動態評量（computerized dynamic assessment），藉由電腦軟體設計漸進式的提示系統，提供有意義的互動與回饋教學，例如：以電腦化動態評量來檢測國中生在英語聽力上遇到的困難，並給予個人化的協助（高郁婷，2022a）。各種動態評量模式都有其優點與限制，但在學科領域上的研究，國內外學者多以「漸進提示的評量模式」（graduated prompting assessment）（Campione & Brown, 1987）來進行研究。本節以漸進提示評量模式來說明動態評量的實施流程。

漸進提示評量的實施方式

金皮奧和布朗（Campione & Brown, 1987）受到維高斯基的社會中介學習及後設認知理論的影響，綜合布多夫（Budoff, 1974）學習潛能評量理論中的標準化及量化評量，並吸收弗斯坦（Feuerstin, 1979）理論中重視學習過程及互惠的學習而形成此模式。其最大的貢獻在於連結動態評量的過程及成就測驗的內容，重視學科內容的學習及轉換，並結合了標準化、課程本位及動態評量的策略，標準化的影響即評量時在於計算提示次數的多寡（陳昭儀，1996）。漸進提示評量採用「前測一學習（訓練）一遷移一後測」四個階段程序來瞭解受試者的學習、保留、遷移能力，以前、後測階段為靜態評量，瞭解前後表現水準，而學習及遷移階段則實施動態評量，施予一系列標準化介入策略（莊麗娟，2003）。以下綜合相關文獻

（莊麗娟、邱上真、江新合，1997；古明峰，1998；莊麗娟，2003；賴浩銘，2014），整理出動態評量的實施方式：

一、前後測

前測目的在評量兒童認知發展力的基準線，亦即起始能力，作為提供教學支持及不同團體組別能力差異情形的參考資料。後測目的則在測量兒童經教學介入處理後的能力發展情形。

二、學習階段

學習與遷移階段是漸進提示評量所強調的重點。在學習階段評量時，倘若兒童無法答出特定問題的答案，此時施測者按照事先所設計好的一系列提示給予指導。這些提示開始為一般性的提示之後逐漸特殊、具體，最後的提示確定能提供兒童正確的回答問題。有關教學介入的部分，有些教師採取診斷性、非標準化的互動方式進行評量；有的選擇標準過程以提供量化的資料，是為了在班級上實施團體施測的便利性；有些教師採用標準介入過程的漸進提示動態評量模式，即每個試題固定設計四至五個提示。

三、遷移階段

在遷移階段的評量與學習階段的評量過程類似，所需教學提示量愈少，代表能力愈高；反之，所需教學提示量愈多，代表其能力愈低。遷移問題是依據原來學習問題領域作分析，找出適合水平遷移的概念，將問題的形式加以變化，與原來的問題相類似。根據題型的難易程度，分成維持、近遷移（與原題目稍作變化）、中遷移及遠遷移（與原題目變化幅度較大）四種層次，提供給受試者進行施測。除了可以得到學生不同的能力量數，以進行「量」的分析外，亦可從直接評量學習遷移過程中，觀察學生認知功能的運作，例如：執行基本運思的速度、思考的方式、學習態度等臨床診斷訊息，以提供補助教學參考。這個步驟屬於教學階段，教師找出與例題相近似的題目供學生練習，但在一些實驗研究報告中，似乎皆省略了這個步驟，或是與上一階段合併。

綜合以上的流程，當全班進行動態評量時，其實施步驟如下：1. 呈現問題，以學習單或測驗卷等形式呈現問題，教師依題號順序進行評量；2. 學生解題，程度較佳的學生可以直接寫出答案；3. 教師誘導學生解答問題，針對不會答題的學生，教師開始教學介入，提出各種形式的誘導、協助或中介，以幫助學生表現最大的成就水準；本步驟重複循環，直到整份試卷答題完畢；4. 計分，教師設計計分標準，依據學生正確答題所取得的協助計算得分，所給予的提示愈少，分數愈高。詳細的實施程序，參見表10-1。

貳 教學提示設計的建構

漸進提示評量與傳統評量的最大差異，在於提示系統的設計。傳統評量為了精確的評估受試者的成就水準，其試題編製往往儘量避免試題本身的暗示性（提示性），以提高評量的鑑別力，在這種理念下，提示系統的設計顯得相當不必要。

然而，漸進提示評量採用近側發展區概念，希望透過一系列的提示系統，進一步的評估其潛在的成就水準，檢視其學習潛能。因此，評量時必須提供一個事先設計好的協助系統，實施平行式的作業訓練，以瞭解受試者如何達到目前表現、為何只達到目前表現，以及需要或缺少什麼的協助，方能達較高的表現。

至於提示系統的建構，有如下幾點原則：1. 提示系統大部分由逐步具體化的問句系列組成，在性質上如同一套較細步化的子試題，其內容著重在目標作業的導向，而非兒童實際作業表現為導向設計提示；2. 提示系統在編製前，需經過作業分析及認知成分分析，分析出解題的策略與步驟，作為提示時的參考；3. 提示系統的編擬，採漸進提示的方式，是依照「由一般、抽象，而逐漸特定、具體」的順序來排列。最初是屬於較抽象、一般性的思考提示，然後漸漸趨向詳盡而明確的提示，在這些提示過程中也包含了後設認知思考，如計畫、監控、修正等部分；4. 這些教學或提示的提供，乃是以鷹架支持的方式進行，使學習者逐漸熟嫻解題技巧。

表 10-1

漸進提示評量實施程序

實施程序	施測者介入階段	提示階段內涵	施測者的提示語範例
受試者自評	無	由受試者自評其是否瞭解題意？是否需要進一步的說明題意？題意支援之後，受試者即可進行解題及作答。	受試者閱讀及解題。
簡單回饋	簡單消極的回饋	當受試者答案錯誤時，暗示其再檢查一遍。此類提示的目的在於規範受試者細心解題，並瞭解其解題錯誤是否由粗心造成。	那是很好的嘗試，但並不太正確，想一想要怎麼回答？
關鍵提示	問題轉譯的提示	當受試者在簡單回饋之後，仍然無法正確解題時，則配合解題策略進行一系列的關鍵性提示。本階段依解題步驟，又分成多種提示。	讀一讀題目，找出題目中要你回答的問題是什麼？讀一讀題目，題目中告訴我們哪些事情是在回答時必須用到的？
關鍵提示	工作記憶的提示		施測者閱讀問題，對於問題敘述情境中關鍵語句，特別加強語氣。
關鍵提示	解題的重要關鍵提示		注意！題目中的……是不是……呢？
關鍵提示	策略知識的提示		題目中的敘述提到哪些東西？
關鍵提示	協助執行策略		你可以將……然後想一想可以怎麼回答。
直接教學	示範整個解題步驟	當受試者在一系列提示後仍無法成功解題，則給予直接教學。	評量者說明問題的意義，示範解題。

資料來源：賴浩銘（2014，頁22）

　　以王文伶、張云綺、蕭輔萱等（2014）所編製的提示系統為例，在實際教學中，如表 10-2 的中介並非照順序逐一提供協助，而是依學生的學習狀況與需求，彈性給予學生學習上的提示與協助。同時，在過程中提供鼓勵與讚美，增加學生學習之信心。

表 10-2

提示系統之形式

中介層級	解題	中介協助	協助重點
起始	無	無	說明作答方式
告知	無	告知對錯	針對答案給予對錯回饋
一般促進	讀題	協助讀題	引導讀題
一般促進	重述題目	重述及找出重點	重述題目並將重點畫線
明確促進	理解問題	提示解題方式	根據題型做題意的說明
明確促進	探究問題	提供訊息表徵	使用具體表徵說明問題
大部示範	提供策略	提供解題程序	說明列式方式並協助列式
細部示範	執行解題	直接解題	直接解題並說明計算方式
停止	無	無	停止或進行下一題

資料來源：王文伶、張云綺、蕭輔萱等（2014，頁27）

　　王文伶等（2014）探討非標準化學習潛能中介模式對於國中資源班學生數學學習成效的影響，其教學單元為康軒版國中第五冊的「求切線長」，表 10-3 為使用動態評量時所設計的提示系統。

 ## 參　計分

　　在學習評量階段，試題呈現後，倘若受試者無法解答所給予的特定問題，此時施測者便按照事先設計好的一系列提示，並配合受試者的需要給予指導，以協助其成功解題。由於學生學習能力有所差異，所需的提示教學也不同，如果受試者事先已達到某一提示的表現水準，則允許跳階提示，必要時受試者亦可自行決定是否接受提示，保有若干程度的自主性。計分時，以提示量的多少來核算，每提示一次記點一次，提示量愈多表示受試者的能力愈低（李淑華、洪碧霞，2011）。

　　動態評量根據介入與評量的差異將動態評量再分成兩類，即「三明治型」（sandwich format, SF）及「蛋糕型」（cake format, CF）。SF 與傳統的看法一致，即「協助前測量—中介—協助後測量」，也就是評量與介

表 10-3

「求切線長」提示系統

題型： 求切線長	題目 01：$\overrightarrow{PA}$ 與圓 O 切於 A 點，已知圓 O 的半徑為 5，$\overline{OP}=10$，求切線長 $\overline{AP}$。	
中介層級	中介協助	提示內容
起始	無	現在請你把這一題的答案寫在答案欄中。
告知	簡單回饋	答案不對唷！你再想想看。
一般促進	讀題	請你把這一題的題目大聲唸一遍（唸完後），這樣你知道問題在說什麼嗎？
一般促進	重述題目	你可以用你的意思來告訴我，題目想要問什麼嗎？沒錯，這一題是要你觀察圓 O，找出切線與圓的關係，求出切線長 $\overline{AP}$ 的長度，也就是圓 O 與 $\overrightarrow{PA}$ 切於 A 點的長度，你再想一想。
明確促進	理解問題	這類型的題目是在探討圓和線段的關係，題目說 $\overrightarrow{PA}$ 切於 A 點，就是圓和線剛好切於一點，這切線垂直於圓心和切點的連線，代表 $\overrightarrow{PA}$ 剛好垂直於圓 O 與切點 A 的連線，可利用這線索找出切線長 $\overline{AP}$ 的長度。
明確促進	探究問題	因為 $\overrightarrow{PA}$ 剛好垂直於圓 O 與切點 A 的連線，連接 $\overline{OA}$，所以 $\overline{OA}$ 垂直於 $\overrightarrow{PA}$，一圓的切線必垂直於圓心與切點的連線，現在老師手上有一個圓（圓 O），桌面上放著一張紙有個線段，圓切於線段的某一點，我們用三角板來量量看有沒有垂直，結果是有垂直。請你再想一想，如何求出切線長 $\overline{AP}$。
大部示範	提供策略	1. 當你看到這題目時，首先你會做什麼？沒錯，連接 $\overline{OA}$，$\overline{OA}$ 為圓 O 的半徑 =5，$\overline{OA}$ 垂直於 $\overrightarrow{PA}$。 2. 再來你會想到什麼？嗯！沒錯，你有看出來△ OPA 為一個直角三角形。 3. 知道△ OPA 是直角三角形，接下來該怎麼做呢？要求出 $\overline{AP}$ 就要用畢氏定理求出來。 $\overline{AP}=\sqrt{\overline{OP}^2-\overline{OA}^2}$
細部示範	執行解題	$\overline{OA}=5$，$\overline{OP}=10$， $\overline{AP}=\sqrt{\overline{OP}^2-\overline{OA}^2}=\sqrt{10^2-5^2}=\sqrt{100-25}$ $=\sqrt{75}=5\sqrt{3}$
終止	無	剛才做完這一題的時候，有沒有檢查一遍呢？

資料來源：王文伶、張云綺、蕭輔萱等（2014，頁28）

入分開進行；CF 的流程則是評量與介入合併進行，學生完成每一個題目後，會獲得一個次序性提示，直到完全答對才繼續進行下一個題目（李淑華、洪碧霞，2011）。SF 的方式即教學介入後，全班學生再以此份試卷進行後測，依學生的答對題數為此次測驗的分數。CF 的方式即教師在試卷的設計上，可以畫出如圖 10-1 這樣的表格，學生若是不需經由提示即會計算，則寫在第一格，第一次提示才會計算就寫在第二格，以此類推；以此方式紀錄學生是經由幾次提示後才能算出答案，教師再依照一個標準換算成分數。賴阿福和陳志鴻（2006）由相關文獻歸納出三種採用古典測驗理論來進行能力的估算方式：1. 採用後測分數；2. 累加兒童在前、後測的答對題數；3. 累加兒童對於不熟悉題目所需的提示量，以決定學童的得分。以黃淑津和鄭麗玉（2004）對國小五年級學生閱讀理解效能的研究為例，其計分方式如下：完全沒有提示而答對得到 3 分、給予提示一而答對得到 2 分、給予提示二而答對得到 1 分、給予提示三（直接教學）得 0 分。

圖 10-1

動態評量的試卷設計

| 題目： |
| 6 枝原子筆價錢和 4 枝自動鉛筆的價錢相等，如果原子筆 1 枝 10 元，那麼自動鉛筆 1 枝多少元？ |

第一題第一格	第二格	第三格	第四格	第五格

 科技輔具融入動態評量

最近幾年因為資訊與通訊科技（information and communication technology, ICT）的發展，許多研究者已經開始使用 ICT 發展電腦化的動態評量系統，並使用這些系統去幫助教師實施評量，且提供學習者及時的回饋與

更多的學習機會。當學生在評量中遇到困難時，如果電腦評量系統能及時地給予回饋，不僅能夠刺激學習者積極地投入自我評量，也可以改善他們的學習成效。動態評量電腦化評量系統事前已在資料庫內建置有用的回饋資訊，當學習者在評量過程遭遇困難時，系統能藉由資料庫裡的提問或訊息，提供適當且又有意義的回饋。這樣的回饋能幫助學習者糾正、修改他的錯誤，且有效地擺脫對迷思概念的誤解（孫慧茹、洪碧霞，2013）。國內也有許多研究發展不同學科的電腦化動態評量，賴阿福與陳志鴻（2006）在多媒體動態評量應用於國小自然與生活科技領域，結合電腦輔助測驗與漸進提示動態評量理論，發展網路化動態評量系統。李淑華與洪碧霞（2011）亦發展電腦化課文摘要動態評量系統。

第三節　動態評量的優點與限制

　　動態評量屬於有協助的評量或有互動的評量，也就是結合評量與鷹架促進特色，在協助或互動下進行之評量程序。其共同基本流程包含前測、中介或教學、後測，而其實施方式以漸進提示模式較受歡迎，這個模式易與特定學習領域相結合，且符合針對特定學習進行中介協助，是最常被教育研究及實務工作者使用的模式（許家驊，2023）。動態評量可改善傳統評量所重視學習結果的缺失，真正落實「評量即教學」的理念；動態評量同時可以讓教師從評量中發現教學上的缺失，進一步補足學生所欠缺的能力，並引發學生的學習潛能。雖然動態評量有絕佳的立論基礎，但在追求客觀、數量化的心理計量傳統下，仍難普遍運用於教育評量之中（黃桂君，1995）。本節僅就動態評量的優點及限制加以探討。

壹　動態評量的優點

　　針對動態評量的實驗效果的後設分析研究發現，動態評量確實具有潛能開發效益，不同中介程序內容對個體的開展效果並不相同，而鷹架式、

教導式、策略訓練三種不同性質的動態評量均具有促進效果，其中鷹架式及策略訓練的效果優於教導式，策略訓練又較其他兩種方式更具預測力（Swanson & Lussier, 2001）。綜合相關文獻，動態評量所具有的優點如下（林麗容，1995；許家驊，2017；黃桂君，1995；陳昭儀，1996）：

一、是無歧視性的認知評量方式

文化不利或身心不利的兒童由於缺乏適當的學習經驗，以及接受測驗的先備技能，在使用傳統的靜態評量方式時極易低估其認知潛能。而許多研究發現學習困難或文化不利的學生，動態評量比靜態評量更能有效預測其學習成就。對於低成就學生，教師需在教學與測驗的過程中，給予詳細及明確的指導與回饋，動態評量正可彌補傳統靜態評量之缺失，因而它常被視為無歧視性的認知評量方式，可以有效區分學生的不知（ignorance）與不能（inability）。

二、與教學緊密結合

評量的最新趨勢為「評量即學習」，動態評量的取向符合評量的發展趨勢。動態評量目的並非鑑定學生的病因或予以學生標記、分類，而是確認在何種情況下，學生可經由教學中獲致最大的認知改變，以發掘學生的最大潛能。為對學生學習困難的診斷與補救，教學者要能夠在評量的過程中做適當的調適，以因應學生的個別需求。

三、以學習歷程為導向

動態評量的主要目標在於確認學生的思考歷程或解決問題所涉及的認知成分，因而較能瞭解學生如何表現的學習歷程、較能確認學生思考歷程與解決策略的缺失，也較能覺察學生思考或認知結構的錯誤類型。因為在評量過程中，教師鼓勵學生使用維高斯基所倡導的「放聲思考」（thinking aloud）的評量方式，即要求學生把所想的說出來，亦即一邊運思，一邊將其認知歷程表達出來，讓老師能夠瞭解學生的心智運作歷程，以作為因應教學指導的依據，對促進有效教學有所助益。

四、以成功為導向的評量方式

傳統的智力測驗每一評量題目或分測驗，幾乎在學生出了一項或一連串的錯誤反應後即告中止。傳統的評量也是如此，低成就學生所得到的分數偏向低分。此種以失敗為導向（failure oriented）的評量方式對於具有預期會失敗的低成就學生而言，對其作答動機、學業自我概念或認知發展，造成相當多的不利影響。動態評量會設法因應學生的學習需求，不斷調整改善教學，且較能避免非認知因素對教學與評量的干擾，例如：施測焦慮、過度緊張、缺乏信心、恐懼失敗或缺乏動機等。因此，強化學生正向自我觀念，可讓學生獲得學習成功的喜悅。

 ## 動態評量的限制

動態評量雖有諸多的優點，然動態評量本身仍有一些問題尚待解決。因此，學者目前朝向此方向不斷的努力與探究，期能克服動態評量在班級教學之限制。其中莊麗娟（2001）發現採用人工施測無法去除評量者認知、技術及情緒的不當介入，評量的精準性與信效度受到質疑與批判，因而嘗試在動態評量的過程中，採行電腦化施測之可行性。因電腦節省人力、施測方便及可提供標準化回饋的優勢，將使此評量不僅能用於少數學生身上，且能團體同時學習（黃淑津、鄭麗玉，2004）。動態評量受到詬病的理由尚有評量執行不易且成本高、信度與效度有待加強等問題（黃桂君，1995）。以下列出動態評量的限制及其因應策略（黃桂君，1995；莊麗娟，2003；陳昭儀，1996；黃淑津、鄭麗玉，2004）：

一、耗費時間及人力成本較高

動態評量在最初的發展階段多是以個別測驗的方式進行，再由特殊教育應用到普通班的團體施測，團體施測及電腦化施測皆是一種改革趨勢，對降低人力成本有極大的幫助。但提示系統的設計，也需要花費教師不少的時間。

二、動態評量的心理計量問題

　　動態評量較常受到的第二項批評為心理計量的問題，包括實測時無標準化的評量程序、缺乏比較評量結果的常模、計分上無法符合客觀性的要求等，這些問題皆與信效度有關。學者所提出的因應策略，即建議教師採用標準化的提示系統，計分依據提示量多寡，可降低施測時評分者的主觀性，提高評分信度，同時因提示系統係事先分析擬定而來，施測時較為簡便，有利於普遍採用。至於效度上的問題，教師需依據教學目標命題，試題的安排有難有易，不能只有簡單的題目。若將動態評量視為多元評量之一種形式，也是一種自我標準參照的評量方式，所占學期成績的比重不高，如此應可化解家長對動態評量的疑慮。

三、動態評量的評量者應善於分析、引導

　　在動態評量的過程中，評量者的思緒應該相當清楚，並能敏銳的察覺受評者的表現，以便因應其反應給予適當的提問、分析、引導等，因而被認為僅適合以一對一或一對小組方式進行，這樣教師才能觀察到學生在評量時的表現，而給予學生適當的提示與引導。教師若能善用後設認知晤談及放聲思考的方式，除可協助學生瞭解他自己的思考模式外，尚可藉此引導學生往正確的解題方向思考。如果要將動態評量應用到全班，教師可能就無法關注到每位學生的表現，而給予適當的提示，這個時候就需要使用標準化的提示系統，例如：只給予學生三種提示階段：1. 提示一給予簡單回饋；2. 提示二給予關鍵提示；3. 提示三直接教學。

自我評量 ....

一、選擇題

（　　） 1. 下列敘述何者不屬於動態評量的特徵？　(A) 著重評量者與受試者間的雙向互動　(B) 強調問題解決的過程　(C) 強調教學、診斷與評量結合　(D) 強調遊戲與活動結合

（　　） 2. 下列何者最具有結合教學、診斷和評量的功能？　(A) 動態評量　(B) 標準化測驗　(C) 常模參照評量　(D) 標準參照評量

（　　） 3. 下列關於動態評量的敘述，何者不正確？　(A) 維高斯基（L. Vygotsky）的近側發展區觀點　(B) 目的在於瞭解學生學習後認知改變的情形　(C) 主要的功能是預測、鑑定和分類學生　(D) 評量與教學兩者具有密切關聯

（　　） 4. 動態評量著重評量學習歷程與認知改變，並強調與受試者的互動，融合教學與評量。動態評量主要以下列哪一種理論為基礎？　(A) 皮亞傑（J. Piaget）的認知發展論　(B) 班都拉（A. Bandura）的社會學習論　(C) 維高斯基（L. Vygotsky）的認知發展論　(D) 艾瑞克森（E. Erikson）的心理社會發展論

（　　） 5. 下列有關評量之敘述何者正確？　(A) 動態評量主要以行為主義為理論基礎　(B) 檔案評量可用來檢視學生的學習進步情形　(C) 常模參照評量的通過標準通常是事先設定的　(D) 效標參照評量的主要目的在於瞭解學生的個別差異

（　　） 6. 有關動態評量的敘述，下列何者錯誤？　(A) 動態評量允許受試者與施測者互動　(B) 動態評量可以評量學生的潛在能力　(C) 動態評量特別重視學生的操作與身體的活動　(D) 動態評量的概念最早由俄國心理學家維高斯基提出

（　　） 7. 有關動態評量的敘述，下列何者不適切？　(A) 評量與教學緊密結合　(B) 採用評量—教學—評量之模式　(C) 目的在評估學生目前表現而非潛能　(D) 強調評估學習的歷程而非學習結果

（　　） 8. 有關動態評量特質的描述，何者正確？甲、評量者扮演旁觀者觀察的角色；乙、成人和學生之間的對話是瞭解學生思考的核心；丙、

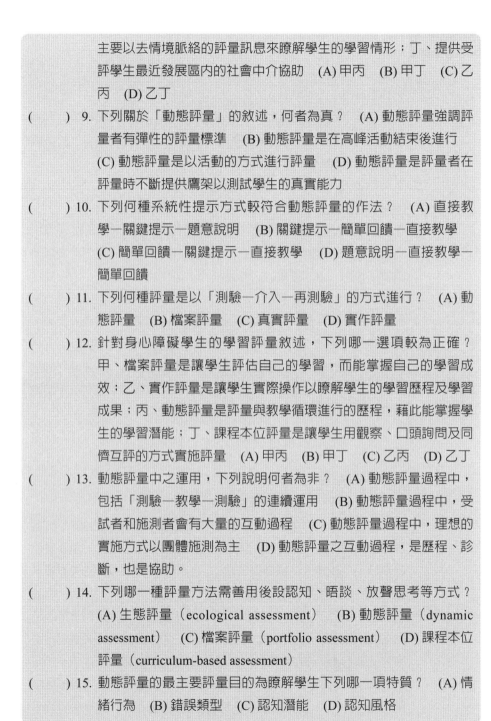

主要以去情境脈絡的評量訊息來瞭解學生的學習情形；丁、提供受評學生最近發展區內的社會中介協助　(A)甲丙　(B)甲丁　(C)乙丙　(D)乙丁

(　) 9. 下列關於「動態評量」的敘述，何者為真？　(A)動態評量強調評量者有彈性的評量標準　(B)動態評量是在高峰活動結束後進行　(C)動態評量是以活動的方式進行評量　(D)動態評量是評量者在評量時不斷提供鷹架以測試學生的真實能力

(　) 10. 下列何種系統性提示方式較符合動態評量的作法？　(A)直接教學─關鍵提示─題意說明　(B)關鍵提示─簡單回饋─直接教學　(C)簡單回饋─關鍵提示─直接教學　(D)題意說明─直接教學─簡單回饋

(　) 11. 下列何種評量是以「測驗─介入─再測驗」的方式進行？　(A)動態評量　(B)檔案評量　(C)真實評量　(D)實作評量

(　) 12. 針對身心障礙學生的學習評量敘述，下列哪一選項較為正確？甲、檔案評量是讓學生評估自己的學習，而能掌握自己的學習成效；乙、實作評量是讓學生實際操作以瞭解學生的學習歷程及學習成果；丙、動態評量是評量與教學循環進行的歷程，藉此能掌握學生的學習潛能；丁、課程本位評量是讓學生用觀察、口頭詢問及同儕互評的方式實施評量　(A)甲丙　(B)甲丁　(C)乙丙　(D)乙丁

(　) 13. 動態評量中之運用，下列說明何者為非？　(A)動態評量過程中，包括「測驗─教學─測驗」的連續運用　(B)動態評量過程中，受試者和施測者會有大量的互動過程　(C)動態評量過程中，理想的實施方式以團體施測為主　(D)動態評量之互動過程，是歷程、診斷，也是協助。

(　) 14. 下列哪一種評量方法需善用後設認知、晤談、放聲思考等方式？　(A)生態評量（ecological assessment）　(B)動態評量（dynamic assessment）　(C)檔案評量（portfolio assessment）　(D)課程本位評量（curriculum-based assessment）

(　) 15. 動態評量的最主要評量目的為瞭解學生下列哪一項特質？　(A)情緒行為　(B)錯誤類型　(C)認知潛能　(D)認知風格

(　　) 16. 針對弗斯坦（Feuerstein）所提出的動態評量概念，下列相關敘述，何者是錯誤的？甲、評量重點強調未來學習的成果；乙、提出「前測—學習中介—後測」的評量歷程；丙、概念類似於 Vygotsky 所提出搭鷹架的概念；丁、可以找出影響個體有效學習或表現阻礙的因素　(A) 甲　(B) 甲乙　(C) 丙丁　(D) 甲丙

參考答案

1.(D)　2.(A)　3.(C)　4.(C)　5.(B)　6.(C)　7.(C)　8.(D)　9.(D)　10.(C)
11.(A)　12.(C)　13.(C)　14.(B)　15.(C)　16.(D)

二、問答題

1.試述針對特殊需求之學生實施動態評量的目的與功能為何？
2.試列舉動態評量、課程本位評量、檔案評量等三種評量方式的定義、優點與限制。
3.請說明「動態評量」的意義及其學理依據，並評論其在實務應用上的優勢及可能限制。
4.動態評量較常實施的模式為「漸進提示評量」，請說明此模式的實施過程。
5.動態評量與傳統評量的最大差異在於提示系統的設計，請問要如何設計提示系統？

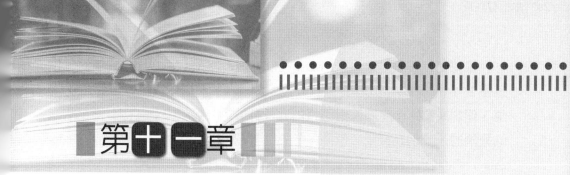

第十一章

情意領域的評量

　　根據克拉斯渥爾等人（Krathwohl, Bloom, & Masia, 1964）的看法，情意主要是指一個人的情感、態度、動機、對事物接受或拒絕的程度、價值、理想或偏好。此外，他還將情意行為加以分類，成為一個有高低層次的連續體，分別為接受、反應、欣賞、評價和運用。「情意教育」（education of affective domain）係指一種將重點放在理性或認知層面以外的情緒層面，其目標在改變學生情緒或社會行為，或是增進他們瞭解此類行為的課程。情意教育所涵蓋的範疇，包括引導學生學習情緒教育、情感教育，與人際溝通技巧等的活動與歷程。從內容來看，情意教育可分為個人面向的人格發展與他人互動的社會發展層面。個人的人格發展層面，包括自我情緒察覺、價值與態度的建立與意志的培養；而在社會發展方面則可分為察覺他人情緒、同理心的培養，以及人際關係的互動。情意教育的實施對學生的身心健康、學習成長、人格塑造、社會適應，都有不可忽視的影響力（郭如育，2011）。情意教育既然這麼重要，設計一套有效的情意教學方法和評量技術，提供給教師作為指引，使情意教學如同知識教學一樣，能夠落實於生活中，如此全人教育之目標終會有實現的一天（郭生玉，2016）。本章主要在探討情意領域評量的方法，更具體的說法是指認知及技能領域以外的評量，以往的教學大多數教師皆忽略情意領域的評量，期望經由情意評量技術的學習，而讓教師更樂意進行這一領域的評量。本章分別從情意評量的基本概念、評量方法及同儕互評法等三方面來探討。

第一節　情意評量的基本概念

　　一門課程的教學目標應儘量兼顧認知、情意及技能三種教學目標，才不會過於窄化教學目標及教學活動。教學目標、教學活動及學習評量三者要環環相扣，而情意學習更需要情意評量來引導學生學習，並藉由適切的情意評量方式來蒐集資料，以瞭解學生的情意學習情形。雖然情意評量不易實施，但並不意味情意評量就可受忽略，教師只要能掌握情意評量的重

要技術，即可藉由情意評量，有效地引導學生在任教科目的情意發展（蔡進雄，2009）。任何的學科教學雖然都包含認知、技能、情意三項層面，但不同學科所占的比重不同，例如：數學科認知的比重最高，體育科的技能比重最高，情意比重較高的學科是文史藝術等人文學科。如果依據教育史的發展過程，大部分教育家都重視認知層面，直到當代人本主義思潮的興起，才對情意教學的提倡不遺餘力。情意目標的重要性固然是不容置疑，但卻很少有教師進行情意評量。本節分別針對情意評量的重要性、為何受到忽略的原因及情意的範疇等三方面來探討。

壹 情意評量的重要性

最近發生數起校園霸凌與師生衝突的事件，在在顯示青少年的價值觀在急遽的社會變遷中發生嚴重的偏差，而細究其原因，青少年欠缺在情意方面的學習，很容易導致價值觀的偏差與負面行為（郭如育，2011）。因此情意評量在教育上具有以下的重要性（郭如育，2011；郭生玉，2016；陳靜姿、洪碧霞，2010）：

一、實現全人教育目標的理想

情意教學具有追求完美品格及全人目標的功能，學生透過情意教學將能接受某些已篩選妥當的價值觀和人生觀，進而培養高尚的品格，以達成全人教育目標的理想，並成為在知性認知（intellectual cognitive）與感性情意（emotional affective）領域能平衡發展的個體。臺灣的教育深受升學主義的影響，著重知識的教學而輕忽情意的教學，長久下來對健全人格的發展造成妨礙，例如：教師在教學上忽視學習興趣與動機的培養，也未評量學生這方面的表現是提升或減退，因而造成不少學生因學習失敗、挫折而喪失學習動機與信心，導致逃避學習、恐懼學習，嚴重者甚至成為青少年犯罪者。

二、積極正向的情感有助於認知學習

情意和認知並非各自獨立，毫不相干的兩項特質，他們彼此相互影響，共同成長。因此學校教育只重視認知的教學，而忽略情意教學的現象，是一種不正常的教育，稱之為反人性化的教育。以國高中生為例，在完成青少年階段發展任務的過程中，教導學生妥善管理多變的情緒相當重要。此外，就記憶與情緒之間的關聯所作的相關研究中，發現情緒會影響記憶的功能與認知，而批判思考能力與情緒智力較高之國小學生，其學業成就亦較高。再以數學的學習為例，數學學習情意層面包括態度、信念、動機以及數學焦慮等，統稱為數學學習氣質。學習氣質可以凝聚成數學學習的能量，使學生思考數學時更具興趣和信心，解決數學問題時更具堅持力。

三、增進適應社會生活的能力

情意評量所強調的內容也就是心理學上所談的適應問題，其功能在於引導個人學習自我適應與社會適應，促進學生發展對自己、他人與學校的正向態度、信念與價值，並藉著這些情感的力量幫助學生導向豐富、有效率的生活。例如：透過情意評量的目的，除可輔導學生情緒成熟發展之外，並能協助其獲致健全的自我適應與良好的人際關係。學生若具有良好人際關係，以及友善、誠實、合作、同情心、尊重等人格特質，則對社會適應能力的增進有極大的幫助。然而在升學至上、智育掛帥的今天，這些能力都未受到重視，以致學生個人適應與社會適應的問題層出不窮。

貳 情意評量易受忽略的原因

雖然情意評量有其重要性，但事實上教育現場一直忽視情意目標，教學上及評量上所遭遇的困難使得教師不重視情意領域的教學與評量，其原因有以下三項（李茂興譯，2002；歐滄和，2007）：

一、教學上的困難

情意教學所遭遇到的最大困難是它常會捲入教育與灌輸的爭論中，許多教師在不知道要教什麼，以及不容易看到教學效果的情況下，自然較容易忽略它。這樣的結果是由三項原因所導致：1.情意目標的含糊性與長期性；2.擔心造成價值觀的灌輸；3.社會對多元價值觀的包容與尊重。

二、評量技術上的困難

評量情意目標的困難，除了要考慮學生是否有誠實回答的意願與能力之外，還要考慮到情意特質本身的變動性。其中一項困難是資料蒐集過程無法客觀，以自陳量表來蒐集資料時，縱然學生願意，也有能力來回答問題，但仍會有語意認知及符合社會期待的困擾。

三、擔心造成負面效果

即使教學上、評量上的困難都被解決了，仍然有許多教師對於情意的評量裹足不前，因為他們認為這類評量會產生下列的負面效果：1.侵犯隱私權；2.逼使學生更加虛偽。因為有些人認為價值、興趣、態度等都是屬於個人的隱私，除非當事人自己願意，否則沒有人有權力強迫他們表露出來；如果教師採用強迫的方式，有些學生可能就會採用敷衍、不說實話等方式來應付。

 情意評量的範疇

情意領域包含非常多的內涵，舉凡態度、興趣、價值觀、意見、喜好、動機、學術自我概念、自尊、內外控、情緒發展、人際關係、利他主義、道德發展、班級氣氛等，都是屬於情意領域的學習內容（McMillan, 2011）。而布魯姆（Bloom）等學者所建立的情意領域教學目標，除可協助認知領域教學目標的達成，也能增進學生的生活經驗與樂趣，故情意領域的教學目標，在教學活動中扮演相當重要的角色，可以引導情意教學的

方向。然而情意教學目標仍然有點抽象,故再補充適合教室內實施情意評量的主題。不同情意領域的教學目標或主題有不同的評量方式,因此教師有必要瞭解教室內可以實施的情意評量主題。

一、情意領域教學目標

情意領域的教學目標分成接受(receiving)、反應(responding)、價值判斷(valuing)、價值組織(organization)、形成品格(characterization)五個層級,以下分別敘述分類的內涵(周新富,2021;Krathwohl et al., 1964):

㈠接受

指學生願意去注意特定的現象或刺激,例如:班級活動、音樂等。主要和學生在知覺上的注意力有關,教師的教學若不能引起學生的注意力,則任何知識或技能的教學都不可能進行。接受或注意代表情意領域學習結果的最基本層次,它又可細分成下列三種層次:覺知、願意接受、選擇性的注意。例如:注意到交通秩序的問題、能夠聽完整首曲子。

㈡反應

反應是指學生主動地參與學習活動,它不只是注意到特定的現象,而且是以某種方式對它做反應。學生的反應可再細分為勉強反應、願意反應、樂於反應,分別代表不同程度的學習興趣,例如:願意遵守交通規則、主動要求上臺朗讀課文。

㈢價值判斷

價值判斷又譯為評價,學生在不被強迫和要求順從的情況下,對於接觸到的事物表現出明確肯定的態度傾向。價值判斷的程度在行為上不只要樂於反應,還要穩定與持續,因此這一層次又可以細分為接納、偏好、堅信三個等級,例如:經常欣賞古典音樂、相信公開討論有助於衝突解決。

㈣價值組織

價值組織將新價值觀與舊有價值觀整合成新的價值系統。當學生把不

同的價值觀放在一起，可以解決它們之間的衝突，並且開始建立起一個具有內部一致性的價值系統。組織所強調的是各個價值觀之間的比較、關聯和綜合，又可以細分價值概念的建立、價值系統的組織，例如：能依照交通的狀況設計一套改善的計畫、瞭解並接納自己的優點和限制。

㈤形成品格

形成品格是指由於個人價值系統的影響，而在某些方面產生主動、長期、一致性的行為，並形成他個人的生活風格（lifestyle）。可細分為類化的傾向、品格的形成，但由於這部分屬於長期的目標，教學時很少納入評量的範圍，例如：養成節儉的生活習慣、培養愛人如己的品格。

二、適合教室評量的情意主題

情意教學所涵蓋的範疇，包括引導學生學習情緒教育、情感教育，與人際溝通技巧等的活動與歷程。情意教學可分為個人面向的人格發展與他人互動的社會發展層面。個人的人格發展層面，包括自我情緒察覺、價值與態度的建立與意志的培養；而在社會發展方面，則可分為察覺他人情緒、同理心的培養，以及人際關係的互動（郭如育，2011）。而情意評量則是針對上述範圍內的重要層面進行評量，例如：學生的學習態度、興趣、價值觀及人格都是重要的評量項目。因情意教學有其重要性，固需要進行評量，視評量結果予以輔導或協助。由情意領域教學目標的內涵及學者的論述，可以歸納出適合班級教學的情意評量主題如下（吳明隆，2021；陳慧蓉、張郁雯、薛承泰，2018；徐俊斌、許銘津、林清達、潘文福，2015；Linn & Miller, 2005; McMillan, 2011）：

㈠個人特質

個人特質（personal traits）是個體的內隱特質與情感特質，運用智力測驗，可瞭解學生的學習能力與問題解決能力；運用性向測驗，可瞭解學生的一般潛在能力與特殊潛在能力；運用人格測驗，可幫助教師瞭解學生的人格特質與行為習慣，可從中篩選適應不良學生；運用興趣測驗，可幫助學生瞭解自己的興趣。

㈡工作習慣

工作習慣為學生在進行學習活動所表現出來的行為，例如：維持環境整潔、物歸原位等美德，其內容可包含計畫的有效性、時間的運用、設備的使用、資源的利用、創造力、堅持及可信任度等特質的展現。

㈢態度

態度是一種內在的狀態與信念，是學生對於人、事、物作出某種反應的意願或是行為的傾向，例如：學習動機、學習態度、社會態度及科學態度等。

㈣興趣

學生表達對不同學習領域、運動、政治、社會、休閒娛樂、流行文化、職業等活動的喜好程度，愈感興趣的事物，愈能吸引學生的注意力及投入。以學習投入（learning engagement）為例，是指學生對於學校活動的參與及積極付出，由評量可得知學生對於教室學習行為及學校活動的參與程度。

㈤欣賞

對自然、科學、音樂、藝術、文學、身體技巧、傑出的社會貢獻等表現出令人滿意的感覺及樂趣。例如：採用欣賞教學法，引起學生對真、善、美欣賞的動機，誘發學生產生情感的反應。

㈥調適

可視為適應環境的能力，是個體為滿足求知需求和外在壓力，而採取的因應策略，包括與同儕的關係、對讚美與批評的反應、對權威的回應、情緒的穩定性、挫折的容忍力、學習適應、學校適應等。

㈦學業自我概念

學業自我概念（academic self-concept）是指學生對於自己的學業表現或是學習能力的自我知覺及主觀評價。這是屬於學習方面的動機，與自我效能感相近似，內涵包括對特定學科學習的自我覺知、學科學習中願意嘗試新的學習方法等。

㈧班級氣氛

正向的班級氣氛可以促發學習活動及維繫團體的凝聚力，情意評量可以瞭解班級是否能營造成一個舒適的、愉悅的、友善的，以及有生產力的情境。

㈨價值觀

價值觀、品德的形塑是情意教學的重要目標，凡是能引導學生向善的行為或特質，都是重要的品德特質，藉由這些向善的特質，幫助學生建立正向且健康的價值觀。重要的內涵包含誠實、正直、仁慈、堅持、忠誠、勇氣、容忍等，教師從平日的觀察可以瞭解學生在價值觀、品德的學習成果。

㈩社會關係

社會關係是與同學互動所產生的人際關係，包括與同儕進行基本互動、與人合作完成工作、能與同學互相討論課業、與同學和諧相處等。

第二節　情意評量的方法

情意評量屬於典型表現測驗（typical-performance test）的一種形式，測驗的目的是要求受試者在一特定情境中實在而自然的典型表現，試題反應本身並無好壞、對錯之區分，僅有不同類型之分別，例如：人格測驗在典型表現測驗中，需假定所有的受試者都會誠實回答問題，但事實上，通常會有偽飾作答現象，故典型表現的測量通常較為困難。在心理測驗方面的投射測驗、自陳測驗、興趣量表、人際關係測驗、工作價值觀量表、自我概念量表、塞斯通量表等均屬於典型表現測驗（周新富，2019）。這些測驗主要由學校輔導室負責施測與解釋，在教室內的評量，教師較常用到的方式有觀察法、自陳量表法、同儕互評法，本節先介紹觀察法及自我報告法。

壹　觀察法

　　觀察法是學習評量中最常用的一種方式，不但在認知學習的評量中普遍使用，情意學習的評量亦常採用（郭生玉，2016）。觀察法可分為非正式觀察及系統觀察法兩種，大多數教師採用非正式觀察，例如：上課時直接觀察學生的學習表現，是否專心聽課或有學習上的問題等。系統觀察則是事先計畫好所要觀察的行為表現是什麼，並且妥善地加以紀錄。郭生玉（2016）認為觀察法需要輔以三項紀錄方式，分別是軼事紀錄、評定量表（rating scales）、項目檢核表（checklists）三種，由於軼事紀錄法已於多元評量一章中有提到，以下除就評定量表、項目檢核表這兩種方式外，再加上評分規準的方式加以探討（周新富，2009；郭生玉，2016；Linn & Gronlund, 2000）：

一、評定量表

　　評定量表是一種測量工具，用於衡量受試者對某些屬性或特徵的態度、觀點或表現的程度，可以用於各種測量，包括個人特質、態度、行為、心理狀態等。教師先針對所要觀察的學生特質或態度，擬定一系列語句或問題，再由教師觀察學生的表現而評分，經由加總之後得到一個分數。

㈠計分方式

　　評定量表的計分方式又分為數字和圖示，各種紀錄的方式各有其優缺點，教師應該視情形選擇或組合適當的方式使用。

1.數字評定量表

　　即以數字來呈現學生不同的程度，呈現的方式可以單純數字或數字輔以複雜的文字敘述來表示。但教師要說明數字代表的意義，例如：5= 幾乎總是、4= 時常是、3= 有時是、2= 很少是、1= 幾乎沒有。例如：使用上列數字，評定學生參與下列學校活動的情形：

(1) 你是否主動參與班上的各項活動？ 　　1　2　3　4　5

(2) 你是否虛心接受別人的意見？ 　　1　2　3　4　5

(3) 你參與課堂上的討論程度如何？ 　　1　2　3　4　5

2. 圖示評定量表

圖示評定量表是用一條水平線，以數字在上面標示出不同等級，由教師根據受試者的表現，在線上符合其表現的位置上做記號，除了以數字表示表現的等級外，也有以簡短的話語說明圖示各點所代表的意義，稱為敘述的圖示量表，通常以這種格式較佳。以下為兩種格式之說明：

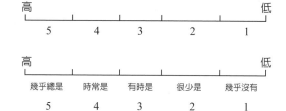

1. 你是否主動參與班上的各項活動？

高　　　　　　　　　　　　　　　　低
5　　　4　　　3　　　2　　　1

2. 你是否虛心接受別人的意見？

高　　　　　　　　　　　　　　　　低
幾乎總是　時常是　有時是　很少是　幾乎沒有
5　　　4　　　3　　　2　　　1

(二) 評定量表的應用

評定量表適用於評定工作的過程、結果及個人的態度與行為，尤其最適合用來評量個人的態度與行為，如守時、熱心、合作、人際關係、情緒、誠實等特質，如表 11-1 所示，該表為針對幼兒學習及生活表現所設計的評定量表。評定量表最大的優點是編製容易、使用簡便，而且可以量化，便於統計分析。但最大的缺點是存在不少的評量誤差，包含：1. 個人評分的偏差，像是偏高或偏低；2. 月量效應；3. 邏輯誤差，即將兩項特質視為有直接關係，像智力與學業成績，然後判斷學生在每個特點的表現程度。雖然如此，如能謹慎小心設計和使用，還是有其價值存在，以下提出在運用時所要注意的原則：

1. 評定的特質應和教學目標符合一致。

2. 評定的特質應可以直接觀察，無法評定的特質即可省略。

3. 使用敘述性的圖示評定量表，將特質與評定點界定清楚。

4. 評定點以三至七個為主，如只做粗略判斷，等級不需太多。

5. 加強對評定者的訓練與溝通，使其能力與態度都能達到最理想狀態。

6. 可綜合幾位教師的評定結果，不要只採計一位教師的評定，如此可抵銷個人的評分偏差。

表 11-1

幼兒學習及生活表現評定量表

幼兒姓名： 評量日期：　年　　月　　日至　　年　　月　　日			
評量項目	很棒，已做到	努力中	要加油
能正確唸唱主題兒歌			
喜歡參與並享受閱讀活動			
能正確念誦《三字經》「十干者……宜協調」			
能安靜欣賞影片			
有良好的洗手及潔牙習慣			
樂於嘗試角落新購置的教（玩）具			
知道「請」、「謝謝」、「對不起」的使用場合及時機			
能主動換穿髒溼的衣物，並整理好帶回清洗			
能說出兩種以上的端午節習俗			
能說出兩種以上人體內的管子			
能認真參與結業典禮的活動及表演排練			

資料來源：沈玉潔、王雅綺、陳淑芬、楊仁菁、張孝筠（2008，頁6）

二、項目檢核表

紀錄直接觀察最簡單和最客觀的方式，是採用項目檢核表。項目檢核表大多用於學習行為或特質的檢核，重點在有無做到或做對，而非程度高低、次數的多寡。因此，檢核表不適用於強調特質出現的程度或行為出現次數的評量。

　　設計項目檢核表時，必須依據教學目標先將學生應有的、可觀察的特質、具體行為表現，依照行為發生的順序逐一詳細分項，並以簡短、明確的行為描述語句來呈現，教師根據觀察的結果，判斷哪些行為是否出現，只做二分的判斷。

　　針對過程性的檢核表，例如：工作習慣、社會技巧等，可以先觀察學生的表現，再確定適當的步驟，設計檢核表依循以下步驟：1. 將需要學生遵循的過程步驟，清楚地敘述列舉；2. 在列舉的項目裡，增加學生常會犯的錯誤；3. 將正確的步驟及可能犯的錯誤，依適當的順序排列；4. 檢核表是否包含了學生的步驟或將學生的步驟編碼。表 11-2 為評量學生是否關心別人所設計的檢核表範例。項目檢核表的內容可以課程或教學的內容、過程或結果為主要的設計項目，但因為只針對一些人格特質是否出現而加以紀錄，所以容易產生以偏概全的現象。不過在使用時若能依照以下原則進行，項目檢核表亦有其價值：

　　1. 僅在確定學生某項特質是否出現時才使用。

　　2. 清楚界定所要觀察的特質。

　　3. 一次只觀察一位學生，而且僅限於觀察檢核表內的項目。

　　4. 每位學生都有各自的項目檢核表。

表 11-2

關心別人檢核表

姓名：		日期：	
觀察者：		地點：	
說明：下列是一些關心別人的特質，如果該特質常出現，則在其適當空格做紀錄。			
		是	否
1. 察覺同學的處境和困難		○	○
2. 樂於幫助有困難的同學		○	○
3. 尊重同學的意見和觀點		○	○
4. 事事考慮自己的權益		○	○
5. 待人冷漠無情		○	○
6. 富有同情心		○	○

資料來源：郭生玉（2016，頁440）

三、評分規準

在實作評量一章中，有提到評分規準要如何編製，教師在實施觀察法時，亦可使用評分規準進行評量。以洪碧霞、陳沅、林宜樺（2004）在實施數學專題合作學習的研究為例，在針對分組的互動能力進行評量時，所採用的方式為設計評分規準，其內容如表 11-3 所示，所要評定的特質分為態度尊重與發言切題兩個項目，評定等級分為優、良、可，依序計量為3、2、1分。教師在教學時，觀察各分組在這兩項特質的表現，而分別給予評分。

表 11-3

跨組討論互動能力評定內涵與規準

評定能力	評定項目	評定規準		
		優	良	可
互動能力	態度尊重	互動態度溫和尊重，能欣賞別人討論的優點做正向回饋。	互動態度溫和尊重，但沒能提出他人適切的回饋。	無法以尊重態度進行討論，亦無法提出他人適切的回饋。
	發言切題	互動內涵切題，能以適切有趣且新鮮的例子清晰表達概念。	互動內涵切題，但未能以適切例子清晰表達概念。	互動內涵無法聚焦，亦未能以適切例子清晰表達概念。
分數		3 分	2 分	1 分

資料來源：洪碧霞、陳沅、林宜樺（2004，頁37）

 貳　自我報告法

教師所觀察到的學生行為表現，有時是片面或是表面的訊息，有時只知道行為事件的結果，無法瞭解學生心理的感受或行為的原因。如果讓學生自己報告，有機會說出他們內心的感覺與想法，有助於瞭解學生態度、興趣、價值、人格特質（謝廣全、謝佳懿，2019）。情意評量最好也需要學生作自我評量和自我反省，因為評量不只是培養學生成為問題解決者，

更應該鼓勵他們反省自己是否為問題解決者。這種反省工作也可以鼓勵學生自行分析自己的學習是否符合檢核表或量表所描述的內容，同時也監控自己的學習行為。所謂自我報告法（self-report technique）是由被評量的學生，自己透過填答量表等方式，來得到所要的評量資料，以瞭解學生的情感、信念和態度（涂金堂，2009）。不過所獲得的資料是否有價值和有意義，必須先確定學生的回答是否出於自我意願，或是誠實的回答（郭生玉，2016）。以下分別就幾種比較常用的方法說明之：

一、自陳量表法

　　自陳量表法最常用的方式是李克特量表（Likert scale），不僅可以測量態度傾向、學習興趣、同情心等外顯行為，同時也可以測量自我對學校環境的感受，例如：壓力、內心衝突、動機等。李克特量表的設計，是針對某個欲測量的態度，編寫一系列有關此態度的陳述語句，每個陳述句包含「非常同意」、「同意」、「不確定」、「不同意」、「非常不同意」等五個選項，然後將這些陳述句與選項，以結構化的排列方式呈現，由受試者逐題勾選其看法。正向或負向的陳述句可以混合並用，但題數不要差距太大，若要強迫學生對每個陳述句做出反應，可以將不確定或無意見選項刪除。其計分方式是正向陳述題根據「非常同意」選項至「非常不同意」選項，分別給予 5、4、3、2、1 分，負向陳述題則給予相反的得分。將每題的得分累加，若得分愈高，表示學生的態度愈積極（吳明隆，2021）。李克特量表的範例如表 11-4 所示。

表 11-4

李克特量表範例

	非常同意	同意	無意見	不同意	非常不同意
1. 數學不是一門有趣的學科	○	○	○	○	○
2. 數學是一門重要而值得學習的科目	○	○	○	○	○
3. 學習數學是浪費時間的事	○	○	○	○	○
4. 數學使我感到緊張和焦慮不安	○	○	○	○	○

資料來源：郭生玉（2016，頁448）

㈠自陳量表的編製

李克特量表很容易編製和計分，教師若想自編李克特量表時，建議可以根據下列八個步驟來編製（郭生玉，2016；涂金堂，2009；Popham, 2005）：

1. 確定所要評量的情意變項

在設計量表之前，必須先確定想要評量的情意變項，如態度、興趣、價值觀或其他人格適應等，對所要測量的變項要有清楚明確的定義。

2. 編寫與情意變項有關的陳述語句

例如：想要評量學生對科學的態度，就可設計如下的陳述句：1. 科學科目是一門有趣的學科（正向敘述句）；2. 科學實驗課相當枯燥乏味（負向敘述句）。

所陳述的敘述句包含正向及負向，兩方面的題數最好能一樣，編排時正向與負向的題目宜混合安排。對中學生而言，量表的題數以 10 題為宜，但對小學生或較低年級而言，以 5-6 題為宜。

3. 確定每項敘述句的反應數目

李克特量表原先的設計是使用五點量表，但基於使用的需要，可依年級而彈性調整，對年幼學童或小學生而言，可設計成三點量表，如「同意」、「不知道」、「不同意」，甚至可設計成兩個選項，如「是」與「否」。

4. 編寫施測指導語

題目命題好之後，在編輯整份量表時，應該詳述施測的指導語，讓受試者清楚知道如何作答。若受試者沒有作答李克特量表的經驗時，最好提供實際的作答例題。

5. 進行量表的預試

將設計好的量表找自己班上學生或其他班級學生試做看看，依預試結果修改題意不清楚的題目。

6. 選擇量表題目

預試之後要進行項目分析，為了確認所有題目都在測量相同特質，可以依據鑑別力及每個題目與總分的相關係數高低，以 t 檢定方法考驗平均

數的差異，若達顯著差異表示鑑別力大，可以保留。而總分與各題項的得分求得的相關係數則是愈高愈好，相關高表示量表內部一致性較佳。詳細的項目分析過程，請參見教育研究法有關研究工具的編製。如果教師沒有足夠時間編製量表，上述五、六兩個步驟可考慮省略，而採用比較主觀的方法淘汰不良的題目。但無論如何，量表如要保留至少 10 個題目，在設計之初，就應擬定超過 10 個題目的量表。

(二)自陳量表的其他格式

自陳量表除了李克特量表之外，尚有語意區別法（semantic differential techniques）、塞斯通量表（Thurstone scale）、自我檢核表等。語意區別法是將兩個相對的形容詞，如「好／壞」、「強壯／軟弱」、「被動／主動」放在一個量尺的兩端，而將其間分為七個等級，用這樣的量尺去評量某些概念的語意。概念所指的可以是具體的人、事或物，例如：我的老師、學校生活、金錢、音樂，或是抽象的事物如誠實等。語意區別法分析主要包括「評價」（evaluative）、「力量」（potency）、「活動」（activity）三個面向，讓受試者勾選。實際應用可包括一個面向，或同時三個面向，但每一面向至少要有 3 題以上。塞斯通量表的編製過程皆比李克特量表繁瑣，需耗費較多的心力。自我檢核表即採用項目檢核表的格式，由學生自行填寫（吳明隆，2021）。

(三)自陳量表的優缺點

李克特量表除了編製容易外，尚有不少的優點：1. 量表的同質性較高；2. 題數一樣時，信度較塞斯通量表高；3. 受試者可以表達其情意的強度；4. 有較大的變異性；5. 可以比照客觀成就測驗方式測量，省時方便（涂金堂，2009；郭生玉，2016）。由於自陳量表的問題形式很多都是假設情境，雖然在指導語或作答說明中，強調誠實作答可以幫助瞭解自己，但受試者若未身歷其境，即使想要誠實作答也是有所困難。因此，自陳量表容易受到以下的限制（吳明隆，2021；謝廣全、謝佳懿，2019）：

1.默許偏誤

當測驗題目敘寫複雜或不夠明確時，施測情境易使受試者分心，受試者由於看不懂題目，作答時不會認真思考題目所表達的意思，會固定傾向的勾選「同意」或「不同意」選項。

2.極端作答偏誤

當題目要受試者表達其行為頻率、強度或密度等情況時，無論題目表達意涵為何，受試者傾向作答「非常同意」或「非常不同意」兩極端選項。

3.社會期許偏誤

如果受試者知道測量結果將作為爭取「許可」的主要依據，例如：申請求學或求職時，雖然量表在指導語中強調「問題沒有對與錯的分別」，但事實上許多題目都會顯露一些社會期許反應（social desirability response），因此受試者可能會「假裝很好」或選擇可以塑造良好印象的答案。這種現象導致受試者回答問題，並非根據個人真實想法或經驗來作答，而是朝社會認可的方向。

4.不用心或隨機作答偏誤

受試者不好意思拒絕，又不想作答的情形下，會做出敷衍了事的作答行為，隨便勾選題目或不看題目亂勾選。

二、語句完成法

語句完成法（sentence completion）就外型來看好像是小學國語科的造句，但事實上卻是一種人格投射測驗，提供一些不完全的刺激，由受試者去填補或完成，常用來調查個人對某些人或某些事物的態度，或是個人在學校、家庭生活適應情形。語句完成法有幾個優點：1. 施測簡單，不需要特殊訓練；2. 可以團體施測，在短時間內得到大量資料；3. 對受試者較無威脅感；4. 可以依照所要探討的問題自行編訂。而其缺點是：1. 書寫表達能力會限制此法的適用對象及內容的豐富性；2. 所得資料無法量化；3. 題數要多，並輔以其他觀察方法，才能作比較正確的推論（歐滄和，2007；郭生玉，1993）。表 11-5 為語句完成法的範例。

表 11- 5

語句完成法範例

> 作答說明：請你完成下列的句子，你可以依照自己的想法來填寫。
> 1. 一想到數學課，我就……
> 2. 我相信……
> 3. 我但願我是……
> 4. 希望有一天，我……
> 5. 一想到學校，我就……

資料來源：歐滄和（2007，頁374）

三、自由書寫法

　　自由書寫法允許學生自由表露他們的生活經驗、情感、期盼等，它可以融入語文科的教學之中，並以團體的方式實施。要使自由書寫法充分發揮情意評量的功效，要先讓學生相信教師會認真閱讀，教師會接納學生任何情感的表達，其方式有：1. 自傳寫作與作文；2. 日記與週記寫作。當學生完成文章的寫作之後，教師可從中瞭解學生情意方面的發展，並可適時介入輔導（歐滄和，2007）。

第三節　同儕互評法

　　班級中的人際關係是影響個體行為的主要因素之一，研究班級內部的人際關係網絡，可以使教師有效地掌握班級成員人際互動的相關情況，在協調學生關係方面作出正確決定，進而提高班級的凝聚力，促進良好學習風氣的形成。要分析班級內部的人際關係可以使用社會計量法（sociometric method），這個方法是 1934 年美國心理學家莫雷諾（Moreno）所創立，用以分析同儕地位等級，以及人與人間相互吸引與相互排斥的關係。臺灣自 1970 年代引進，應用在班級經營上常譯為「社交測量」，依學生彼此喜歡的選擇，以瞭解學生在班級團體中的社交地位。在學校情境最廣為運

用的同儕互評技術是「猜是誰技術」及「社會計量法」，本節就針對這兩項測量法詳加說明。

 ## 猜是誰技術

　　猜是誰技術（guess who technique）為一種提名法（nomination），藉此可以獲得友伴評斷的資料。其評量方式是針對某一特質，呈現一些有關此特質的描述語句，如針對「勤學」的特質，設計出會先預習功課、會認真聽課、會用心寫功課等描述的語句，提名班上符合某項特質的同學，只要符合此特質的學生都可提名，並沒有提名人數的限制。特質的描述可採正向特質與負向特質兩類，為了避免負向特質會給學生標籤化的作用，盡可能避免採用負向的描述語句。從中可以找出某一學生被同學喜歡或不喜歡的理由，有助於教師診斷需要輔導的學生（王文中等，2011；涂金堂，2009）。圖 11-1 為利用此技術進行同儕互評的作業單。

　　計分時只需計算每位學生在每個描述句所獲得的提名次數即可，如果同一行為出現正向及負向的描述，則以正向的得分減去負向的得分。例如：班上有 10 人認為小慧慷慨，而有 2 人認為她小氣，則她在慷慨的得分是 8 分，由每位學生的得分型態可以得知其在班上的風評。同儕的評量結果也許與教師的印象不吻合，事實上，這是此類方法可貴之處，它能幫助教師發掘日常觀察未能覺察的學生特性與關係。使用猜是誰這項技術，可以用來評估學生觀察到的各種特質，其優點是實用性高，容易使用，缺點為害羞退縮的學生常常會受到忽略（王文中等，2011；王振圍，2021）。

圖 11-1

「猜猜我是誰」評量學生合作能力作業單

猜猜我是誰？

小朋友，這個學期的自然課，我們將班上分成幾個小組，上課中有很多的小組活動，所以每個人應該都很熟悉同組的小朋友。現在我們要來玩「猜猜看」的遊戲，下面有幾個句子是描述你們同組小朋友的特性。請你看完每個句子，猜猜同組中最像句子描述的小朋友是誰，將他（她）的名字寫在空格中。

如果你覺得有許多位小朋友都和句子所寫的描述很像，你可以都寫出來。

同一個人可以出現一次以上，只要他（她）是最像句子描述的人。

記住，除了你和老師，沒有其他人會看到你寫的。

他（她）是一個會稱讚別人的人，他（她）是：

他（她）總是很注意聽別人說話，他（她）是：

他（她）遵從小組所有的規定，他（她）是：

他（她）樂於幫助別人，他（她）是：

組別：

日期：

資料來源：王文中等（2011，頁338）

 社會計量法

　　莫雷諾（Moreno）所發展的社會計量法是測量團體動力的方法，藉以瞭解團體成員中彼此的連結關係，以及瞭解彼此連結背後的因素，這項社會計量技術也應用到心理劇、社會劇、角色理論、團體心理治療等（王振圍，2021）。

一、社會計量法施測方法

　　社會計量法施測方式可略分為提名式、量表式及混合式等三種，以提名式最受普遍採用，量表式次之。混合式兼採部分提名式和量表式的方法，雖然具有兩者施測方法的優點，但是實施上頗為繁雜，故應用時深受

限制。以下僅就提名法和量表法說明之（王文中等，2011；林璟玲、林儒君，2009；涂金堂，2009；陳嘉陽，2020）：

㈠提名法

提名法最常使用的方法是利用「提名三人法」，其施測方式包括正向提名和負向提名兩種。早期，學者認為採用負向提名法可能會破壞團體的和諧氣氛，多建議少採用，但部分研究發現負向提名法並未如預期般有嚴重的負作用，為了有效區分孤立者（isolates）或被忽視者（neglects），建議同時兼用正、負向提名法。為避免產生標籤化的作用，在班級實施時，還是採用正向提名法較佳。實施提名法要先設定一或多個假設性情境，如選擇遊戲玩伴、分組學習等，所選擇的情境，必須是教學活動中的真實情境，不可以為了評量而虛構情境；真實情境的評量結果才可能對受評量者產生影響。為了便於分析起見，一般多以選擇 3 人最為普遍，以學生為例，可以請同學就下列問題寫出 3 位同學：1. 你最喜歡和班上的哪位同學坐在一起？2. 你最喜歡和班上的哪位同學一起作功課？3. 你最喜歡班上的哪位同學？並且向學生保證會對他們的選擇加以保密，使他們能安心作答。提名法的實施方式，如圖 11-2 所示。

圖 11-2

社會計量作業單

姓名：　　　　　　　　　　　　　　　　日期：
這個學期我們會換兩次座位，舉辦一次校外教學活動。請你們幫老師分組，讓大家可以開心的學習。你只要將你想和他（她）坐在一起的同學名字，以及校外教學想和誰分在同一組寫在下面的空格，就可以幫老師順利分組。你可以選擇班上任何同學，即使他（她）今天缺席。其他的同學不會看到你的選擇，請放心填寫。 1. 我想和這些同學坐在一起：1.　　　　　2.　　　　　3. 2. 校外教學時，我想和這些同學分在同一組：1.　　　　　2.　　　　　3.

資料來源：王文中等（2011，頁340）

㈡量表法

　　相對於提名法只參考每人有限制、選擇性的友伴資訊，量表法的社會測量分析，是要每一位班級成員按某些特定的特質描述，例如：你喜歡跟這個人一起遊戲（或工作）嗎？以李克特量表的方式，逐一評量所有的同學。每一成員得自其他所有成員評分的平均數，即可作為其在團體中為人接受的指數。雖然量表法的穩定性或重測信度比提名法略高，但兩種方法所得到的結果，具有相當高的相關。量表法有下列兩個缺點：1. 當班級人數在 50 人左右，實施時甚費時間；2. 量表法所得的結果，很難區分受排斥者與孤立者。

二、社會計量矩陣

　　教師回收學生的填答資料之後，必須經過資料的整理，才能洞悉複雜的關係網絡。在資料的整理過程中，社會計量矩陣是一個相當有用的協助工具。社會計量矩陣為一個 N×N 的方形表格，以表 11-6 為範例作一說明。有 8 位學生在獨立研究分組時選擇比較喜愛同組活動的 3 個人選，由於團體有 8 位學生，社會矩陣大小為 8×8。細格中的數值 1、2、3 表示學生選擇次序，以座號 1 選擇者而言，她選擇的次序分別為 3 號、7 號與 8 號同學；以座號 3 選擇者而言，她選擇的次序分別為 1 號、4 號與 6 號同學。座號 1 同學有選擇 3 號同學、3 號同學也有選擇 1 號同學，她們兩者是一種互選結果。5 號同學被選擇的總次數為 0，表示其在團體中是一位人緣較差或獨立特異者，此種人稱為「孤立者」、「被排斥者」或「被忽視者」。座號 7 與座號 8 被選擇的次數較多，這 2 位可能是班上明星。班級群體組織一般會有數位明星，明星之間會有連結，形成「網狀」（network）脈絡，由於有數位明星，因而會有數個小團體或非正式組織出現（吳明隆，2021）。

表 11-6

8 位學生的社會計量矩陣表

			被選擇者座號							
			女生				男生			
			1	2	3	4	5	6	7	8
選擇者座號	女生	1	*		1				2	3
		2	2	*	3					1
		3	1		*	2		3		
		4	3			*			2	1
	男生	5			3		*		2	1
		6	2					*	3	1
		7				3		2	*	1
		8		3				1	2	*
	被選次數		4	1	3	2	0	3	5	6

*表示自己對自己

資料來源：吳明隆（2021，頁155）

三、社會關係圖

　　社會關係圖是根據社會計量矩陣的資料，將其轉換成由幾個同心圓所構成的圖形，如圖 11-3 所示。社會關係圖的畫法，通常將較受歡迎的學生擺在最內圈，而最不受歡迎的學生擺在最外圈。每個學生的呈現方式，是以三角形加上號碼表示男生的座號，以圓形加上號碼表示女生的座號。另外，由於大部分的同學會傾向挑選同性的夥伴，為了讓社會關係圖比較簡潔，會將男女生分別呈現在圓形的兩邊。但是由於在繪製社會關係圖時需要耗費冗長的時間，使用電腦軟體可以精確而快速地來處理社會計量法所需的計算工作，並輕易地繪製出社會關係圖（林璟玲、林儒君，2009）。

圖 11-3

社會關係圖範例

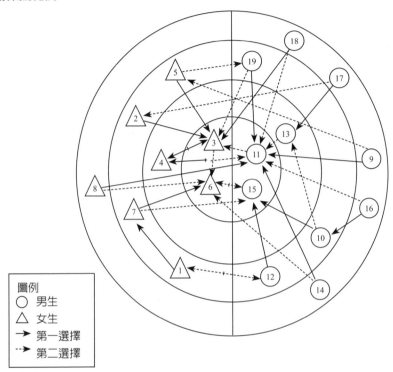

資料來源：謝廣全、謝佳懿（2019，頁460）

四、社會計量的應用

　　提名三人法經由分析後，可以得知以下六種情況：1. 誰是受歡迎型領導者；2. 誰是次明星者；3. 誰是一般者；4. 誰是被忽視者；5. 誰是邊緣者或孤立者；6 誰是爭議人物，即接受數與排斥數均高者。如果同學之間有互選的情形，可以研判這是一個小圈圈，由社會關係圖也可以發現班級裡面有多少個小圈圈在運作。教師依社會關係圖可進行班級輔導，讓「受排斥人物」及「孤立人物」學生有機會與其他學生進行互動，增加彼此瞭解，例如：請這兩類學生擔任班級公共事務、鼓勵其在課堂中發言等，以提升他們的同儕接受度。

五、社會計量法之限制

社會計量法可以協助教師瞭解班級人際互動關係，但此種方法在使用上有幾點限制（郭生玉，2016；涂金堂，2009；Miller, Linn, & Gronlund, 2013）：

1. 由社會計量表所獲得的資料，只能瞭解學生人際網絡的現況，並無法獲知形成的原因。

2. 社會計量作業單所提問的問題，會因不同的問題，而產生不同的學生人際關係圖，例如：為組成學習小組所挑選的人員，可能就不同於組成遊戲小組的人員。

3. 社會計量法必須在班級經過一段時間相處，彼此夠熟悉後進行才有意義。

4. 當班級人數多時（約超過 25 人以上），社會關係圖就很難繪製。

自我評量 ·····························

一、選擇題

(　　) 1. 「情意評量」通常是希望瞭解受測者的何種表現？　(A) 一般典型
　　　　(B) 生活情境　(C) 認知理性　(D) 學習成果

(　　) 2. 情意評量包括下列哪些項目？甲、動機；乙、適應能力；丙、認知
　　　　發展；丁、價值；戊、學業成就；(己) 人格　(A) 甲乙丙丁　(B)
　　　　甲乙丙戊　(C) 甲乙丁戊　(D) 甲乙丁己

(　　) 3. 下列哪種評量方式最適合應用於「情意教學」？　(A) 實作評量
　　　　(B) 口頭評量　(C) 紙筆測驗　(D) 軼事紀錄法

(　　) 4. 「猜猜我是誰」是屬於情意評量中哪種技術的使用？　(A) 軼事紀錄
　　　　(B) 自陳報告　(C) 同儕評量　(D) 觀察

(　　) 5. 情意領域的評量，如果以兩極的形容詞來測量學生對某一特定事物
　　　　或概念的知覺，以瞭解學生對該事物或概念的情感反應，此種測量
　　　　方法稱為什麼？　(A) 強迫選擇法　(B) Q 技術　(C) 語意差別法
　　　　(D) 投射測驗法

(　　) 6. 下列何者不是評鑑情意目標的評鑑工具？　(A) 評定量表　(B) 行
　　　　為日誌　(C) 軼事紀錄　(D) 雙向細目表

(　　) 7. 評定者使用評定量表在評定某項行為或特質時，若受到他對受評者
　　　　一般印象的影響，就可能產生何種誤差？　(A) 個人偏差（personal
　　　　bias）　(B) 寬大的誤差（generosity error）　(C) 邏輯誤差（logical
　　　　error）　(D) 月暈效應（halo effect）

(　　) 8. 教師為明瞭學生的人際關係，因此採用社會計量法來瞭解學生的社
　　　　交網絡。請問，教師所用的社會計量法是屬於下列哪一種評量方
　　　　式？　(A) 同儕評鑑　(B) 檔案評量　(C) 標準化測驗　(D) 自陳報
　　　　告量表

(　　) 9. 下列有關社會計量法（sociometric method）的敘述，哪些正確？
　　　　甲、可瞭解學生受歡迎的原因；乙、可以評量學生的社會地位；
　　　　丙、屬於自我陳述的評量方式；丁、可瞭解學生與教師的關係
　　　　(A) 甲乙　(B) 乙丙　(C) 丙丁　(D) 甲丁

( ) 10. 李老師利用「社會計量法」安排班級同學的座位，他讓同學寫出最喜歡及最不喜歡同坐的同學，結果小志在最被喜歡與最不被喜歡的票數都是最高。小志被歸類為下列哪一類型？ (A) 爭議型兒童 (B) 被拒絕型兒童 (C) 被忽略型兒童 (D) 受歡迎型兒童

( ) 11. 周老師利用「社會計量法」評估班上同學的人際關係。下列哪一項作法有待商榷？ (A) 周老師在指導語中限定每位學生最多只能選 5 人 (B) 周老師向學生保證，他對填答的結果會予以保密 (C) 為避免洩漏學生的選擇，周老師不會根據學生的作答進行分組 (D) 周老師使用真實情境的問題，例如：班遊中，你最希望與誰同組？最不希望與誰同組？

( ) 12. 克拉斯渥爾（D. Krathwohl）等人曾將情意領域目標分為五個層次，請問由低階層次到高階層次之順序為何？ (A) 反應、注意、評價、組織、品格 (B) 注意、評價、反應、組織、品格 (C) 注意、反應、組織、評價、品格 (D) 注意、反應、評價、組織、品格

( ) 13. 有關填答量表的描述，何者有誤？ (A) 自陳量表要考量測謊 (B) 第三者填答之量表的填答者至少要和個案相處兩個月以上 (C) 評定量表易受填答者有先入為主的觀念影響而有月暈效應 (D) 自然觀察法比評定量表更能經濟迅速蒐集資料

( ) 14. 下列哪一項特質的評量適合採用自陳的方式？ (A) 批判思考 (B) 數學性向 (C) 語文創造力 (D) 科學態度

( ) 15. 謝老師使用兩極化的形容詞來測量學生對某一事物或概念的知覺，以瞭解學生的情感反應。這屬於哪一種評量方法？ (A) Q 技術 (B) 強迫選擇法 (C) 語意差別法 (D) 投射測驗法

( ) 16.「語句完成測驗」可以作為對個別學生的態度、困擾問題等資料的蒐集，其應屬於： (A) 成就測驗 (B) 職業測驗 (C) 特殊性向測驗 (D) 人格投射測驗

( ) 17. 邱老師想利用「語句完成法」來調查學生在學校的適應情況，下列何者不是此種調查方法的優點？ (A) 使用性高，任何對象都適用 (B) 施測簡單，可團體施測 (C) 對受試者較無威脅感 (D) 編訂容

易，可自行依需要編訂

(　　) 18. 下列何者不屬於「同儕評量」？　(A)「猜是誰」技術　(B) 社會計量法　(C) 社會關係矩陣　(D) 李克特量表

(　　) 19. 下列哪一項個案特質，較不適合用評定量表來評定？　(A) 發音的清晰性　(B) 人際互動行為　(C) 參與討論情形　(D) 智商指數得分

(　　) 20. 下列何者可以反應出觀察結果程度的高低？　(A) 評定量表　(B) 檢核表　(C) 系統觀　(D) 軼事紀錄

參考答案

1.(A)　2.(D)　3.(D)　4.(C)　5.(C)　6.(D)　7.(D)　8.(A)　9.(B)　10.(A)

11.(C)　12.(D)　13.(D)　14.(D)　15.(C)　16.(D)　17.(A)　18.(D)　19.(D)　20.(A)

二、問答題

1. 為實現全人教育的理念，各領域教學應兼顧認知、技能與情意目標的達成。請舉出適合情意領域評量的兩個項目，另寫出適合情意評量的三項方法或工具。

2. 學習結果一般包含知識、技能與情意，然而一般人都重視前兩者的學習與評量，試說明情意評量的困難處，並寫出兩性質不相同的情意評量方法及其優缺點。

3. 行為觀察法常被用來評量行為與態度的改變。行為觀察法又可因使用之工具的特性，分為軼事紀錄、評定量表，以及項目檢核表等三種方法。請依序詳述上述三種方法的定義與特點，以及應用行為觀察法時應該避免的三種觀察者的偏誤。

4. 試舉例說明自陳量表和語句完成法這兩種情意評量的特徵、功能及優缺點。

5. 八年級的萱萱、伶伶、珮珮、依依和倩倩是班上眾所皆知的小團體，自稱「五朵花」。平時吃午餐、做報告總是形影不離，交情甚篤。但萱萱和伶伶最近鬧得很不愉快，起因是在下個月畢業旅行的分組裡，誰也不想被邊緣化。平時的小團體裡，總是 5 人一起行動，可是畢業旅行的住宿安排為 4 人一間房，勢必有一個人得安排到其他組別。於是萱萱和伶伶兩人在小團體裡各自拉攏其他 3 位同伴，不但公開排擠對方，互相嘲笑、辱罵，甚至在社群媒體上攻

擊彼此。

導師發現「五朵花」的關係因畢業旅行分組而產生變化，便利用社會計量技術分析全班 12 位女生的人際網絡如下圖。依據下圖，請幫導師將 12 位女生分成三組，並說明理由。

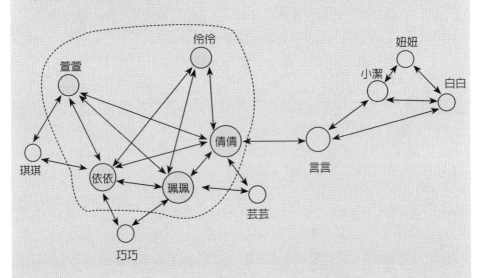

註：圖內的雙箭號表示兩人互選對方為同一組，虛線內為「五朵花」小團體。

6.使用自陳量表進行情意評量，容易產生哪些評分上的偏誤？

第十二章

成績評定、報告與應用

　　想想人生在世，好像永遠脫離不了成績單。從小到大，人一輩子都和成績單有著密切的關係，每個人也都自期能擁有亮麗的成績單。就學期間，每天有考不完小考、週有週考、一學期有三次段考，於是有週考、段考成績單；每學期、每學年更有學期、學年成績單；此外，國中升高中還有會考成績單、高中升大學更有學測、指考成績單（詹志超，2019）。成績通知單的相關議題稱為「成績評定與報告」（grading and reporting），有幾股趨勢促使此一議題漸漸受到重視，這些趨勢包括：1. 學生的表現和表現性評量（performance assessment）日漸受到重視和強調，凸顯了沿用傳統評定和報告方式的不適切。2. 社區和家長對於學生學習的進展，要求更多和更好的資訊。3. 科技的進步促使學生學習的報告，可以更詳細、更有效率。4. 愈來愈多人認定學生學習評定和報告是教育工作者最重要的責任之一。5. 學者和教育人員覺察到在學生學習評定和報告上，實務工作與累積的知識間有很大的落差。這些潮流趨勢使評量學者企圖在學生成績評定和報告上做一些變革，例如：《國民小學及國民中學學生成績評量準則》的頒布即是努力成果之一（盧雪梅，2005）。目前學校內的作法是在定期評量之後要印製成績通知單，交由學生帶回給家長簽章，每學期末則要出具學期成績通知單，不能只有數字或等第，還要有文字的敘述，這是受到評量新趨勢的影響。本章所要探討的主題著重在一個階段的評量之後，教師要對這些資料加以整理，除要計算出學生的學期成績之外，還要對分數做成解釋，也就是寫評語及作決定，要設法對低成就學生提升其學業表現。本章分成三節，依序探討成績評定與報告的基本概念、內容與格式及應用。

第一節　成績評定與報告的基本概念

　　學生成績評定（grading）與報告（reporting）是教育的一部分，因學生學習告一段落，教師應評定其學習結果，並呈現評量結果及提出報告，這是教師定期給予學生回饋的必要任務。以下就學生成績評定和報告的基

本概念作一探討，包括意義、功能及解釋成績的原則。

 成績評定與報告的意義

　　成績評定係指在一段時間內，教師蒐集學生成就與表現的資訊和證據（evidences）並加以評鑑，透過這個歷程，教師根據某種特定的基準、標準或目標進行判斷，將各樣關於學生表現的描述性資訊和測量結果轉成分數、等第、文字或其他符號，作成轉化評斷結果的書面資料，稱為學習評量通知單或成績通知單（李坤崇，2019）。雖然學生得到的成績常常是一個符號，但是成績評定卻是相當複雜的過程，從評量目標決定、方法選擇、工具設計、評量資訊蒐集、評分，到綜合多種評量結果計算最後成績，每個環節都需要進行判斷，最後的成績評定是主觀判斷的結果（盧雪梅，2006）。

 成績評定與報告的功能

　　為什麼要評定成績？成績對學生意味著什麼？學生會受到什麼影響？學者認為成績評定和報告的最主要目的在「溝通」學生的學習，對學生、家長、教師、行政人員、未來雇主，以及任何關心學生成就者，提供有意義和有用的資訊，以利採取後續行動，提升學生學習（盧雪梅，2005）。綜合學者的意見，成績評定與報告具有以下的功能（王振世等譯，2009；李坤崇，2019；謝廣全、謝佳懿，2019；盧雪梅，2005；McMillan, 2011）：

一、教學用途

　　評定等第與報告系統的目的應該是改善學生的學習和發展，當成績報告如果能夠發揮以下功能，即可達成這項目的：1. 澄清教學目標；2. 指出學生在學習上的優缺點；3. 提供學生個人社會發展的相關訊息。這些功能的達成必須仰賴一份詳細而豐富的報告，而非單一的字母或等第。如果這

份摘要報告夠詳細，就能指出學生在學習方面的優缺點，並對改善措施有所啟示，也有助於教師向學生及家長溝通所期望的學習結果。

二、個人的回饋與激勵

成績報告重要功能之一是提供學生學習資訊，因為這代表教師對學生整學期或數個階段學習表現的總評，呈現的資訊內容包括學生在知識、技能、情意的學習成果、與其他學生的比較、與個人先前學習成果的比較，以及教師對學生的滿意程度。但成績報告有如雙面刃，對成績好的同學可以激勵學習動機，對成績欠佳的學生可能因此而受到傷害。若能掌握激勵原則，適度給予學生鼓勵與增強，將可提高學生學習動機，減弱其學習挫折。

三、向家長或監護人報告

向家長或監護人報告其子女在校的學習表現，可達成以下的功能：1. 家長瞭解學校的教育目標，提高與學校合作的意願；2. 提供子女表現成功、失敗，與特殊問題之訊息，讓家長鼓勵支持子女；3 瞭解子女優缺點，幫助子女規劃教育與職業生涯。

四、行政與輔導用途

學生的成績報告具有行政及輔導上的功能，在行政上可以作為升級、畢業、獎學金、獎勵、甄選比賽代表、申請更高層級學校、就業等之參考依據。在輔導上則根據學生的成就和發展，參酌其他資料，幫助學生作更切實際的教育和職業進路計畫，或是施以補救教學，彌補學生欠缺的能力。

 ## 參 評量結果的解釋原則

學習評量結果的解釋，包括「常模參照評量」與「標準參照評量」兩種。如果解釋個別學生的測驗分數，是拿他的分數和全體學生的分數作

比較，便稱為「常模參照」，這是採「相對性比較」觀點來看待個別學生的測驗結果。段考成績排名、心理測驗原始分數轉換成標準分數或是百分等級（percentile rank, PR）等，都是利用常模參照來解釋分數。如果解釋個別學生的測驗分數，是以描述在教學前界定清楚的標準上，某生表現達到何種程度，便稱為「標準參照」，這是採「絕對比較」的觀點來看待個別學生的測驗結果，不需要注意排名或是與別人的分數作比較，而是為瞭解學生學到什麼。教師以事先預定達到的標準為依據，從學生達到預定標準的多寡來評定成績，就是標準參照（符碧真，2012）。學校內的成績報告不排名次，只呈現學生個人學習達到什麼程度，因此比較偏向標準參照。從測驗解釋的類型來看，又可分成四種解釋類型，分別是：1. 敘述的解釋（descriptive interpretation），是指描述個人的心理特徵狀態。2. 溯因的解釋（genetic interpretation），是指追溯過去以解釋個人目前的發展情況。3. 預測的解釋（predictive interpretation），是指推估個人未來的可能發展情形。4. 評斷的解釋（evaluative interpretation），是指做價值的判斷或決定（郭生玉，1993）。上述的解釋類型是輔導與諮商人員所需的評量專業，教師不必作如此深入的解釋。當教師在撰寫成績通知單上的文字描述時，即屬於對學生評量分數的解釋，可以參考上述的四種類型來撰寫。在解釋分數及呈現評量成績時要遵守一些原則，以避免解釋錯誤而造成學生傷害，以下分別說明之（曾大千，2009；歐滄海，2007；郭生玉，1993）：

一、遵守相關法律規定

　　《中國時報》記者林偉信（2022）曾報導一則因成績而訴訟的新聞：傅姓學生 2014 年就讀新竹市某國中，因病假而未參加排定之評量，參加補考後，其成績依校方評量辦法就超過 60 分部分以七折計算，故其第三次定期評量中補考科目之成績，以任課老師原始批改成績，折算後分別為數學 71 分、英語 76 分、歷史 65 分及地理 71 分。因對校方成績評量結果不滿，傅生認為校方計算成績部分的規定，無明確法律授權而屬無效，提起行政訴訟。但臺北高等行政法院更一審認為，校方輕微的干預難以認為

構成侵害權利，判決駁回其訴訟，可上訴。評量係學校教學活動之重要環
節，其成績紀錄則為表徵學生學習成果的重要資料，因此受到學生及家長
的高度重視，學校在行政管理及教育運用上，務必依照相關法律的規定而
運作，才不致招惹不必要的麻煩。其他如保密及尊重個人隱私權等原則，
在第二章中已有談到。

二、要事先檢查測驗分數的可靠性

我們不可以假定受測學生都符合我們的基本假定，例如：都有最大的
作答動機、每位學生都誠實作答、相同的教育機會等。因此在解釋分數之
前，如果懷疑學生分數的可靠性或真實性，則可先訪談施測者，或者直接
詢問受測學生當天的評量情形，都可以事先確定該測驗分數是否可靠。

三、避免使用專業術語

解釋者要儘量以通俗的語言來解說，讓對方能夠充分理解並覺得有用
處，還要隨時回答問題，以免造成誤解。若使用標準化測驗，解釋者也要
儘量利用測驗剖面圖、常態分配圖來幫助對方理解各個分數的意義。

四、解釋分數只做建議，勿做決定

測驗分數雖能推估學生未來表現情形，但在缺少其他資料參考的情形
下，教師應避免為學生做決定。例如：不能單獨用學術性向測驗或單一學
期的成績，來預測學生未來的學業成就，還要考慮其他因素，像是父母的
期望、家庭經濟等。因此教師不應該說：「依據這個測驗分數，您的孩子
將來不應該讀高中，而應該讀高職。」只應作積極建議即可，勿為學生做
決定。若涉及重大決定時，應該配合其他相關資料，例如：標準化測驗結
果、學業成績、與教師或家長面談紀錄、其他測驗表現等，不能以單一分
數為依據；若資料之間彼此有矛盾，應該再進一步確認哪一種資料比較可
靠。

五、要顧及學生的情感反應

　　教師應當努力瞭解學生的相關背景，當學生的測驗表現不佳時，首先要考慮語言背景、先前教育經驗、低落的動機，或其他可能干擾作答的因素等造成的影響，而不要只就分數而輕易下結論。當遇到評量的分數不符合教師期望時，尤其是高智商低成就的學生，避免出現強烈的批判字眼，要使用諮商技巧來消除對方的淡化、否認的心理防衛，以幫助學生重拾信心及動機。

六、解釋分數應避免只給數字

　　解釋分數常見的錯誤之一是只給學生測驗分數，應兼顧豐富性與實用性，所呈現學習結果與報告希望是詳細豐富到足以診斷，但卻又希望精簡扼要到易於實用，兩者宜尋求平衡。因此分數之外，應搭配文字的描述，如果能呈現學校的評量標準或教學目標更佳。

七、應以一段可信範圍或多項資料來解釋分數

　　任何測驗不可能有完全信度，皆有測量誤差之存在，故解釋分數應考慮誤差的大小。在解釋標準化測驗時，最好依據測量標準誤推估真正分數的可信範圍，以此範圍解釋學生的分數。至於學生的一學期的表現，不能僅以少數幾次的評量成績來代表，應以多元評量的方式蒐集多次的資料，才能代表學生的能力或表現，畢竟使用多種可用的資料交互驗證，才是解釋測驗分數的正確方法。

第二節　成績報告的內容與格式

　　計算學生的成績是教學的重要工作之一，美國有些學區甚至規定教師要撰寫學生的進步報告、期中成績報告及學期成績報告。傳統上成績報告是列印後，以紙本形式由學生帶回家給家長看，或是以郵寄方式寄至學生

家中；但透過網際網路通知成績的方式愈來愈多，像是允許家長登入其子弟的成績網頁觀看成績。至於成績通知單的內容要記載哪些內容？通常成績通知單只提供簡要的格式，呈現評量的分數或等第，但無法呈現學生的優勢與劣勢，因此家長要求通知單上要寫得更加詳細，這也因此造成教師和校方的衝突（Marzano, 2006）。沒有一種呈現學習結果的方式或報告，可令所有家長滿意，學校應由學生、家長、教師、輔導人員、行政人員共同研發出適合其特殊需求與環境的作法（Linn & Miller, 2005）。目前我國的作法是由六都及各縣市政府統一規定國中小學的成績通知單的格式，高中則由學校自行設計。本節僅就學期成績的計算、常見的成績呈現格式加以探討。

 成績的內涵及計算

成績的評分是令教師感到困擾的一件事，因為要考慮的因素很多。學生的成績包含哪些成分？以及要如何計算？這兩項主題是本小節所要探討的。

一、成績的內涵

學者研究發現教師評定成績時考量到的規準，可分為學習成就、學習過程（如努力、課堂參與、習慣、出勤狀況等）和進步情形等三大類（盧雪梅，2005）。《評量準則》第 9 條也提及各領域學習課程及彈性學習課程之成績評量，至學期末，應綜合全學期各種評量結果紀錄，參酌學生人格特質、特殊才能、學習情形與態度等，評量及描述學生學習表現，並得視需要提出未來學習之具體建議。這項規定說明不能僅依據認知表現的成績，來決定學生的學期成績，學習過程與態度也是評分的一項重要因素。

在實務上，教師通常使用綜合的評分（hodgepodge grading）來評定學生的學期成績，例如：成就、努力、進步、態度、作業或學習表現組合成學科的成績（Marzano, 2006）。在這種情況下，成績的內涵過於複雜，相同的分數或等第反映出來的意義可能不同。有些教師因學生的態度或行為

欠佳而降低他的成績，有些教師因學生特別努力給予加分，有些教師以成績作為控制學生的行為、處罰常規或出勤欠佳學生的工具，以致成績無法反映學生的真實學習，成績變得不易解釋（盧雪梅，2005）。例如：有一位學生的學期成績是 75 分，雖然他對課程內容的學習成效不佳，定期評量分數在 60 分上下，但是作業準時交，上課都有參與討論且沒有違規行為，因此教師在計算成績時額外給他加分（Marzano, 2000）。美國一項研究探討社會技巧或努力要算在學期成績裡面嗎？國小教師比起中學教師更可能將社會技巧算在成績中，因為小學教師認為合作技巧對學生而言是相當重要的，與人合作及管理自己的行為對將來的成功有很大的幫助。中學教師則認為學科的學期成績應該依據認知上的表現，社會技巧如果要評分，則應該單獨在成績通知單上呈現。由此可見部分教師是贊成使用分析式評分規準（analytical scoring rubrics），來呈現學生的成績（Popham, 2005）。

　　由於一種符號無法同時傳遞多種資訊，若以單一分數或等第報告學生學習，因其成分複雜，溝通的資訊意義性和有用性有限，站在清楚明確和有意義溝通的角度來看，應將與課程目標有關的學習成就、努力、進步或成長狀況，以及習慣或態度分開呈現，並依其屬性採取適切的呈現方式，是比較好的作法（王振世等譯，2009；盧雪梅，2005）。

二、成績的計算

　　通常學生在一個階段會完成多種不同的作業，如作業、平時考、實作評量等，教師必須在一開學就要告知學生這些評量要如何加權？美國一位國小六年級教師對成績的計算方式如下：小考 35%、作業 15%、表現評量 30%、上課參與 20%。這樣的評量計畫還需要與學生及家長溝通之後才實施，使學生瞭解要朝哪個方向來獲得高分，假如作業只占 5%，或許學生會認為不值得為這 5% 一週寫兩次作業。

　　我國國民教育階段的學期成績計算方式，則是由縣市政府教育局制定評量補充規定，全縣市採用相同的計算方式。以高雄市為例，分別制定了「高雄市國民小學學生成績評量補充規定」、「高雄市國民中學學生成績

評量補充規定」，國小及國中的成績計算有一些差異，國小學生各領域學
習課程之學期成績依學校課程發展委員會自訂定期評量與平時評量所占比
例核計，而國中成績計算則依第 5、6 條規定辦理，各領域學習課程、彈
性學習課程之成績評量計算方式如下：

㈠ 各領域學習課程學期評量成績：定期評量與平時評量分別占學期總成
績之 40% 及 60%。占 60% 的平時評量，一般再細分為學習態度 15%、
習作 15%、小考成績 15%、學習單或回家作業 15%，各學習領域所採
計的項目亦有差異，這部分由各校自行決定。

㈡ 領域學習課程之學期總平均成績：依各領域學習課程學期評量成績每
週學習節數加權計算之。

㈢ 平時評量應以多元評量方式辦理，其中紙筆測驗不得高於 40%。

㈣ 學生彈性學習課程學期評量成績之評定方式以質性描述為主。如以量
化數據方式應以等第方式呈現，計算方式如下：1. 平時評量應以多元
評量方式辦理，其中紙筆測驗不得高於 40%。2. 有實施定期評量者，
其占學期總成績不得超過 40%。

　　至於因請假而於學校實施定期評量缺考之學生，銷假後應立即於學期
成績結算前補考，其補考成績按實得分數計算；未補考者，成績以零分計
算，再也不會發生補考成績以七折計算的情形發生。然而筆者發現 108 年
修訂的《臺中市國民中學學生成績評量補充規定》尚有以下規定：因事請
假缺考，成績列 60 分以下，依實得分數計算；超過 60 分，超過部分八折
計算。法規也提到當學生或其家長對成績有疑義，應於接獲成績單後一週
內向學校申請複查，逾期不予受理。

　　至於高中成績計算則依照《高級中等學校學生學習評量辦法》之規定
辦理，其中第 4 條授權學校訂定各科目日常及定期學業成績評量之占分比
率，第 7 條說明學期學業成績總平均的計算方式，為各科目學期學業成績
乘以各該科目學分數所得之總和，再除以總學分數，不採用國中小的各學
習領域分開計分方式。

評定成績的報告方式

　　學生學習結果若能採多元化呈現，提供更豐富訊息，將更能夠使學生明瞭自己的學習表現。呈現一學期學習結果的方式有多種形式，例如：百分制、等第、通過或失敗、目標評量表或檢核表、文字描述、學生作品檔案等方式，以下分別說明國內外比較常見的方式（王文中等，2011；李坤崇，2019；詹志禹，1996；盧雪梅，2005；Linn & Miller, 2005）：

一、百分制

　　傳統上國內使用百分制，範圍從 0 到 100 分，目前我國高中生的成績即採用百分制，一般生以 60 分為及格，代表這個學科通過，可以取得學分，低於 60 分則屬不及格。國中小學生的日常考查及定期考查皆採百分制，依照所占的比例加權後得到一個分數，再轉換成等第。對教師來說，這種評定方法相當簡便，在理論上這種方式將學生區別和排序得最精細（共 101 個等級），不過些微的分數差異是否代表學生表現真實的差異卻是值得商榷的。另外，將成就、努力、行為、進步等不同來源的表現總結成一個分數，使分數的意義變得很難解釋，而且也無法提供診斷性的資訊，即無法明確指出學習領域或學科具體的優點或缺失，此為其缺失之一。此種方式另一項缺失則是，成績常常缺乏明確、穩定和一致的參照點，例如：試題或評量作業難易度不同時、教師間評分標準寬鬆不一致時，相同分數反映出來的意義未必相同，學生明確具體的成就卻很難說明和解釋，若成績沒有定義良好的參照基準和穩定一致的標準，溝通出來的資訊，其意義性和可用性非常有限。

二、等第

　　即將分數轉換成等第，例如：美國學校採用傳統字母等第，90-100 分為 A、80-89 分為 B、70-79 分為 C、60-69 分為 D、59 分以下為 F。我國《國民小學及國民中學學生成績評量準則》規範，將學期成績的分數轉換為優、甲、乙、丙、丁五個等第，優等 90 分以上、甲等 80 分以上未滿 90

分、乙等 70 分以上未滿 80 分、丙等 60 分以上未滿 70 分、丁等未滿 60
分。等第制雖不比百分制精確，仍具備簡潔扼要、可直接加總計算、可預
測學生成就等三項優點。但若作為學習成果報告的唯一方法，其缺點與百
分制相同，況且各等第間切截分數的決定相當主觀武斷（arbitrary），沒
有一套明確的理由說明，所持的理由是屬於行政層面非評量結果解釋。此
外，分數轉換成等第還有一顯而易見的問題，即同一等第內的差異可能大
於不同等第間的情況，以上述轉換關係為例，80 分和 89 分同列甲等，但
80 分和 79 分就分列甲等和乙等，雖然只差了 1 分，就把學生分在不同的
等第，而不同的等第對學生、家長和教師往往具有非常不同的文化意涵。
符號運用是學生成績評定和報告的特性，若分數的意義不明，分數轉換成
何種等第均無實質的溝通意義，而且就學習目標達成或學科內容精熟程度
的角度而言，等第本身和其含屬的分數範圍，所傳遞的意義也微乎其微。

　　為了彌補等第評分法的缺失，及避免教師在評分時的困擾，大部分教
師會給自己一個彈性加減分的空間。一方面將此分數作為課堂參與的非正
式觀察分數，另一方面作為相鄰等第的臨界分數加減分之用。大多時候教
師對於沒有爭議、不在臨界處的學生，不會特別考慮加減分數，因為他們
已經很清楚地在某一個等第的範圍了，所以彈性分數多半發生在等第間的
臨界學生身上。教師會因為學生動機很強、特別認真，而加上幾分讓學生
可以晉一級，或是因為缺席太多、態度懶散，減他幾分以示懲罰。讓學生
知道教師評量時的價值取向，進一步影響學習態度，也是價值觀與教育理
念的傳遞。

三、固定百分比

　　這種成績的呈現是採用「相對性比較」觀點，即採用常模參照。教
師根據常態分配曲線特徵，採用固定百分比方式轉換成績，這種成績等
第轉換法通稱為「曲線轉換法」（grading on the curve）。其作法為事先將
各等第分配的名額百分比設定好，根據分數排序分派等第，舉例來說，
若將 A、B、C、D 和 F 各等第分配的人數百分比定為 10%、20%、40%、
20%、10%，分數排序在前 10% 的學生得到 A 等，其次的 20% 得到 B 等，

以此類推。國中過去也曾經採用過類似的比例分配方式，民國 86 年修正的《國民中學學生成績考查辦法》第 11 條，規範一般學科之記分方式分別採年級和班級參照團體方式，採五等第九分制計分，第 4 款規定轉換的比率分配，得九分者分配到的人數百分比為 4%、八分者為 7%、七分者為 12%、六分者為 17%，當時採用這種方法係為配合高中職多元免試入學方案之分發作業。根據固定百分比轉換成績的方法並未考慮到學生實際的學習情形，也忽略教師的教學成效，只考慮到學生與其他人比較的結果，容易造成學生間的競爭氣氛，這種方法是最容易妨礙學生的學習動機，對於學生的表現未能給予正向鼓勵。此方法一般用於教育經費有限的情況下對學生所做的篩選或安置，在教學上比較不適當。

四、文字描述

文字描述（narratives, written description）是《國民小學及國民中學學生成績評量準則》第 9 條所規定：國民中小學學生領域學習課程及彈性學習課程之平時及定期成績評量結果，應依評量方法之性質以等第、數量或質性文字描述紀錄之。《高級中等學校學生學習評量辦法》第 4 條規定：學業成績評量，採百分制評定，並得註記質性文字描述。現行學習成績報告已將其改成以量化紀錄的數字或等第為主，而以質性的文字描述為輔。在所有的評定報告方法中，文字描述是最可能提供最明確具體和最個人化的資訊，特別是教師能根據完整明確的學習目標，描述學生的學習成就、學習過程和進步，教師也能針對學生學習困難提出改進的建議。若配合其他成績報告的方法，如等第、檢核表和評定量表，文字描述可提供澄清和豐富的資訊。總而言之，文字描述是相當具有彈性且個人化的評定方法，若敘寫得宜，可提供相當重要和有價值的資訊。不過，文字描述的缺點是花費的時間較多，若是教師敘寫沒有切中要點，亦不具價值。為了減輕教師的工作負擔，國內若干縣市建立了電腦詞彙庫，教師只要從中點選適用的描述語即可，但家長或學生通常更想要知道具體事實、事蹟的描述，而不是八股式的詞庫用詞。文字描述應力求具體呈現事實，尤其是負向文字描述更應謹慎呈現，不宜以簡單成語或敘述進行負向評述。

五、檢核表、評定量表、標準本位的評定

檢核表、評定量表、標準本位的評定通常由若干細項目標組成，並以數個表現水準或精熟等級評定學生在各目標的表現，和單一分數或等第的報告方式相比，其提供的資訊更詳細和明確，亦較具診斷價值。標準本位評定和報告（standards-based grading and reporting）基本上採評定量表形式，其最主要特徵之一，是對各項重要學習標準界定明確表現標準，並描述各表現水準或等級的具體表現。標準本位評定和報告近來才興起於美國，主要回應美國當前標準本位教育（standards-based education）改革。標準本位教育旨在為學生設立明確且有挑戰性的學習標準，協助學校進行改革以提升學生表現，幫助所有學生達到標準，使其具備能成功因應 21 世紀挑戰的知識和技能。學習標準是學習目標或對學生期望的另一種名稱，是課程、教學、評量、績效評估的依據，其功用和九年一貫課程能力指標及十二年國教新課綱的學習表現相當類似。檢核表的格式如表 12-1，或是以多項分數的形式，呈現國小的國語科成績，例如：1. 聽力：96 分（能用心傾聽，理解力極強）；2. 說話：75 分（較害羞，不擅於口語表達）；3. 閱讀：95 分（喜歡閱讀，快速而且正確）；4. 寫作：85 分（文詞平順，但較缺乏創意）。

以檢核表等形式報告學習成果的最大好處是提供學生優缺點的詳細分析，所以可採取建設性行動以協助學生改善學習。同時也經常提醒學生、家長和其他人，告知他們學校的重要目標。此種成績報告表主要的困難在於如何保持可行的敘述項目數量，並以簡潔扼要的詞語陳述，讓所有的使用者易於瞭解。克服這些困難的方法是在發展成績報告單時，要取得家長和學生的合作。

表 12-1

美國加州某學區一年級成績單之「寫作」成就報告

	沒有明顯進步	朝著標準進步	符合標準
寫作			
寫作策略			
書寫出清楚的句子和簡單的段落			
選擇寫作主題並能運用描述性文字			
書寫字跡清晰並能運用行距區隔			
寫作應用			
以簡短的故事描述某次經驗			
運用感官的細節於資訊性寫作中			
展現標準美式英語的知識			

資料來源：盧雪梅（2005，頁185）

參　成績通知單實施的缺失

　　成績評定需要有明確、穩定和一致的參照架構，如此溝通的資訊方有清楚明確的意義和使用價值。九年一貫課程實施之前，國民中小學最典型的成績通知單以德、智、體、群、美五育為主軸，各育再依據國中或國小學科性質細列幾個學科或項目，不過當時有一些實施開放教育和小班教學精神的學校，設計有別於制式的成績單（李坤崇，2019）。九年一貫課程實施後，學生成績評量紀錄書面通知的方式和內容交由地方主管教育行政機關制定，盧雪梅（2005）的研究發現學生學期成績通知單出現較以往更多元化的模式，特別是學習領域的評量報告，展現地方或個別學校在學生學習報告上的思維和努力。但近幾年來有些縣市教育局發展線上輸入成績系統，因此學習成績通知單的格式有愈來愈制式化的趨勢，其格式如表12-2 所示。除了學習成績通知單之外，有學校在定期評量之後會發給家長成績通知單，其格式如表 12-3 所示。

表 12-2

國中學期成績通知單格式

○○市○○國民中學　　學年度第　　學期學期成績通知單

班級：　　　　座號：　　　　姓名：

領域學習課程		每週節數	努力程度	學習等第	文 字 描 述
語文	國語文	5			
	本土語文	1			
	英語文	3			
數學		4			
社會	歷史	1			
	地理	1			
	公民	1			
自然科學		3			
科技		2			
健康與體育		3			
藝術		3			
綜合活動		3			
彈性學習課程	閱讀	1			
	生命教育	1			
	聯課活動	2			
	班級活動	1			
備註	等第說明：優等 90 分以上、甲等 80 分以上未滿 90 分、乙等 70 分以上未滿 80 分、丙等 60 分以上未滿 70 分、丁等未滿 60 分。				

日常生活表現	評量項目	文字描述及建議
	品德言行表現	
	團體活動表現	
	公共服務表現	
	特殊表現紀錄	

表 12-2（續）

出缺席情形	總出席日數	實際出席日數	公假日數	病假日數	事假日數	曠課日數	審核簽章	導師	教務主任	校長
家長意見								家長簽章		
說明：										

表 12-3　定期評量通知單

○○市立○○國民中學111學年度第一學期
第一次定期評量成績通知單

班級：　　　座號：　　　姓名：

科目（加權）	國文（×5）	英語（×3）	數學（×4）	歷史（×1）	地理（×1）	公民（×1）	自然（×3）	加權平均
成績	54	96	100	50	98	93	74	78.94
班平均	72.59	77.41	76.06	70.63	62.44	54.15	64.89	70.70
分數組距人數								
科目＼分數	國文	英語	數學	歷史	地理	公民	自然	加權平均
100	0	0	2	1	0	0	0	0
90-99	5	7	7	8	3	3	5	0
80-89	11	6	5	4	3	2	4	7
70-79	0	8	2	3	5	6	5	9
60-69	2	2	6	2	6	1	3	5
60 以下	9	3	5	9	10	15	10	10
導師的話：								

學習評量通知單係重要而專業的溝通媒介，基於教師專業倫理，教師必須客觀、公正的激勵、引導學生。教師在填寫成績通知單時，應注意引導學生、家長之努力目標與方向，不宜僅消極告知學習成果，應發揮更積極的引導成長功能，避免一味苛責或全盤否定其能力或努力。然而成績通知單在實施時，因具有下列缺失，使得其功能難以充分發揮（李坤崇，2019；盧雪梅，2006；Marzano, 2006）：

一、學校制式表單難以激發教師創意

教師所使用的學習評量通知單通常沿用學校制式表單，雖然對表單不滿意或不接受，但為避免更改制式表單引起不必要的困擾，加以學校不積極引導改善，使得教師趨向消極守成，難以激發教師創意。

二、教育行政機關、學校未積極改善通知單

教育行政機關、學校行政部門近年來雖力行教育改革，但對改善學習評量之努力似較消極，改進國中、國小之學期成績通知單並未受重視。教師面對教育行政機關、學校行政部門的消極與漠視，乃採多一事不如少一事之態度。

三、少數教師學習評量的專業知能不足

少數教師於職前教育階段所受學習評量教育常偏重理論而忽略實務，側重概念而輕忽實作；教育行政機關辦理之研習亦甚少以學習評量為主，使得在職教育階段難以增強專業知能。在專業不足情況下，教師採取墨守成規的方式乃人之常情。

四、未能呈現詳細學習資訊

對於國民教育階段學生的成績報告，評量學者建議避免以單一分數或等第方式報告，這只籠統知道學科優劣，卻未能深入瞭解學科重要項目的優劣，致使家長難以針對子女學科施以適切的補救策略，而應該以較能呈現詳細學習資訊的方式報告之。目前雖然增加了文字描述的部分，但仍過

於籠統、制式，未能提供較具體明確的資訊。改革的作法是採用檢核表、評定量表或標準本位的評定，詳細列出學生在各學科學習主題上的得分，而不是給一個綜合的分數。

五、重視能力忽略努力

澳洲小學成績報告書強調將能力、努力分開，能力分「成就」與「勝任能力」兩項，成就分為很高、高、還不錯、接近不錯、有困難等五個等級，勝任能力分為高度勝任、能勝任、正在發展中、有困難等四個等級；努力分成令人讚賞、令人滿意、不一致等三個等級。而國內制式通知單仍以能力為主要考量的作法，或許可稍加修正。

六、文字描述的執行有困難

《國民小學及國民中學學生成績評量準則》第 9 條規定，在領域學習課程的成績評量結果要加上質性文字描述，文字描述立意良好，但對一些教師來說，執行上確有困難之處。文字描述這部分功能應該由導師評語和建議來承擔，任課教師任教的班級數多，對學生的瞭解也不夠深入，無法勝任這項工作，於是形成敷衍了事或虛應故事。若改成檢核表方式，陳列具體目標、重要能力或學習內容，以勾選方式分項評定並報告學生的表現，教師評語欄則由導師書寫建議或評定結果的說明與補充，如此較能落實評量準則的規定。

第三節　學習評量結果的應用

學習評量通知單對教師、學生、家長均具有引導功能，教師必須針對學生學習成果，協助其選擇適合的課程、程度，實施後續教學、輔導或補救教學。學生根據學習成果擬定未來的努力目標，家長依據子女學習表現擬定協助策略（李坤崇，2019）。監察院（2021）在一篇監察報告提到106 年國中教育會考情形，有部分縣市學生在國中教育會考五學科中均屬

「待加強」之比率，每科皆超過 25%，而部分縣市之英語與數學科待加強
學生比率竟有 45%，甚或 50%；而全國的國中九年級學生，將近 800 名
學生七大學習領域在校成績均未及格。這個現象導致國民中小學整體學習
成就高低落差嚴重，教育部所訂成績評量準則無法確保畢業生具備基本的
讀、寫、算等基本生活能力；國民教育階段學生學力標準、全面監測及強
制補救制度尚付之闕如，難以落實及早篩選、及早補救等確保學力品質之
措施。由此可知在學習評量之後，教師要思考如何激勵學生學習動機的機
制，如此方能落實評量的功能。

 ## 壹 與學生及家長討論成績

　　通常教師會在學期初召開親師座談會，在會議中可以討論學期成績
如何應用的事項，例如：教師和家長應該採取哪些具體行動來幫助學生的
學習和發展。對於成績欠佳的學生，教師也要找時間與學生討論，主要
目的在激勵學習動機，在討論時要能掌握以下的要領：1. 進行回饋性討論
是為了幫助學生，而不是傷害學生。2. 與學生分享訊息並共同探索可能的
選擇，而不直接給予建議。3. 尊重學習者的需求。4. 只提供學生用得著的
訊息，不要企圖把你所知道的一切都塞給他。5. 討論焦點是對事不對人。
6. 要針對你所觀察到的行為或特質，而不是你所推論的。7. 只討論學生可
以控制、可以改進的行為。8. 以逐步引導的方式問問題，以幫助學生瞭解
自己（歐滄和，2007）。

 ## 貳 預警、輔導及補考措施

　　各縣市教育局皆制定成績評量結果未達丙等之預警、輔導、補考措
施，例如：高雄市訂有「高雄市公私立國民中學成績評量結果未達丙等之
預警、輔導、補考措施實施原則」，針對低成就學生及時提供協助，以縮
短學習落差。預警措施即學校利用各種集會向學生或家長宣導《國民小學
及國民中學學生成績評量準則》、「高雄市國民中學學生成績評量補充規

定」，重點是要加強宣導核發畢業證書之規定。而輔導措施有三：1. 每學期開學兩週內，註冊組將前學期成績未達四領域丙等之學生名單列出，並通知其導師及任課老師，俾以加強輔導。2. 請各任課老師於學期中檢視當學期成績有不及格之虞的學生，對於學習有困難之學生進行相關輔導及補救措施。3. 每學期結束後一個月內，書面通知領域學習課程學期成績未達丙等之學生，於學校指定日期參加補考。補考措施主要針對未達丙等學生，學校以多元評量方式辦理補考，範圍以該學期教學內容為原則，補考成績 60 分以上者，以 60 分計算；未達 60 分者，與原始成績擇優採計，取代學期領域成績。為減少國中生未能領取畢業證書人數，補考措施可說是開了一道巧門。學校為研議、審查學生畢（修）業事宜，得設「學生成績評量審查委員會」，置委員 5-15 人，由教務主任擔任召集人，成員應包含學校行政人員、教師、教師會及家長會代表。

　　高中生各學期學業成績如果未達及格基準，亦需參加補考，補考未通過則需重修，未修習部定及校訂必修科目者，則需補修，需達及格基準，才能獲得學分。上述規定已於第二章中有所說明。

 ## 參　補救教學

　　有關「補救教學」（學習扶助）主題，國內外已有相當多文獻或研究進行探討，研究顯示提供「高品質」的補救教學，可以有效解決弱勢者學習的困難（王金國，2016）。依據《教育部國民及學前教育署補助辦理國民小學及國民中學學生學習扶助作業注意事項》（2022），學習扶助對象為未通過國語文、數學或英語文篩選測驗之學生，依未通過學科參加學習扶助，其中英語文是三年級以上才實施，其他兩科一年級開始實施。開班人數為每班 10 人為原則，最多不得超過 12 人，最少不得低於 6 人。但偏遠地區或具特殊原因有開班困難而人數未滿 6 人之學校，於報請地方政府同意後，依實際情形開班。而上課時間分為學期中及寒暑假，學期中再分課餘、課中學習扶助，前者課後實施至多二節為限，國小一週間未排課之下午至多四節為限，一學期上課總節數以七十二節為原則；後者以課中

抽離方式辦理，每週上課節數不得超過該科目／領域之授課節數，且不受每班各期各科目／領域上課總節數以七十二節為原則之限制。寒暑假辦理者，以寒假二十節、暑假八十節為原則。對於師資則有資格上的要求，一般班級教學人員具合格教師證書者，應接受 8 小時學習扶助師資研習課程。而大學生、社會人士等未取得合格教師證書者，應接受 18 小時學習扶助師資研習課程。

　　然而會考成績經評定為「待加強」，是否具有可以升級下一學習階段的能力？是否需要實施補救教學？這些學生究竟該屬國中任課教師進行補救教學？或是由錄取的高中職學校教師進行補救教學（吳淑萍，2013）？前述監察院針對此問題進行調查，於是教育部制定《教育部國民及學前教育署辦理高級中等學校學生學習扶助方案補助要點》（2019）這項辦法，針對國三會考待加強的學生進行學習扶助。其中第 3 條的扶助對象有以下四類：1. 國民中學教育會考成績中，國文、英語、數學任一科目列為「待加強」。2. 無國中教育會考之國文、英語、數學任一科目成績，經學校審核列為需加強。3. 任一定期學業成績評量科目不及格，且排序在同一年級後 35%。4. 前一學期任一科目學期學業成績不及格，且排序在同一年級後 35%。辦理的方式有以下重點：1. 符合扶助對象資格者，得依其意願自由參加。2. 學校應依其教學計畫辦理學習扶助教學，其節數限制如下：(1) 學生每人每週至多五節；(2) 寒假期間，不得超過四十節；(3) 暑假期間，不得超過一百二十節。(4) 進修部與進修學校，以在例假日及寒、暑假辦理為原則。3. 每班人數以 6-12 人，身心障礙學生專班以 5-10 人為原則，超過上開人數時，得增設班級數。擔任學習扶助課程之教師，由學校依下列優先順序聘任：1. 學校現職教師；2. 學校退休教師；3. 代課及代理教師；4. 教育實習之實習學生。

　　因為十二年國民教育免試入學超額比序係依據國中會考成績、在校表現、學生志願序三項來進行排序；愈是優質的明星學校，學生素質愈高，反倒沒有會考成績「待加強」的學生。反觀學校績效不佳，招生不足的學校招收到會考成績「待加強」的學生比率也愈高，甚至會有全校幾乎都需要進行補救教學。學校需思考如何兼顧補救教學與原來課程進度的規劃？

況且教育部的學習扶助方案是採自願原則，能否落實「強化高中生學習動機，提升學生素質」這項目的仍有待考驗。

自我評量 ....

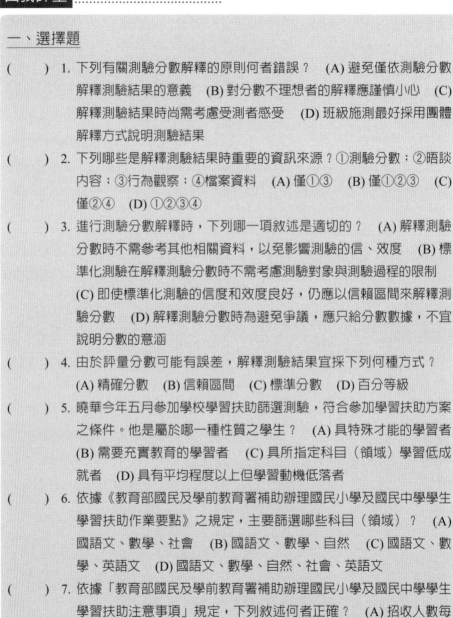

一、選擇題

( ) 1. 下列有關測驗分數解釋的原則何者錯誤？ (A) 避免僅依測驗分數解釋測驗結果的意義 (B) 對分數不理想者的解釋應謹慎小心 (C) 解釋測驗結果時尚需考慮受測者感受 (D) 班級施測最好採用團體解釋方式說明測驗結果

( ) 2. 下列哪些是解釋測驗結果時重要的資訊來源？①測驗分數；②晤談內容；③行為觀察；④檔案資料 (A) 僅①③ (B) 僅①②③ (C) 僅②④ (D) ①②③④

( ) 3. 進行測驗分數解釋時，下列哪一項敘述是適切的？ (A) 解釋測驗分數時不需參考其他相關資料，以免影響測驗的信、效度 (B) 標準化測驗在解釋測驗分數時不需考慮測驗對象與測驗過程的限制 (C) 即使標準化測驗的信度和效度良好，仍應以信賴區間來解釋測驗分數 (D) 解釋測驗分數時為避免爭議，應只給分數數據，不宜說明分數的意涵

( ) 4. 由於評量分數可能有誤差，解釋測驗結果宜採下列何種方式？ (A) 精確分數 (B) 信賴區間 (C) 標準分數 (D) 百分等級

( ) 5. 曉華今年五月參加學校學習扶助篩選測驗，符合參加學習扶助方案之條件。他是屬於哪一種性質之學生？ (A) 具特殊才能的學習者 (B) 需要充實教育的學習者 (C) 具所指定科目（領域）學習低成就者 (D) 具有平均程度以上但學習動機低落者

( ) 6. 依據《教育部國民及學前教育署補助辦理國民小學及國民中學學生學習扶助作業要點》之規定，主要篩選哪些科目（領域）？ (A) 國語文、數學、社會 (B) 國語文、數學、自然 (C) 國語文、數學、英語文 (D) 國語文、數學、自然、社會、英語文

( ) 7. 依據「教育部國民及學前教育署補助辦理國民小學及國民中學學生學習扶助注意事項」規定，下列敘述何者正確？ (A) 招收人數每班以 8-15 人為原則 (B) 國語文、數學及英語文於一至九年級均得實施 (C) 辦理時間為正式課程或課餘時間、寒暑假、住校生夜間

輔導　(D) 在寒暑假時，每班教學總節數以寒假四十節、暑假八十節為原則

(　) 8. 依據《教育部國民及學前教育署補助辦理國民小學及國民中學學生學習扶助作業注意事項》，未取得高級中等以下學校合格教師證書之教程生，想具有合格的學習扶助教學人員資格，要接受多少小時學習扶助師資研習課程？　(A) 15 小時　(B) 18 小時　(C) 20 小時　(D) 36 小時

(　) 9. 依據「高雄市國民小學學生成績評量補充規定」，學生的日常生活表現評量不包括下列哪項？　(A) 學生出缺席情形　(B) 學生參加校外社團活動情形　(C) 團體活動表現　(D) 公共服務表現

(　) 10. 學校為研議及審查學生成績評量及畢（修）業事宜，應設學生成績評量審查委員會，其召集人為？　(A) 校長　(B) 教務主任　(C) 學務主任　(D) 輔導主任

(　) 11. 依據現行《國民小學及國民中學學生成績評量準則》的規定，下列有關日常生活表現評量的敘述，何者正確？　(A) 成績評量結果以等第呈現　(B) 成績評量由導師負責評定　(C) 應兼顧定期評量和平時評量　(D) 評量範圍包含學生努力程度

(　) 12. 依據《國民小學及國民中學學生成績評量準則》，學校處理學生的個別資料，下列何者是正確的？　(A) 學校不得公告說明學生分數之分布情形，得公開呈現個別學生排名　(B) 學校不可公開個別學生班級及學校排名，亦不可發放呈現有學生個別班級及全校排名之成績單　(C) 學生家長如欲掌握其子女之學習成效，可以透過班級或學校網站取得資訊　(D) 根據資訊公開法，學校應公開學生學習資料

(　) 13. 依《國民小學及國民中學學生成績評量準則》規定，下列對國民中小學學生學習領域之平時及定期成績評量結果等第與分數之轉換的敘述，何者是錯的？　(A) 優等：90 分以上　(B) 甲等：80 分以上未滿 90 分　(C) 乙等：70 分以上未滿 80 分　(D) 丙等：未滿 60 分

(　) 14. 有關國民中小學學生學習領域成績評量紀錄之方式，下列何者敘述

錯誤？　(A) 以量化紀錄為之，至學期末應將其分數轉換為等第　(B) 輔以文字描述時，應依評量內涵與結果予以說明，並提供具體建議　(C) 甲等：80 分以上未滿 90 分、乙等：70 分以上未滿 80 分　(D) 學生日常生活表現紀錄，應作綜合性評價及等第轉化

(　　) 15. 高屏國小第二次定期評量數學科因為有太多同學不及格，老師們經過討論後決定每人加 10 分，有關這項處理所造成變化的描述，哪一項是正確的？　(A) 標準差增加　(B) 變異數減少　(C) 測驗效度不變　(D) 平均數不變

參考答案

1.(D)　2.(D)　3.(C)　4.(B)　5.(C)　6.(C)　7.(C)　8.(B)　9.(B)　10.(B)
11.(B)　12.(B)　13.(D)　14.(D)　15.(C)

二、問答題

1. 何謂成績評定與報告？成績評定與報告可以達成哪些功能？
2. 教師對學生評量結果的解釋，應注意哪些原則？試列舉六項並簡要說明之。
3. 國內外比較常見的評定成績報告方式有哪些？請列舉三種並說明優缺點。
4. 目前我國國中小學所實施的成績通知單有哪些缺失？請提出三項說明之。
5. 學生的學習成績評量結果如何應用？請列舉學校三種作法詳述之。

參 考 文 獻

一、中文部分

丁毓珊、葉玉珠（2021）。教師面對素養導向評量的挑戰與省思。**臺灣教育評論月刊，10**(3)，21-25。

于富雲、鄭守杰（2003）。同儕互評的理論與實踐。**教育研究月刊，107**，112-124。

于富雲、鄭守杰（2004）。網路同儕互評與標準建構歷程對國小學生後設認知影響的實證性研究。**國立臺北師範學院學報，17**(1)，197-226。

王文中、呂金燮、吳毓瑩、張郁雯、張淑慧（2011）。**教育測驗與評量：教室學習觀點**。臺北市：五南。

王文伶、張云綺、蕭輔萱等（2014）。非標準化學習潛能中介模式動態評量對國中資源班學生數學學習成效初探。**特殊教育季刊，131**，23-32。

王金國（2016）。補救教學之問題與建議。**臺灣教育評論月刊，5**(11)，12-17。

王振世等譯（2009）。**教育測驗與評量**。臺北市：臺灣培生教育。（R. L. Linn & M. D. Miller, 2005）

王振圍（2021）。臺灣社會計量實務意義之論述分析。**臺灣心理劇學刊，4**，113-167。

王素幸（2009）。以自我決定論探討網路學生擬題與網路同儕互評對學習內在動機之影響。**研習資訊，26**(5)，73-79。

王淵智（2021）。課室素養導向評量常見的問題與改進芻議。**臺灣教育評論月刊，10**(3)，26-29。

王智弘（2005）。諮商專業倫理之理念與實踐。**教育研究月刊，132**，87-98。

王德蕙、李奕璇、曾芬蘭、宋曜廷（2013）。國民中學學生基本學力測驗寫作測驗信度與效度分析研究。**測驗學刊，60**(1)，151-184。

王慧豐、陸正威（2001）。國小資源班數學科解決問題課程本位評量應用之研究。**東臺灣特殊教育學報，3**，261-291。

古明峰（1998）。加減法應用題語文知識對問題難度之影響暨動態評量在應用問題之學習與遷移歷程上研究。**新竹師院學報，11**，391-420。

田耐青、吳麗君、張心容（2020）。以學習者為中心的教學：一個紐西蘭小學班級的讀寫說教學案例。**課程與教學季刊，23**(3)，85-108。

白雲霞（2020）。素養導向學習評量的要素與設計。**師友雙月刊，623**，31-39。

任宗浩（2018）。素養導向評量的界定與實踐。載於蔡清華編，**課程協作與實踐第二輯**（頁75-82）。臺北市：教育部中小學師資課程教學與評量協作中心。

朱經明、蔡玉瑟（2000）。動態評量在診斷國小五年級數學障礙學生錯誤類型之應用成效。**特殊教育研究學刊，18**，173-189。

江文慈（2004）。教學評量改革的難題分析：技術、文化、政治與後現代觀點。**課程與教學季刊，7**(3)，1-16。

江文慈（2007）。超越測量——評量典範轉移的探索與啟示。**教育實踐與研究，20**(1)，173-200。

江雪齡（1998）。介紹檔案評量法。**中等教育，49**(4)，79-84。

何宜康（2006）。學習單的美麗與哀愁。**師友月刊，469**，78-81。

何英奇（1989）。精熟學習策略配合微電腦化S-P表分析診斷對學生學習效果的實驗研究。**教育心理學報，22**，191-214。

余民寧（2005）。**有意義的學習：概念構圖之研究**。新北市：商鼎。

余民寧（2016）。學習評量與 SP 表分析。**T & D 飛訊，217**，1-26。

余民寧（2017）。**教育測驗與評量：成就測驗與教學評量**（第三版）。新北市：心理。

吳正新（2019）。數學素養導向評量試題研發策略。**中等教育，70**(3)，11-36。

吳正新（2020）。傳統試題與素養導向試題有什麼不同？數學素養導向試題之初探。**國家教育研究院電子報，191**，2023.7.20 檢索自 https://epaper.

naer.edu.tw/

吳宜芳、鄒慧英、林娟如（2010）。標準設定效度驗證之探究——以大型數學學習成就評量為例。**測驗學刊**，**57**(1)，1-27。

吳明隆（2006）。SPSS**統計應用學習實務**——**問卷分析與應用統計**。臺北市：知城數位科技。

吳明隆（2021）。**學習評量精要 75 講**。臺北市：五南。

吳明隆、涂金堂（2006）。SPSS**與統計應用分析**。臺北市：五南。

吳淑萍（2013）。會考成績「待加強」怎麼辦？**臺灣教育評論月刊**，**2**(12)，126-128。

吳清山（2017）。素養導向教育的理念與實踐。**教育行政與評鑑學刊**，**21**，1-24。

吳清山（2018）。素養導向教師教育內涵建構及實踐之研究。**教育科學研究期刊**，**63**(4)，261-293。

吳清山、林天祐（1997）。真實評量、實作評量、卷宗評量。**教育資料與研究**，**15**，67-69。

吳毓瑩（1995）。開放教室中開放的評量：從學習單與檢核表的省思談卷宗評量。載於國立臺北師範學院（主編），**開放社會中的教學**（93-100頁）。臺北：國立臺北師範學院。

吳璧純（2017）。素養導向教學之學習評量。**臺灣教育評論月刊**，**6**(3)，30-34。

宋曜廷、周業太、曾芬蘭（2014）。十二年國民基本教育的入學考試與評量變革。**教育科學研究期刊**，**59**(1)，1-32。

宋曜廷、劉俊廷（2007）。教學卷宗在中小學教師專業評鑑的應用——評析NBPTS 經驗。**教育研究集刊**，**53**(1)，55-86。

李平譯（2003）。**經營多元智慧**。臺北市：遠流。（T. Armstrong, 1994）

李克明（1993）。測驗信度的基本原理：古典測驗理論的觀點。**測驗統計年刊**，**1**，43-48。

李坤崇（2006）。**教學評量**。新北市：心理。

李坤崇（2010）。檔案評量理念與實施。**研習資訊**，**27**(2)，3-16。

李坤崇（2019）。**學習評量**。新北市：心理。

李茂興譯（2002）。**教育測驗與評量**。臺北市：學富。（K. D. Hopkins, 1998）

李偉俊（2023）。108 課綱素養導向評量的實施成效與問題。**臺灣教育評論月刊，12**(3)，4-10。

李淑華、洪碧霞（2011）。電腦化課文摘要動態評量系統應用效益之探討。**數位學習科技期刊，3**(1)，86-100。

李清筠（2019）。**寫作題目命製實務**。2023 年 5 月 6 日檢索自國中教育會考網頁 https://cap.rcpet.edu.tw/

李靜如（2005）。實作評量在兩性關係課程上的應用：以技術學院學生為例。**教育研究與發展期刊，1**(3)，147-177。

沈玉潔、王雅綺、陳淑芬、楊仁菁、張孝筠（2008）。**幼兒學習檔案**。2023.7.11 檢索自 http://192.83.181.182/~myhuang/wp-content/uploads/2012/10

周文欽等（2006）。**心理與教育測驗**。新北市：心理。

周家卉（2008）。實作評量在生活科技課程實施之探討。**生活科技教育月刊，41**(7)，51-84。

周新富（2009）。**學習檔案**。臺北市：五南。

周新富（2016）。**教育研究法**。臺北市：五南。

周新富（2017）。**課程發展與設計**。臺北市：五南。

周新富（2019）。**輔導原理與實務**。臺北市：五南。

周新富（2021）。**教學原理與設計**。臺北市：五南。

林沛穎、林昱成（2014）。從三環評量理論探討融合教育之學習評量。**特殊教育與輔助科技，10**(7)，52-58。

林佩璇、李俊湖、詹惠雪（2018）。**差異化教學**。新北市：心理。

林怡呈、吳毓瑩（2008）。多元評量的活化、迷思、與神話：教學歷程的個案研究。**課程與教學，11**(1)，147-172。

林素卿、葉順宜（2014）。檔案評量於英語科之應用。**教育科學研究期刊，59**(2)，111-139。

林偉信（2022）。**國中生不滿學期成績提告學校因這原因被駁回**。2023.8.11 檢索自 https://www.chinatimes.com/amp/realtimenews/20221110005244-26040

林清山（2014）。**心理與教育統計學**。臺北市：東華。

林清山譯（2003）。**教育心理學——認知取向**（三版十四刷）。臺北市：遠流。（R. E. Mayer, 1980）

林璟玲、林儒君（2009）。混齡班級幼兒同儕互動之研究——以社會計量法為例。**幼兒保育論壇**，4，125-143。

林麗容（1995）。特殊教育評量的重要取向：動態評量。**特殊教育季刊**，**56**，1-5。

姚友雅、黃蕙欣（2013）。多元評量實施之理論與實務——以健康教育為例。**中等教育**，**64**(1)，133-152。

柳玉清（2016）。大學生專題報告 Rubrics 之發展與成效評估：以人力資源管理相關課程為例。**新竹教育大學教育學報**，**33**(1)，77-108。

洪素蘋（2017）。避免評分的偏誤。**科學發展**，**539**，12-15。

洪碧霞主編（2021）。**PISA 2018 臺灣學生的表現**。新北市：心理。

洪碧霞、林素微、吳裕益（2011）。臺灣九年級學生閱讀樂趣與策略對 PISA 閱讀素養解釋力之探討。**課程與教學季刊**，**14**(4)，1-24。

洪碧霞、陳沅、林宜樺（2004）。數學專題合作學習中創意的經營與評量課程與教學。**課程與教學季刊**，**7**(3)，33-54。

郎亞琴、劉柏坤（2012）。**國二國文實施多元教學評量之行動研究**。發表於彰雲嘉大學校院聯盟學術研討會。2023.5.23 檢索自 http://cyc2012.dyu.edu.tw/html/B.html

涂金堂（2009）。**教育測驗與評量**。臺北市：三民。

孫慧茹、洪碧霞（2013）。國民小學代數動態評量的發展與應用。**數位學習科技期刊**，**5**(2)，59-82。

徐台閣（1993）。信度的計算方法。**北體學報**，**2**，187-195。

徐秀婕（2022）。從學習評量設計省思師生課程負荷。**臺灣教育評論月刊**，**11**(3)，45-50。

徐怡詩、王國華（2003）。國中自然與生活科技教師試行實作評量之行動研究。**科學教育，14**，21-35。

徐俊斌、許銘津、林清達、潘文福（2015）。學校本位品德教育實施策略自我檢核表之研究。**慈濟大學教育研究學刊，12**，59-102。

特殊教育課程教材教法及評量方式實施辦法（2022）。

高郁婷（2022a）。**不齊頭式的測驗：動態評量**。2023.6.28 檢索自 https://helloet.cet-taiwan.com/?p=2848

高郁婷（2022b）。**評量的典範移轉**。2023 年 4 月 15 日檢索自 https://helloet.cet-taiwan.com/?p=3839

高級中等學校學生學習評量辦法（2021）。

國民小學及國民中學學生成績評量準則（2019）。

國立臺灣師範大學教學發展中心（2020）。**什麼是 Rubric？**2023.6.10 檢索自 https://ctld.ntnu.edu.tw/wp-content/uploads/2020/11/Rubrics-QA-1.pdf

國家教育研究院（2018）。**素養導向教學與評量的界定、轉化與實踐之說明**。檢索自 https://ws.moe.edu.tw/001/Upload/23/relfile/8059/56214/bb0fc79d-a7c7-4d7eb03a-9d14bdb59011.pdf

國家教育研究院（2019）。**素養導向「紙筆測驗」範例試題（定稿版）**。檢索自 https://www.naer.edu.tw/files/11-1000-1591-1.php?Lang=zh-tw

康樂國小（2021）。**臺東縣康樂國民小學 109 學年度多元文化闖關活動實施計畫**。2023.5.30 檢索自 http://210.240.152.33/environment/upload/2-1-5.pdf

張民杰、林昱丞（2017）。教師專業學習社群的組織與運作——以研發中山樓戶外教育學習單為例。**臺灣教育評論月刊，6**(10)，30-34。

張永福（2008）。實作評量的特性及其理論基礎。**研習資訊，25**(3)，79-85。

張美玉（2000）。歷程檔案評量的理念與實施。**科學教育月刊，231**，58-63。

張郁雯（2010）。國小學童資訊素養檔案評量之發展研究。**教育心理學報，41**(3)，521-550。

張郁雯（2015）。邁向教育新願景。**國民教育，55**(1)，11-19。

張家慧、蔡銘修（2018）。淺談同儕作業互評與實施建議。**臺灣教育評論月刊，7**(8)，212-218。

張基成、吳炳宏（2012）。網路化檔案評量環境下教學者評量之信度與效度。**科學教育學刊，20**(5)，393-412。

張基成、陳政川（2010）。網路化檔案評量中學習者反思行為對學習成效之影響。**科學教育學刊，18**(2)，85-106。

張添洲（2004）。**X 檔案──教學檔案、學習檔案**。臺北市：五南。

張麗麗（2002）。評量改革的應許之地，虛幻或真實？**教育研究月刊，93**，76-86。

張麗麗（2004）。影響教師自評實作評量實施品質相關因素之探討。**南師學報，3**(1)，95-120。

教育部（2014）。**十二年國民基本教育課程綱要總綱**。臺北市：教育部。

教育部（2016）。**中華民國教師專業標準指引**。臺北市：教育部。

教育部（2022）。**高級中等學校學生學習歷程檔案作業要點**。

教育部國民及學前教育署補助辦理國民小學及國民中學學生學習扶助作業注意事項（2022）。

教育部國民及學前教育署辦理高級中等學校學生學習扶助方案補助要點（2019）。

曹惠菁、徐偉民（2012）。運用 Ausubel 學習理論協助四年級學生代數學習之行動研究。**屏東教大科學教育，35**，49-84。

符碧真（2012）。**ABC 之間：等第評量制度**。2023.8.16 檢索自 http://ctld.ntu.edu.tw/_epaper/news_detail.php?f_s_num=150

莊育琇（2011）。澳洲差異教學對臺灣國中小教育之啟示──以墨爾本 Parkmore 小學為例。**彰化縣九年一貫電子報，336**。檢索自 https://enews.trsc.chc.edu.tw/ 100Webs/Other/3660402.pdf

莊筱玉、黎瓊麗、林玫妙（2007）。動態評量之 E 化英文試題建構。**美和技術學院學報，26**(2)，219-238。

莊麗娟（2001）。「多媒體動態評量」低獲益受試者之認知缺陷與協助策略分析。**特殊教育研究學刊，21**，109-133。

莊麗娟（2003）。動態評量理論與教學應用。載於張新仁等著：**學習與教學新趨勢**（頁 465-506）。新北市：心理。

莊麗娟、邱上真、江新合（1997）。國小六年級浮力概念動態評量的效益分析。**中國測驗學會測驗年刊，44**(1)，71-94。

許家驊（2017）。國小三年級學生數學解題技巧學習表現協助式評量之實施效益分析研究。**教育理論與實踐學刊，36**，75-108。

許家驊（2019）。十二年國教課綱核心素養導向學習評量之理念、設計實務與省思。**臺灣教育評論月刊，8**(8)，37-42。

許家驊（2023）。動態評量之特色功能、效益分析與建議。**臺灣教育評論月刊，12**(2)，85-91。

許家驊、邱上真、張新仁（2003）。多階段動態評量對國小學生數學學習促進與補救效益之分析研究。**教育心理學報，35**(2)，141-166。

許雅涵、吳毓瑩（2004）。同儕互評的策略及意義：一個道德科教學的行動研究。**課程與教學季刊，7**(3)，55-73。

郭生玉（1993）。**心理與教育測驗**。臺中市：精華。

郭生玉（1997）。**心理與教育研究法**。臺中市：精華。

郭生玉（2002）。如何落實多元評量。**教育研究月刊，98**，11-17。

郭生玉（2016）。**教育測驗與評量**。臺中市：精華。

郭如育（2011）。國中生情意教育的重要性及其課程設計原則。**中等教育，62**(2)，138-155。

郭伯臣、吳慧珉、陳俊華（2012）。試題反應理論在教育測驗上之應用。**新竹縣教育研究集刊，12**，5-40。

郭俊賢、陳淑惠譯（2000）。**落實多元智慧教學評量**。臺北市：遠流。（D. Lazear, 1994）

陳怡君（2005）。修正高級中學成績考查辦法與教學評量之改革。**學校行政，38**，151-161。

陳明聰、吳雅萍（2022）。從法規談評量調整的內涵和做法。**雲嘉特教，36**，10-18。

陳昭儀（1996）。動態評量的模式及其特質與限制。載於中華民國特殊教育

學會第28屆年刊：特殊學生的學習與轉銜（頁 95-113）。嘉義市：嘉義大學。

陳柏熹（2019）。**素養導向評量設計知能研習：課室評量編製實務——以數學領域為例研習講義**。高雄市：新光國小。

陳英豪、吳裕益（1998）。**測驗與評量**。高雄市：復文。

陳惠萍（1999）。教學檔案在教師專業發展上之應用。載於中華民國師範教育學會（主編），**師資培育與教學科技**（183-212頁）。臺北市：臺灣書店。

陳嘉陽（2020）。**教育概論（上冊）**。教甄策略研究中心。

陳慧蓉、張郁雯、薛承泰（2018）。脈絡因素、學業自我概念、與學習投入對學業表現的影響：臺灣國小三年級經濟弱勢與一般學生之比較。**當代教育研究季刊**，**26**(2)，73-107。

陳學淵、王國華（2004）。國中教師發展實作評量之探討——以自然與生活科技領域教師為例。**科學教育**，**14**，165-180。

陳靜姿、洪碧霞（2010）。不同數學學習氣質學生情意和成長特徵之探討。**教育心理學報**，**42**(1)，77-97。

單文經等譯（2006）。**中小學課堂的教學評量**。新北市：心理。

彭森明（1996）。實作評量理論與實際。**教育資料與研究**，**9**，44-48。

彭森明（2006）。學習成就評量的多元功能及其相應研究設計。**教育研究與發展期刊**，**2**(4)，21-39。

彭開琼、胡榮員（2017）。OECD 國家教育績效研究：以 PISA 為例。**績效與策略研究**，**14**(1)，47-68。

曾大千（2009）。從個人資訊自決權論學生成績揭示之原則。**初等教育學刊**，**34**，53-71。

曾佩芬（2017）。國語文寫作能力測驗的回顧與前瞻。**考試學刊**，**12**，1-47。

曾芬蘭、鍾長宏、陳世玉、張銘秋（2018）。國中課室素養導向標準本位評量的設計與應用：以英語科閱讀為例。**教育科學研究期刊**，**63**(4)，119-155。

曾素秋（2010）。實作評量融入師資生班級經營課程實施成效探究。**朝陽人文社會學刊**，**8**(2)，91-134。

曾素秋（2014）。師資生學習歷程檔案評量之實作與省思：以某科技大學為例。**教師教育期刊**，**3**，81-118。

曾素秋（2022）。學習歷程檔案的製作與評量。**師友雙月刊**，**631**，13-19。

曾靜雯、許瑞強、陳璿文（2018）。學習評量與素養導向之關鍵能力。**教師專業研究期刊**，**16**，77-102。

游光昭、洪國勳（2003）。網路化學習歷程檔案與科技的學習。**生活科技教育月刊**，**36**(5)，55-64。

湯維玲（2012）。美國《無落後兒童法案》之小學課程與教學變革研究。**教育資料集刊**，**53**，47-81。

華國棟、莊筱玉、莊荏惠（2017）。英語動態評量運用於實用英文補救教學之行動研究。**休閒運動保健學報**，**13**，77-105。

黃桂君（1995）。動態評量的模式特質與難題省思。**特殊教育**，**55**，1-9。

黃耿鐘（2002）。**網路學習檔案評量系統及學習檔案成效指標之研究**。臺南師範學院教師在職進修資訊碩士學位班論文。

黃國清、吳寶桂（2006）。七年級數學標準化成就測驗之編製與其相關之研究：以 IRT 模式分析。**教育研究與發展期刊**，**2**(4)，109-142。

黃淑津、鄭麗玉（2004）。電腦化動態評量對國小五年級學生閱讀理解效能之研究。**國民教育研究學報**，**1**，167-201。

黃淑苓（2002）。學生為中心的學習評量。**教育科學期刊**，**1**(2)，3-24。

黃琇屏（2017）。國民中小學核心素養如何評鑑。**臺灣教育評論月刊**，**6**(3)，91-94。

黃德祥等譯（2011）。**教育測驗與評量：教室應用與實務**。新北市：心理。（T. Kubiszyn & G. Borich, 2009）

楊明儒（2009）。探索教學法應用在科技概念學習之成效。**網路社會學通訊期刊**，**80**，2023.6.1 檢索自 https://www.nhu.edu.tw/~society/e-j/80/index.htm

葉重新（2016）。**心理與教育測驗**。新北市：心理。

葉重新（2017）。**教育研究法**。新北市：心理。

葛康馨（2008）。國中社會學習領域歷史學習單設計研究《社會》第三冊歷史教材為例。**歷史教育，12**，1-58。

董秀蘭（2016）。為培養學生高層次認知與論述能力而評量：開放式建構反應試題的理念與示例。**中等教育，67**(2)，1-6。

詹志禹（1996）。評量改革為什麼要進行。**教育資料與研究，13**，45-47。

詹志超（2019）。成績單的迷思／漂亮的成績單，真的就代表一切了嗎？2023.8.11檢索自 https://udn.com/umedia/amp/story/12762/3974368

鄒慧英（1997）。實作評量的研發──以國小說話課為例。**測驗與輔導，149**，3082-3087。

鄒慧英譯（2003）。**測驗與評量：在教學上的應用**。臺北市：洪葉。（R. L. Linn & N. E. Gronlund, 2000）

廖鳳瑞（1995）。重歷程的評量在臺灣幼稚園的應用：國立臺灣師範大學附設幼稚園之例。**家政教育，13**(2)，50-71。

廖鳳瑞、張靜文（2020）。真實性評量──看見每一個孩子，回應每一個孩子的評量。**臺灣教育研究期刊，1**(4)，65-89。

熊雲偉（2020）。促進學習的評量──素養導向標準本位評量。**師友雙月刊，623**，49-55。

甄曉蘭（2008）。促進學習的課堂評量──概念分析與實施策略。**中等教育，59**(1)，92-109。

監察院（2021）。**調查報告**。檢索自 https://www.cy.gov.tw/CyBsBoxContent.aspx?n=133&s=6486

輔導與諮商專業倫理守則（2022）。

臺灣PISA國家研究中心（2023）。**PISA 2022數學評量架構**。2023.7.19檢索自https://pisa.irels.ntnu.edu.tw/relatedWebsite.html

臺灣省政府教育廳（1984）。**國民小學學習成就評量理論與命題示例彙編**。臺灣省政府教育廳。

劉明松譯（2008）。**特殊學生之評量**。臺北市：五南。

歐滄和（1999）。談學習歷程檔案法（portfolio）的點點滴滴。**現代教育論**

壇，**4**， 40-43。

歐滄和（2007）。**教育測驗與評量**。新北市：心理。

潘裕豐、吳清麟（2018）。數理資優鑑定實作評量之試題研發暨效度評估。
測驗學刊，**65**(3)，241-256。

蔡佩圜、涂柏原、吳裕益（2018）。九種古典測驗理論信度指標精確性之研
究。**測驗學刊**，**65**(2)，217-240。

蔡佳禎（2022）。跨領域導向之素養紙筆命題——以大學入學考試學科能力
測驗試題分析為例。**臺灣教育評論月刊**，**11**(4)，139-148。

蔡清華、張麗麗（1997）。「**教學檔案**」在國小實習教師專業成長與評鑑上
的應用。行政院國家科學委員會專題研究計畫成果報告。

蔡進雄（2009）。情意如何評量？以大學教學為例 。**評鑑月刊**，**19**，24-
25。

鄭守杰（2003）。**網路同儕互評對國小學童學習成效之影響**。國立成功大學
教育研究所碩士論文，未出版，臺南。

鄭圓鈴（2005）。Bloom 2001 年版在國語文標準化成就測驗質化分析上的應
用。人文社會學報，**3**(1)，91-122。

鄭圓鈴（2013）。國中國語文有效閱讀教學的課堂實踐——建構式學習單的
製作與使用。**中等教育**，**64**(3)，92-109。

魯俊賢、吳毓瑩（2004）。過程技能之二階段實作評量：規劃、實踐與效益
探究。**科學教育學刊**，**15**(2)，215-239。

學生輔導工作倫理守則（2015）。

盧雪梅（1998）。實作評量的應許、難題和挑戰。**教育資料與研究**，**20**，
1-5。

盧雪梅（2005）。九年一貫課程成績通知單模式探究：現況與展望。**教育研
究與發展期刊**，**1**(3)，177-212。

盧雪梅（2006）。臺北市國民小學九年一貫課程成績通知單之學習目標分析
研究。**師大學報：教育類**，**51**(1)，63-84。

蕭立人、高巧汶（2008）。**概念圖式學習評量系統之設計建置**。2023.05.30
檢索自 http://eportfolio.mcu.edu.tw/ePortfolio/Teacher/Html/Common/

epdf/9600846/ICDC%20%E6%8A%95%E7%A8%BF1109.pdf

蕭儒棠、曾建銘、吳慧珉等（2014）。**測驗之編製：命題技巧與測驗資料之分析**。新北市：國家教育研究院。

賴阿福、陳志鴻（2006）。多媒體動態評量應用於國小自然活科技領域之學習成效。**科學教育研究與發展季刊**，2006 專刊，91-113。

賴美言、詹喬雯譯（2011）。**所有教師都應該知道的事：學生評量**。新北市：心理。

賴浩銘（2014）。**漸進提示評量對國中歷史科低成就學生影響之個案研究**。國立臺中教育大學課程與教學研究所碩士在職專班碩士論文。

戴君佩（2001）。**國民小學自然科卷宗評量對三年級學生學習動機之影響**。國立臺中師範學院教育測驗統計研究所碩士論文。

薛瑞君（2001）。**教育專業檔案——理念與實務**。高雄市：復文。

謝名娟、程峻（2021）。**素養導向評量：理論與實務**。臺北市：元照。

謝名娟、謝進昌（2017）。臺灣學生學習成就評量資料庫（TASA）轉型內涵——邁向 108 課程之素養導向大型評量模式。載於國家教育研究院（主編），**大型教育調查研究實務：以 TASA 為例**（頁 185-206）。新北市：國家教育研究院。

謝名娟（2016）。口語評量的現況與發展。**教育脈動**，**8**，170-172。

謝如山、謝名娟（2013）。多層面 Rasch 模式在數學實作評量的應用。**教育心理學報**，**45**(1)，1-18。

謝妃涵（2022）。4 歲以上幼兒客語能力的評量：第二代幼幼客語闖通關研發歷程。**全球客家研究**，**18**，233-266。

謝百淇、張美珍、李馨慈（2018）。文化回應課程與評量之統整模式：以偏鄉原住民小學的自然災害單元為例。**教育學刊**，**51**，35-79。

謝佩蓉（2018）。108 課綱第四學習階段國語文閱讀素養線上評量之建構。**教育科學研究期刊**，**63**(4)，193-228。

謝廣全、謝佳懿（2019）。**學習評量：概念與應用**。高雄市：麗文。

鍾怡慧、徐昊杲（2019）。實作評量在技術型高中專業及實習科目之應用。**臺灣教育評論月刊**，**8**(9)，1-9。

鍾靜、陸昱任（2014）。以形成性評量為主體的課室評量新趨勢。**教師天地，189**，3-12。

簡茂發（1991）。命題方法與試題分析。**國教輔導，31**(1)，2-13。

簡茂發（1993）。心理與教育測驗的發展。**測驗統計年刊，1**，1-12。

簡茂發（1999）。多元化評量之理念與方法。**教師天地，99**，11-17。

龔心怡（2016）。因應差異化教學的評量方式：多元評量停、看、聽。**臺灣教育評論月刊，5**(1)，211-215。

二、英文部分

Airasian, P. W. (2000). *Assessment in the classroom*. New York, NY: McGraw-Hall.

Arends, R., & Kilcher, A. (2010). *Teaching for student learning: Becoming an accomplished teacher*. New York, NY: Routledge.

Barton, J., & Collins, A. (1997). Starting out: Designing your portfolio. In J. Barton & A. Collins (Eds.), *Portfolio assessment: A handbook for educators* (pp. 1-10). NJ: Dale Seymour.

Best, J., & Kahn, J. (1998). *Research in education* (8th ed.). Boston: Allyn and Bacon.

Budoff, M. (1974). *Learning potential and educability among the educable mentally retarded (Final Report Project No. 312312)*. Cambridge, MA: Research Institute for Educational Problems, Cambridge Mental Health Association.

Campione, J. C., & Brown, A. L. (1987). Linking dynamic assessment with school achievement. In C. S. Lidz (Ed.), *Dynamic assessment: An interactional approach to evaluation learning potential* (pp. 82-115). New York: Guilford.

Carlson, J. S., & Wield, K. H. (1978). Use of testing-the-limits procedures in the assessment of intellectual capabilities in children with learning difficulties. *American Journal of Mental Deficiency*, *82*(6), 559-564.

Danielson, C., & Abrutyn, L. (1997). *An introduction to using portfolios in the classroom*. Alexandria, VA: ASCD.

Dick, W., Carey, L., & Carey, J. O. (2005). *The systematic design of instruction* (6th ed.). Boston: Allyn and Bacon.

Earl, L. M. (2003). *Assessment as learning: Using classroom assessment to maximize student learning*. California, Thousand Oaks: Corwin Press.

Embretson, S. E. (1987). Toward development of a psychometric approach. In C. S. Lidz (Ed.), *Dynamic assessment: An interactional approach to evaluating learning potential* (pp. 141-170). The Guilford Press.

European Commission. (2005). *Lifelong learning and key competence for all: Vital contribution to prosperity and social cohesion*. Retrieved from http://europa. eu.int/comm/education/polici es/2010et_2010_fr.html

Feuerstein, R. (1979). *The dynamic assessment of retarded performers: The learning potential assessment device, theory, instruments, and techniques*. Baltimore: University Park Press.

Gardner, H. (1983). *Frames of mind: The theory of multiple intelligences*. NY: Basic Books.

Glaser, R. (1962). Psychology and instructional technology. In R. Glaser (Ed.), *Training research and education* (pp. 67-85). Pittsburgh: University of Pittsburgh Press.

Gulliksen, H. (1950). *Theory of mental tests*. New York: Wiley.

Haladyna, T. M., Downing, S. M., & Rodriguez, M. C. (2002). A review of multiple-choice item-writing guidelines for classroom assessment. *Applied Measurement in Education, 15*(3), 309-334.

Kolluri, E. (2021). Educational measurement and evaluation. *International Journal of Education, Modern Management, Applied Science & Social Science, 3*(4), 12-20.

Krathwohl, D. R., Bloom, B. S., & Masia, B. B. (1964). *Taxonomy of educational objectives: The classification of educational goals, Handbook II: Affective domain*. New York: David McKay Company Incorporated.

Kubiszyn, T., & Borich, G. (2007). *Educational testing and measurement: Class-*

room application and practice (8th ed). Danvers, MA: John Wiley & Sons.

Lidz, C. S. (1991). Practitioner's guide of dynamic assessment. New York: The Guilford Press.

Linn, R. L., & Gronlund, N. E. (2000). Measurement and assessment in teaching (8th ed.) . Upper Saddle River, NJ: Prentice-Hall.

Linn, R. L., & Miller, M. D. (2005). Measurement and Assessment in Teaching (8th ed.). Upper Saddle River, NJ: Pearson Prentice Hall.

Marzano, R. J. (2000). Transforming classroom grading. Alexandria, VA: ASCD.

Marzano, R. J. (2006). Classroom assessment and grading that work. Alexandria, VA: ASCD.

McMillan, J. H. (2011). Classroom assessment: Principles and practice for effective standards-based instruction. Pearson.

Miller, M. D., Linn, R. L., & Gronlund, N. E. (2013). Measurement and assessment in teaching (11th ed.). Upper Saddle River, NJ: Pearson Education, Inc.

Novak, J. D., & Gowin, D. B. (1984). Learning how to learn. New York: Cambridge University Press.

Organization for Economic Co-operation and Development. (2005). The definition and selection of key competencies. Paris, France: Author.

Payne, D. A. (2003). Applied educational assessment (2nd ed.). Belmont, CA: Wadsworth Thomson Learning.

Popham, W. J. (2005). Students' attitudes count. Educational Leadership, 62, 84-85.

Reddy, Y. M., & Andrade, H. (2010). A review of rubric use in higher education. Assessment & Evaluation in Higher Education, 35(4), 435- 448.

Rolheiser, C., Bower, B., & Stevahn, L. (2000). The portfolio organizer. Alexandria, VA: ASCD.

Salvia, J., Ysseldyke, J. E., & Bolt, S. (2007). Assessment in special and inclusive education. Houghton Mifflin.

Salvia, J., Ysseldyke, J., & Witmer, S. (2017). Assessment in special and inclusive *education* (13th ed). Boston: Cengage Learning.

Seely, A. (1996). *Portfolio assessment.* Melbourne: Hawker-Brownlow Education.

Shepard, L. A. (2000). The role of assessment in a learning culture. *Educational Research, 29*(7), 4-14.

Swanson, H. L., & Lussier, C. M. (2001). A selective synthesis of the experimental literature on dynamic assessment. *Review of Educational Research, 71*(2), 321-363.

Tomlinson, C. A. (2001). *How to differentiate instruction in mixed-ability classrooms.* Upper Saddle River, NJ: Pearson Education.

Tyler, R. W. (1949). *Basic principles of curriculum and instruction.* Chicago: University of Chicago Press.

Vye, N. J., Burns, M. S., Delclos, V. R., & Bransford, J. D. (1987). A comprehensive approach to assessing intellectually handicapped children. In C. S. Lidz (Ed.), *Dynamic assessment: An interactional approach to evaluating learning potential* (pp. 327-359). The Guilford Press.

Vygotsky, L. S. (1978). *Mind in society: The development of higher psychological processes.* Massachusetts: Harvard University Press.

Wiggins, G. (1998). *Education assessment.* San Francisco, CA: John Wiley & Sons.

Woolfolk, A. (2013). *Educational psychology* (13th ed.). Upper Saddle River, NJ: Pearson.

Wright, R. J. (2008). *Educational assessment: Tests and measurements in the age of accountability.* Thousand Oaks: Sage.

附錄

國民小學及國民中學學生成績評量準則（節錄）

修正日期：民國108年06月28日

第1條

本準則依國民教育法第十三條第一項規定訂定之。

第2條

國民小學及國民中學（以下簡稱國民中小學）學生成績評量，以協助學生德智體群美五育均衡發展為目的，並具有下列功能：

一、學生據以瞭解自我表現，並調整學習方法與態度。

二、教師據以調整教學與評量方式，並輔導學生適性學習。

三、學校據以調整課程計畫，並針對學生需求安排激勵方案或補救教學。

四、家長據以瞭解學生學習表現，並與教師、學校共同督導學生有效學習。

五、直轄市、縣（市）政府及教育部據以進行學習品質管控，並調整課程與教學政策。

第3條

國民中小學學生成績評量，應依領域學習課程、彈性學習課程及日常生活表現，分別評量之；其評量範圍及內涵如下：

一、領域學習課程、彈性學習課程：

（一）範圍：包括國民中小學課程綱要所定領域學習課程、彈性學習課程及其所融入之議題。

（二）內涵：包括核心素養、學習重點、學生努力程度、進步情形，並應兼顧認知、情意、技能及參與實踐等層面，且重視學習歷程及結果之分析。

二、日常生活表現：評量範圍及內涵，包括學生出缺席情形、獎懲紀錄、團體活動表現、品德言行表現、公共服務及校內外特殊表現等。

第4條

國民中小學學生成績評量原則如下：

一、目標：應符合教育目的之正當性。

二、對象：應兼顧適性化及彈性調整。

三、時機：應兼顧平時及定期。

四、方法：應符合紙筆測驗使用頻率最小化。

五、結果解釋：應以標準參照為主，常模參照為輔。

六、結果功能：形成性及總結性功能應並重；必要時，應兼顧診斷性及安置性功
　　能。

七、結果呈現：應兼顧質性描述及客觀數據。

八、結果管理：應兼顧保密及尊重隱私。

第5條

1 國民中小學學生成績評量，應依第三條規定，並視學生身心發展、個別差異、
　文化差異及核心素養內涵，採取下列適當之多元評量方式：

一、紙筆測驗及表單：依重要知識與概念性目標，及學習興趣、動機與態度等情
　　意目標，採用學習單、習作作業、紙筆測驗、問卷、檢核表、評定量表或其
　　他方式。

二、實作評量：依問題解決、技能、參與實踐及言行表現目標，採書面報告、口
　　頭報告、聽力與口語溝通、實際操作、作品製作、展演、鑑賞、行為觀察或
　　其他方式。

三、檔案評量：依學習目標，指導學生本於目的導向系統性彙整之表單、測驗、
　　表現評量與其他資料及相關紀錄，製成檔案，展現其學習歷程及成果。

2 特殊教育學生之成績評量方式，由學校依特殊教育法及其相關規定，衡酌學生
　學習需求及優勢管道，彈性調整之。

第6條

1 國民中小學學生成績評量時機，分為平時評量及定期評量二種。

2 領域學習課程評量，應兼顧平時評量及定期評量；彈性學習課程評量，應以平
　時評量為原則，並得視需要實施定期評量。

3 前項平時評量中紙筆測驗之次數，於各領域學習課程及彈性學習課程，均應符

合第四條第四款最小化原則；定期評量中紙筆測驗之次數，每學期至多三次。

4 學生因故不能參加定期評量，經學校核准給假者，得補行評量；其成績以實得
分數計算為原則。

5 日常生活表現以平時評量為原則，評量次數得視需要彈性為之。

第7條

國民中小學學生成績評量之評量人員如下：

一、各領域學習課程及彈性學習課程：由授課教師評量，且應於每學期初，向學
生及家長說明評量計畫。

二、日常生活表現：由導師參據學校各項紀錄、各領域學習課程與彈性學習課程
之授課教師、學生同儕及家長意見反映，加以評量。

第8條（修習抽離式技藝教育課程成績算法）

第9條

1 國民中小學學生領域學習課程及彈性學習課程之平時及定期成績評量結果，應
依評量方法之性質以等第、數量或質性文字描述記錄之。

2 前項各領域學習課程及彈性學習課程之成績評量，至學期末，應綜合全學期各
種評量結果紀錄，參酌學生人格特質、特殊才能、學習情形與態度等，評量及
描述學生學習表現，並得視需要提出未來學習之具體建議。

3 領域學習課程之評量結果，應以優、甲、乙、丙、丁之等第，呈現各領域學習
課程學生之全學期學習表現；其等第與分數之轉換如下：

一、優等：九十分以上。

二、甲等：八十分以上未滿九十分。

三、乙等：七十分以上未滿八十分。

四、丙等：六十分以上未滿七十分。

五、丁等：未滿六十分。

4 前項等第，以丙等為表現及格之基準。

5 彈性學習課程評量結果之全學期學習表現，得比照第三項規定辦理。

6 學生日常生活表現紀錄，應就第三條第二款所列項目，分別依行為事實記錄
之，並酌予提供具體建議，不作綜合性評價及等第轉換。

第10條

1 學校就國民中小學學生領域學習課程、彈性學習課程及日常生活表現之成績評量紀錄及具體建議，每學期至少應以書面通知家長及學生一次。

2 學校得公告說明學生分數之分布情形。但不得公開呈現個別學生在班級及學校排名。

3 直轄市、縣（市）政府應於每學期結束後一個月內，檢視所轄國民中小學學生之評量結果，作為其教育政策訂定及推動之參考。

第11條

1 學校應結合教務、學務、輔導相關處室及家長資源，確實掌握學生學習狀況，對需予協助者，應訂定並落實預警、輔導措施。

2 學生學習過程中各領域學習課程及彈性學習課程之成績評量結果未達及格之基準者，學校應實施補救教學及相關補救措施；其實施原則，由直轄市、縣（市）政府定之。

3 直轄市、縣（市）政府依前項實施補救教學之辦理成效，應併同前條第三項國民中小學學生之評量結果，於每學年結束後二個月內，報教育部備查。

4 學生日常生活表現需予協助者，學校應依教師輔導及管教學生相關規定施以輔導，並與其法定代理人聯繫，且提供學生改過銷過及功過相抵之機會。

第12條

國民中小學學生修業期滿，符合下列規定者，為成績及格，由學校發給畢業證書；未符合者，發給修業證明書：

一、出席率及獎懲：學習期間授課總日數扣除學校核可之公、喪、病假，上課總出席率至少達三分之二以上，且經獎懲抵銷後，未滿三大過。

二、領域學習課程成績：

（一）國民小學階段：語文、數學、社會、自然科學、藝術、綜合活動、健康與體育七領域有四大領域以上，其各領域之畢業總平均成績，均達丙等以上。

（二）國民中學階段：語文、數學、社會、自然科學、藝術、綜合活動、科技、健康與體育八領域有四大領域以上，其各領域之畢業總平均成績，均達丙等以上。

第13條

國民中小學就學生之成績評量結果,應妥為保存及管理,並維護個人隱私與權益;其評量結果及紀錄處理,應依個人資料保護法規相關規定辦理。

第14條

1 為瞭解並確保國民中學學生學力品質,應由教育部會同直轄市、縣(市)政府辦理國中教育會考(以下簡稱教育會考);其辦理方式如下:

一、中華民國一百零三年起每年五月針對國民中學三年級學生統一舉辦,評量科目為國文、英語、數學、社會與自然五科及寫作測驗;其評量結果,除寫作測驗分為一級分至六級分外,分為精熟、基礎及待加強三等級。

(以下省略)

第15條

國民中小學學生各項成績評量相關表冊,由直轄市、縣(市)政府定之。

第16條

1 國民中學及其主管機關為輔導學生升學或協助學生適應教育會考之程序、題型及答題方式,得辦理模擬考,其辦理次數,全學期不得超過二次。模擬考成績不得納入學生評量成績計算;相關處理原則,依教育部之規定。

2 前項模擬考,國民中學除自行或配合主管機關辦理外,不得協助其他機構、團體或個人辦理。

第17條(省略)

第18條

本準則除另定施行日期者外,自發布日施行。

國家圖書館出版品預行編目資料

學習評量/周新富著. －－初版.－－臺北
市：五南圖書出版股份有限公司，2024.01
　　面；　公分
　ISBN 978-626-366-712-9（平裝）

1.CST: 教育測驗　2.CST: 學習評量

521.3　　　　　　　　　112017087

1I7W

學習評量

作　　　者 ― 周新富

發 行 人 ― 楊榮川

總 經 理 ― 楊士清

總 編 輯 ― 楊秀麗

副總編輯 ― 黃文瓊

責任編輯 ― 陳俐君、李敏華

封面設計 ― 姚孝慈

出 版 者 ― 五南圖書出版股份有限公司

地　　　址：106臺北市大安區和平東路二段339號4樓

電　　　話：(02)2705-5066　　傳　　真：(02)2706-6100

網　　　址：https://www.wunan.com.tw

電子郵件：wunan@wunan.com.tw

劃撥帳號：01068953

戶　　　名：五南圖書出版股份有限公司

法律顧問　林勝安律師

出版日期　2024年1月初版一刷

定　　　價　新臺幣490元

經典永恆·名著常在

五十週年的獻禮──經典名著文庫

五南，五十年了，半個世紀，人生旅程的一大半，走過來了。

思索著，邁向百年的未來歷程，能為知識界、文化學術界作些什麼？

在速食文化的生態下，有什麼值得讓人雋永品味的？

歷代經典·當今名著，經過時間的洗禮，千錘百鍊，流傳至今，光芒耀人；

不僅使我們能領悟前人的智慧，同時也增深加廣我們思考的深度與視野。

我們決心投入巨資，有計畫的系統梳選，成立「經典名著文庫」，

希望收入古今中外思想性的、充滿睿智與獨見的經典、名著。

這是一項理想性的、永續性的巨大出版工程。

不在意讀者的眾寡，只考慮它的學術價值，力求完整展現先哲思想的軌跡；

為知識界開啟一片智慧之窗，營造一座百花綻放的世界文明公園，

任君遨遊、取菁吸蜜、嘉惠學子！